Begegnungen Raum geben

Matthias Scharer

Begegnungen Raum geben

Kommunikatives Lernen als Dienst
in Gemeinde, Schule und Erwachsenenbildung

Matthias-Grünewald-Verlag · Mainz

Der Matthias-Grünewald-Verlag ist Mitglied der Verlagsgruppe engagement

Die Deutsche Bibliothek – CIP-Einheitsaufnahme
Scharer, Matthias:
Begegnungen Raum geben : kommunikatives Lernen als Dienst in Gemeinde, Schule und Erwachsenenbildung / Matthias Scharer. – Mainz : Matthias-Grünewald-Verl., 1995
 ISBN 3-7867-1859-8

© 1995 Matthias-Grünewald-Verlag, Mainz

Das Werk einschließlich aller seiner Teile ist urheberrechtlich geschützt. Jede Verwertung außerhalb der engen Grenzen des Urheberrechtsgesetzes ist ohne Zustimmung des Verlags unzulässig und strafbar. Das gilt insbesondere für Vervielfältigungen, Übersetzungen, Mikroverfilmungen und die Einspeicherung und Verarbeitung in elektronischen Systemen.

Umschlag: Harun Kloppe, Mainz
Satz: Textservice Zink, Epfenbach
Druck und Bindung: Paderborner Druckcentrum
ISBN 3-7867-1859-8

Inhalt

Vorwort 11
Einleitung 13

I. Bildung als Dienst 19

1. Bildung zwischen aufgeklärter Sachlichkeit und gefühlsbetonter Selbstbezogenheit 19

Sachliche Experten sind gefragt 19
Theologie als Lust und Last! 20
Gefangen im warmen Nest des Privaten 21
„Ich bin ich, und du bist du" – Metapher für eine
   Bildungsphilosophie? 22
Identität in universaler Solidarität als neue
   Bildungsperspektive 23
Gott in Beziehung 24

2. Kirchliches Bildungshandeln und Glaubenlernen . . 25

Glaube kann sich in Lern- und Reifungsprozessen ereignen . 26
Verschulung – ein Hindernis für die Glaubenserschließung? . 27
Bildung als neue Kultur? 28
Bildung als Diakonie 29
Kulturelle Diakonie 31
Didaktik des langen Atems 33
Die Welt ist unsere Aufgabe – eine didaktische Alternative . . 34

3. Anteilnehmend lehren und lernen 34

Ein TZI-Seminar mit PraktikerInnen 36
Mit TZI Glauben vermitteln – ein Widerspruch 38
Symbolische Interaktion: Rettung aus dem Symbol- und
   Sinnverlust? 39
Alle Menschen sind Subjekte der Bildung 40
Das Leben theologisch verstehen und kritisch aufbrechen . . 41

Wem gehört die Theologie? 42
Das Leben in seiner Konflikthaftigkeit wird zum Gegenstand
   kirchlicher Bildung 43

**4. Miteinander leben und glauben lernen in der
   (Pfarr-)Gemeinde** 45

**5. Religionsunterricht als Dienst an den SchülerInnen
   und an der Schule** 47

Grenzen des gegenwärtigen Religionsunterrichtes 47
Die Not der Schule 48
Neue Möglichkeiten der Kirchen in der Schule 50
Diakonie der Kirchen in und an der Schule 51
Diakonie als pädagogisches Prinzip 52
Diakonischer Aspekt des Religionsunterrichtes 53

6. Das selbstbestimmte Lernen Erwachsener 54

II. Warum so und nicht anders?
   Der „subjektiven Theorie" meiner Bildungspraxis
   auf der Spur 58

**1. Wie religionspädagogische Konzepte meine
   Bildungspraxis beeinflussen** 58

„Wie bring' ich's rüber?" – Von den Anstrengungen,
   den Glauben inhalts-, methoden- und mediengerecht
   zu verpacken 60
„Da kann nichts schiefgehen!" – Programme für ziel- und
   qualifikationsorientierte religiöse Bildung 62
„Mein Stein ist eine Lüge!" – Die Herausforderung
   korrelations- und symbolorientierter religiöser Bildung . . 63
„Den Typ, ob's den überhaupt gibt?" – Spielräume
   „des anderen" im Leben entdecken 66

2. Wie sich in Kommunikationssystemen religionspädagogische Konzepte widerspiegeln ... 68

LeiterIn „vor" den Betroffenen 69
LeiterIn „für" die Betroffenen 70
LeiterIn „mit" den Betroffenen 73

3. Was ich aus meiner Lerngeschichte in die Bildungspraxis übertrage 74

Erziehungs- und Bildungsszenarien aus dem eigenen Leben . 74
Bedeutsame LeiterInnenpersönlichkeiten 75
Eigene Schulerfahrungen aufarbeiten 76
Vom SchülerInnenplatz zum LehrerInnentisch 77
LehrerInnenpersönlichkeiten und Schulszenarien 77

4. (M)eine subjektive Theorie menschlich-religiöser Bildung: ein Klärungsversuch 78

Subjektivität von Rückmeldungen 78
Ein Formulierungsversuch 79

III. Aufmerksam werden und Anteil nehmen
Verständnis und Planung kommunikativer Bildungsprozesse 80

Womit üblicherweise die Planung beginnt 81
Aufmerksame und anteilnehmende Wahrnehmung der
   Kommunikationsbedingungen 84

1. Der Globe von Erwachsenenbildung, Gemeindekatechese/-pädagogik und Religionsunterricht 87

Im kunterbunten Bildungsmarkt 87
Mein Auftrag und Bedingungsrahmen 89

2. Aufmerksam auf mich und die anderen 90

Das bunte Leben 90

Der Religion auf der Spur	90
Wie Menschen ihre Welt errichten und erhalten und was Religion damit zu tun hat (P. Berger)	92
Impulse zur Reflexion von Lebenssinn und Religion	96
Psychische Wurzeln des Religiösen	98
Mit Lebens-/Glaubensgeschichten behutsam und respektvoll umgehen	98
Gott, ein erhöhter Vater? (S. Freud)	100
Vom Grundvertrauen über Krisen zur Identität (Erik H. Erikson)	103
Grenzen finden als Weg in die Freiheit (M. Mahler/D. Funke)	107
Vom väterlichen zum mütterlichen Gott	109
Zwischen Anerkennung und Selbstbehauptung beziehungsfähig werden/bleiben (J. Benjamin)	110
Womit man bei Kindern rechnen kann	112
Was und wie Kinder fragen	114
Jugendliche verstehen lernen	117
Wie Jugendliche Religiosität und Kirchlichkeit spiegeln	119
Familienzentrierte kirchliche Jugend	119
Religion in jugendlichen Subkulturen	120
Religion und Religiosität in der gegenkulturellen Jugendszene	121
Religion und Kirchlichkeit zwischen den Generationen	122
Schwebende Religiosität und unbestimmte Christlichkeit	122
Womit man bei Jugendlichen (dennoch) rechnen kann	123
Die religiöse Mündigkeit Erwachsener	124
Einzelne Menschen in den Blick nehmen	126
Mich (schwierigen) einzelnen zuwenden – Brief und Wechselbrief	126
Aufmerksam auf sich und die TeilnehmerInnen	127
3. Am „Wir" Anteil nehmen	**128**
Kinder als Testfall der Partizipation	129
Gott kommt früher als die GlaubensbegleiterInnen	132
Am Leben Jugendlicher Anteil nehmen	133
Schulklassen als inhomogene Gruppen	134
Worauf ich als LeiterIn im Hinblick auf die Interaktion in der Gruppe/Klasse meine Aufmerksamkeit lenken kann	135

4. Aufmerksam auf das „Andere" 136

Alles kann zum Anliegen werden 136
Vom „Anderen" herausgefordert 137
Anliegen, die in Gemeindekatechese/-pädagogik und
 Erwachsenenbildung leicht vergessen werden 139

5. Mein/unser Anliegen 146

„Was der Fall ist, wenn ...": Wie auf lebenshermeneutische
 Weise Anliegen kommunikativer Lernprozesse erhoben
 werden können 146
Wie komme ich zu den Anliegen? Ein zusammenfassender
 Überblick 150

IV. Spielräume der Begegnung ermöglichen . 151

**1. Begegnungsorientiert und verantwortungsstiftend
 planen und leiten** 151

Was heißt Begegnung? 151
Vergegnungen 152
Verantwortlich für den anderen? 154
Geplantes Lehren und Lernen – ein Hindernis für
 Begegnung und Verantwortlichkeit? 155
Lernen durch Neuinszenierung 156

2. Präzise Planung – flexible Durchführung 157

Planungsschritte, wenn der Lernprozeß bereits
 angelaufen ist 158
Mit TeilnehmerInnen planen 160

3. Vom Anliegen zum (formulierten) Thema 161

Von der Kunst, Themen zu formulieren 161
Die theologische Bedeutung von Themen 163
Offene Sprachspiele 164
Schattenthemen und Umplanen im Prozeß 164

Störungen und Betroffenheiten als Lernchance 166
Planung im fish-bowl 167
Das Schema der Prozeßplanung (Zusammenfassung) 168

4. Den Prozeß strukturieren 169
Wie Lernprozesse ablaufen können 170
Mein innerer und äußerer Weg zu diesem Kurs 172
Die Anliegen der TeilnehmerInnen und der „Lehrplan"
   des Kurses 173
Den individuellen Ausdruck suchen 174
Mit (biblischen) Texten kommunizieren 175
Spielen biblischer Texte 176
Mit Bildern kommunizieren 177
Der Anfang und das Ende 180

Literaturverzeichnis 181

Vorwort

Diesem Buch liegen lebendige Erfahrungen aus der Leitung von Gruppen nach dem Themenzentrierten Ansatz (TZI) R.C. Cohns und aus der supervisorischen Begleitung von PraktikerInnen in Gemeindekatechese, Religionsunterricht und Erwachsenenbildung zugrunde.
Wer Gruppen und einzelne Menschen begleitet, weiß, wie schwierig es ist, lebendige Prozesse zu Papier zu bringen. In diesem Buch versuche ich zu bedenken und verstehbar zu machen, was in Gruppen und bei einzelnen Menschen geschehen kann, wenn sie sich (noch) auf weltanschaulich-religiöse Themen einlassen oder solche zumindest nicht ausblenden. In dieser Metareflexion religionspädagogischer Prozesse entstehen Elemente einer religionspädagogischen Theorie kommunikativer Lernprozesse in Schule und Gemeinde. Diese kann helfen, das eigene Tun zu reflektieren, und stiftet wiederum zum Handeln an. Im lebendigen Prozeß von Praxis – Theorie – Praxis schreitet religionspädagogische Erkenntnis voran. Vielleicht ist in Ansätzen ein Handbuch gelungen, das sich als Brücke zwischen dem gegenwärtigen religionspädagogischen Diskurs und der Not der PraktikerInnen erweist.
Wichtige Anregungen zu diesem Buch kommen wie gesagt aus TZI-Kursen, die ich gemeinsam mit Prof. Dr. J. Hilberath, Tübingen, Mag. Regina Hintner, Salzburg, Dr. Ilse Kögler, Wien, Dr. Helga Kohler-Spiegel, Feldkirch, DDr. Helga Modesto, München, Dr. Karl Ludwig, Mainz, u.a. in den letzten Jahren geleitet habe.
Mein Dank gilt den Kolleginnen und Kollegen an der Fakultät für den fachübergreifenden Diskurs: namentlich Prof. Dr. Józef Niewiadomski (Dogmatik) und Prof. Dr. Florian Uhl (Philosophie), mit denen ich in den vergangenen Semestern „Fachdidaktik-Seminare" veranstaltet habe und die dieses Manuskript gänzlich oder in Teilen gelesen haben. Mit der Mitarbeiterin am Institut, Dr. Silvia Hagleitner, verbinden mich wichtige Erfahrungen bei Seminaren mit Studierenden. Auch ihr sei für die Zusammenarbeit und für die Lektüre des Manuskriptes herzlich gedankt. Frau Anneliese Hück vom Matthias-Grünewald-Verlag hat das Projekt kompetent und liebenswürdig begleitet. Das Manuskript besorgte mit bewährter Sorgfalt Frau

Renate Heinl. Ihr gilt mein besonderer Dank; ebenso Frau Christine Eckmair für das Lesen der Korrekturen.
Nicht zuletzt danke ich meiner Frau Michaela und unseren Kindern für ihr Verständnis und für die Anteilnahme an dieser Arbeit.

Linz, am 24. Februar 1995 *Matthias Scharer*

Einleitung

„Sie schieben mit ihren Zähnen
den Kaugummi von einem Mundwinkel
in den anderen.
Sie nagen an ihren Minderwertigkeitskomplexen.
Ihre gleichgültigen Blicke
verunsichern den Lehrer.
Beim Wort Religion zischen sie:
Märchen! Pharisäer! Kirchengeschichte!

Für Sekunden kämpfe ich
mit der Versuchung,
mißmutig zu werden.
Da sagt die Hoffnung mir:
Widerstand aushalten!
Nicht verstummen!
Sich nicht zurückziehen!
Seine Erfahrungen nicht verschweigen!
Unermüdlich zum Gespräch herausfordern!

Das Samenkorn fällt in die Erde.
Es wird Früchte bringen."
Martin Gutl [1]

Dieser Text, den M. Gutl nach einer Religionsstunde geschrieben hat, spiegelt die kritisch-skeptische Haltung gegenüber Glaube, Kirche und Religion in den siebziger Jahren wider. Inzwischen gehören Jugendliche und Erwachsene, die sich religions- oder kirchenkritisch gebärden, zum Glücksfall religiöser Bildung; mit ihnen ist eine lebendige Auseinandersetzung immerhin möglich.
Gegenwärtig klagen GemeindereferentInnen, ReligionslehrerInnen und ErwachsenenbildnerInnen, die ich einzeln oder in Gruppen begleite, immer häufiger über Gleichgültigkeit, Interesselosigkeit und das mangelnde Engagement von TeilnehmerInnen/SchülerIn-

---

[1] Gutl, Martin, Ich begann zu suchen. Texte der Hoffnung, 3. Auflage 1990, Verlag Styria Graz Wien Köln.

nen.² Das Interesse an weltanschaulicher Auseinandersetzung in den offiziellen kirchlichen Bildungseinrichtungen, das im Gefolge des Zweiten Vatikanums viele Menschen, vor allem auch jüngere, zusammengeführt hatte, scheint erlahmt zu sein oder außerhalb der Kirchen in neuen religiösen Bewegungen befriedigt zu werden. Ein neuer religiöser Markt außerhalb der Kirchen gewinnt an Bedeutung.

Müdigkeit und Resignation, verbunden mit dem Gefühl, ausgebrannt zu sein, machen sich bei vielen Hauptamtlichen und Ehrenamtlichen in der kirchlichen Bildung breit.³ Reaktionäre Gruppen, die mit Angstparolen und Schuldzuschreibungen den Untergang der abendländisch-christlichen Kultur prophezeien, erhalten in einer solchen Situation Aufwind. Sie wollen zur vorkonziliaren Glaubensverkündigung zurückkehren, weil diese ihrer Meinung nach klare Glaubensaussagen und verbindliche moralische Richtlinien vorgegeben hatte, an denen sich alle orientieren konnten. Als Sündenböcke für die gegenwärtige Situation müssen abwechselnd die Eltern, die ReligionslehrerInnen, die GemeindereferentInnen, die Theologischen Fakultäten und sonstige kirchliche Ausbildungsstätten herhalten. Es liegt aber auf der Hand, daß weder Resignation noch Schuldzuschreibungen weiterhelfen.

Die Not vieler PraktikerInnen und der gegenwärtige praktisch-theologische und speziell religions(päd)agogische⁴ Diskurs klaffen auseinander. Der resignativen Praxis, die sich häufig an fertigen Vorlagen und geschlossenen Modellen orientiert, stehen eine Handlungsorientierung und theoretisch behauptete offene Kommunikation gegenüber.⁵ Was aber kommunikative Bildungspraxis in christlicher

---

2 Der Begriff „TeilnehmerInnen" schließt im folgenden die SchülerInnen mit ein. Ebenso sind beim Wort „LeiterInnen" die LehrerInnen ausdrücklich eingeschlossen.
3 Auf LehrerInnen bezogen vgl. u.a. Burisch, Matthias, Das Burnout-Syndrom. Theorie der inneren Erschöpfung, Berlin u.a.O. 1989. Meyer, Ernst (Hg.), Burnout und Streß. Praxismodelle zur Bewältigung, Hohengehren 1991. Spezielle Untersuchungen zum Burnout-Syndrom bei kirchlichen MitarbeiterInnen stehen noch aus.
4 Mit dem Begriff „Religions(päd)agogik" werden Theorien des religiösen bzw. kirchlichen Bildungshandelns mit allen Altersgruppen und in den unterschiedlichen Handlungsfeldern bezeichnet. Die Begriffsverwendung „Religionspädagogik" schließt im folgenden das Bildungshandeln mit Erwachsenen ausdrücklich ein.
5 Christliche Praxis und speziell die Bildungsanstrengungen der Kirchen in Schule und Gemeinde finden in dem von J. Habermas geprägten Begriff des „kommunikativen Handelns" einen häufig zitierten Ausdruck. Dieser Begriff, der einer hochdifferenzierten sozialwissenschaftlich-philosophischen Auseinandersetzung ent-

Perspektive für die entsprechenden kirchlichen Handlungsfelder konkret bedeuten könnte, wird zu wenig deutlich. So gewinnen neuere religionspädagogische Entwürfe nicht jene praxis- und systemverändernde Bedeutung, die kirchliche Bildung aus der Resignation herausführen könnte.

In diesem Buch biete ich Studierenden und PraktikerInnen Möglichkeiten an, ihre eigene Praxis zu reflektieren und Schritt für Schritt kommunikative Bildung als Dienst am Menschen einzuüben. Dem Ansatz liegt die Einsicht zugrunde, daß kirchliches Bildungshandeln mit Zukunft nicht auf die Lösung der Tradierungskrise des Glaubens fixiert bleiben darf. Wenn es die Herausforderung des Evangeliums glaubwürdig vertreten will, dann muß die Option kirchlicher Bildung auf die Menschwerdung des Menschen in Beziehung und Solidarität ausgerichtet sein, die eine Zukunft für alle eröffnet.

Eine solche Bildungspraxis ist keine Einbahnstraße von der Kirche zur Welt, sondern wird nur in der Wechselseitigkeit glaubwürdig, in der auch die Kirchen zu lernen bereit sind. Es geht nicht darum, objektiv und neutral die Wahrheit des theologisch reflektierten Glaubens wie einen naturwissenschaftlichen oder technischen Lerngegenstand an die Frau oder an den Mann zu bringen. Wenn die befreiend-kommunikative Dimension des Evangeliums ins Spiel kommt, wird die Parteilichkeit für die Opfer sichtbar, die die moderne Bildung produziert: Kinder, Jugendliche und Erwachsene, die bei aller Spezialisierung keine ganzmenschliche Orientierung mehr finden; Menschen, die der aufgeklärte theologische Diskurs sprachlos macht; solche, die durch Leistungs- und Erfolgskriterien an den Rand gedrängt werden, usw.

Die konkreteste und deshalb glaubwürdigste Praxis in der Bekehrung der Kirchen zu den Menschen, speziell zu den Ärmsten, finden wir in den lateinamerikanischen Basisgemeinden und in deren Befreiungstheologie. Dort gesellt sich die Kirche selber zu den Umkehrwilligen; sie steht nicht mehr nur als prophetische Ankünderin der anbrechenden Gottesherrschaft den Menschen und der Gesellschaft gegenüber; sie weiß sich mit ihnen in die Strukturen von Ungerech-

---

stammt, wird in der Theologie kritisch rezipiert. (Vgl. u.a. Habermas, Jürgen, Theorie des kommunikativen Handelns, 2 Bde., Frankfurt/M. 1983; ders., Vorstudien und Ergänzungen zur Theorie des kommunikativen Handelns, Frankfurt/M. 1984; Arens, Edmund, Christopraxis. Grundzüge theologischer Handlungstheorie, Freiburg u.a.O. 1992; Scheidler, Monika, Christliche Communio und kommunikatives Handeln. Eine Leitperspektive für die Schule, Altenberge 1993.)

tigkeit und Sünde verstrickt und bedarf gleich ihnen der Bekehrung. Sie wird solidarisch im gewalt-, aber nicht widerstandslosen Kampf um Befreiung und ist offen auf die von Gott geschenkte Versöhnung hin. Das Image der „comunidades" mißt sich an der Konfliktfähigkeit, an der handelnden Liebe und Solidaritätsfähigkeit mit allen Menschen, die an Projekten der Befreiung arbeiten.[6]
Es ist nicht verwunderlich, daß sich viele praktische TheologInnen, die die gesellschaftsrelevante Diakonie der Kirchen im befreiend-kommunikativen Handeln zu ihrem Paradigma erwählt haben, auf die lateinamerikanische Kirchenpraxis beziehen.[7] Aber gerade in der Teilhabe an dieser Praxis, die mir bei einem Studienaufenthalt möglich war, wurde mir deutlich, daß die dortige Situation auf unser kirchliches Handeln und speziell auf unsere Bildungspraxis nicht unmittelbar übertragbar ist, weil die kirchlich-gesellschaftlichen Bedingungen zu unterschiedlich sind. Wohl aber lernte ich in der Teilhabe am Leben einer Basisgemeinde und in der theologischen Reflexion mit G. Gutiérrez den Ansatz Lebendigen Lernens nach R.C. Cohn, in dem ich schon Jahre vorher praktiziert hatte, neu verstehen. Ich entdeckte in der Themenzentrierten Interaktion (TZI) nach R.C. Cohn ein mögliches Handlungsmodell für eine diakonisch-kommunikative Bildungspraxis, wie sie in wesentlichen Elementen in den Basisgemeinden praktiziert wird, ohne daß diese von diesem Ansatz jemals gehört hatten. In weiterer Folge wurde mir deutlich, daß wesentliche Theorieelemente gegenwärtiger kirchlicher Bildung mit Hilfe von TZI handlungsleitend werden können. So lege ich in diesem Buch einen praktischen Entwurf für das Bildungshandeln in Gemeinde und Schule vor, der auf „konvergierenden Optionen"[8] zwischen religionspädagogischen Theoriestücken und einer pädago-

---

6 Vgl. Scharer, Matthias, Katechese wider den Tod. Lateinamerika als Herausforderung für die Glaubensvermittlung, in: ThPQ 138 (1990), 135-143.
7 Vgl. u.a. Steinkamp, Hermann, Solidarität und Parteilichkeit. Für eine neue Praxis in Kirche und Gemeinde, Mainz 1994; Mette, Norbert, Religionspädagogik, Düsseldorf 1994 (speziell 102-144).
8 Mit dem Paradigma der „konvergierenden Optionen" besteht die Möglichkeit, in Interaktion zwischen den Humanwissenschaften und der sich handlungswissenschaftlich verstehenden Praktischen Theologie zu Handlungsperspektiven und -richtungen zu kommen und gleichzeitig die Vielzahl möglicher Handlungen auf die notwendige Methodik religionspädagogischer Praxis zu beschränken. (Vgl. u.a. Steinkamp, Hermann, Zum Verhältnis von Praktischer Theologie und Sozialwissenschaften, in: Mette, Norbert/Steinkamp, Hermann, Sozialwissenschaften und Praktische Theologie, Düsseldorf 1983, 164-176.)

gisch-therapeutischen Bildungspraxis[9] mit hohem politisch-gesellschaftlichem Bewußtsein beruht. Menschlich-religiöse Bildung in Gemeinden[10], Religionsunterricht und Erwachsenenbildung[11] sind unterschiedliche Handlungsfelder kirchlicher Bildungspraxis; sie haben ihre je spezifischen Bedingungen, verfolgen unterschiedliche Ziele und erfordern daher ein je eigenes didaktisches Handeln. Schon von den Rahmenbedingungen her können die Bereiche nicht in einen Topf geworfen werden: Religiöse Erwachsenenbildung, Gemeindekatechese und Gemeindepädagogik rechnen in der Regel mit der Freiwilligkeit der TeilnehmerInnen, während die SchülerInnen im Religionsunterricht trotz Wahl- oder Abmeldemöglichkeit an einem Unterrichtsfach teilnehmen, das benotet wird. Schulischer Religionsunterricht ist bei aller Lehr- und Methodenfreiheit der Lehrenden durch Schulorganisation, Lehrpläne und Schulbücher relativ klar definiert, während der organisatorische, inhaltliche und didaktische Spielraum in den beiden anderen Bereichen von vornherein größer erscheint. Dadurch unterscheidet sich auch das Selbstverständnis der TeilnehmerInnen und der LeiterInnen. ReligionslehrerInnen haben ein anderes Berufsprofil als SeelsorgerInnen, GemeindereferentInnen und ErwachsenenbildnerInnen. Die Unterschiedlichkeit nimmt zu, je eindeutiger LehrerInnen durch die Qualifikation für mehrere Unterrichtsfächer in die Schule eingebunden sind.

---

9   Löhmer, Cornelia/Standhardt, Rüdiger (Hg.), TZI: pädagogisch-therapeutische Gruppenarbeit nach Ruth C. Cohn, Stuttgart 1992.
10 Bei allen Unschärfen bezeichnet der vor allem in der evangelischen Religionspädagogik beheimatete Begriff („Gemeindepädagogik") m.E. nach in relativ adäquater Weise die spezifischen (päd)agogischen Fragestellungen im Blick auf die Gemeinde und die unterschiedliche gemeinde(päd)agogische Praxis. (Vgl. u.a. Adam, Gottfried/Lachmann, Rainer [Hg.], Gemeindepädagogisches Kompendium, Göttingen 1987.) Eine konsistente Praxistheorie fehlt allerdings. (Vgl. Blasberg-Kuhnke, Martina, Erwachsene glauben. Voraussetzungen des Glaubens und Glaubenlernens Erwachsener im Horizont globaler Krisen, St. Ottilien 1992, 139-187. Die Autorin stellt die unterschiedlichen gemeindepädagogischen Ansätze übersichtlich dar.) In struktureller Hinsicht schließe ich die sakramentenkatechetische Praxis in der katholischen Kirche, wie sie vor allem in Vorbereitung auf Taufe, Buße, Erstkommunion, Firmung und Ehe üblich ist, mit ein, insofern sie in pädagogischer Absicht in dem in diesem Buch beschriebenen Sinn (z.B. diakonisch, kommunikativ, handlungsorientiert, partizipativ) geschieht.
11 Wenn im folgenden von Erwachsenenbildung die Rede ist, dann ist immer Erwachsenenbildung im kirchlichen Kontext gemeint. Der Begriff „kirchliche" Erwachsenenbildung wird hier als struktureller Begriff aufgefaßt. Im Rahmen kirchlicher Erwachsenenbildung geschieht religiöse bzw. theologische Erwachsenenbildung.

Trotz der gravierenden Unterschiede zwischen den genannten Handlungsfeldern, die durch notwendige Professionalisierungen noch verstärkt werden, gibt es auch Gemeinsamkeiten. Ich begleite seit Jahren in der Aus-/Fortbildung und Supervision Menschen, die in einem oder mehreren der genannten Bereiche haupt- oder nebenberuflich, manchmal auch ehrenamtlich arbeiten oder sich dafür ausbilden. In dieser Begleitung wird mir immer deutlicher, daß weder in der Schule noch in der Gemeinde das im Studium erworbene Fachwissen ohne weiteres angewandt bzw. weitergegeben werden kann. Die theologische Qualifikation von Frauen und Männern in der kirchlichen Bildungspraxis hat in einer hochkomplexen Gesellschaft vor allem den Sinn, daß sie das vielschichtige und vieldeutige Kommunikationsgeschehen in Gruppen/Klassen nicht nur sozialpsychologisch, sondern auch theologisch verstehen lernen und entscheidungsfähig werden, die richtigen Optionen zu treffen.

Aus einem integrativen theologischen Verstehen des Lebens heraus wird es eher möglich sein, in einer Weise befreiend-kommunikativ zu handeln, daß die Beteiligten ahnen können, was es mit Jesu Botschaft von der in ihm anbrechenden Gottesherrschaft im praktischen Leben auf sich haben könnte. Wie im Religionsunterricht, in der Gemeinde und in der Erwachsenenbildung Räume für eine solche Ahnung vom „besseren" Leben ermöglicht werden könnten und welche Folgen das für die Planung, Durchführung und kritische Reflexion von Lern- und Bildungsprozessen hat, ist wiederum feldspezifisch zu bedenken. Wer jedoch fähig ist, sich auf einzelne Menschen, Gruppen und unterschiedliche Bedingungen des Lernens anteilnehmend einzulassen und offene Pläne zu entwickeln, schafft in der Regel auch den Wechsel der Handlungsfelder. Außerdem gibt es in den kirchlichen Bildungsbereichen nicht wenige MitarbeiterInnen, die gleichzeitig als SeelsorgerInnen, als ReligionslehrerInnen, u.U. auch als ErwachsenenbildnerInnen arbeiten. Feldübergreifende didaktische Orientierungen können die bestehenden Vorurteile zwischen Gemeindepädagogik, Religionsunterricht und Erwachsenenbildung abbauen helfen. Wer Einsicht in die Möglichkeiten und Grenzen mehrerer kirchlicher Bildungsbereiche gewinnt, wird weniger schnell dazu neigen, die Verantwortung für die scheinbare Erfolglosigkeit von einem Bereich auf den anderen abzuschieben. Religionspädagogische Grundorientierung und notwendige Differenzierung bestimmen das folgende Konzept.

I. BILDUNG ALS DIENST

Bildungsprogramme, Lehrpläne und Behelfe in der kirchlichen Bildungspraxis werden immer vielfältiger. Der kunterbunte kirchliche Bildungsmarkt scheint alles zu bieten, was gefragt ist. Angefangen von der traditionellen Glaubensvermittlung bis zu Persönlichkeitstrainings- und Gesundheitsprogrammen werden bestehende Marktlücken geschlossen. Wie ist eine Orientierung in der religiösen, kirchlichen bzw. theologischen Bildungspraxis möglich?[1]

1. Bildung zwischen aufgeklärter Sachlichkeit und gefühlsbetonter Selbstbezogenheit

Nicht nur die staatliche, auch die kirchliche Bildungspraxis wird immer professioneller. Dies zeigt sich an Lehr- und Bildungsplänen, an Anforderungsprofilen für MitarbeiterInnen und im alltäglichen Bildungshandeln in Gemeinden, Schulen und kirchlichen Einrichtungen für die Erwachsenenbildung.

Sachliche Experten sind gefragt

In vielen Bereichen des Lebens, insbesondere in den beherrschenden Markt- und Wirtschaftssystemen, gehören Sachverstand und Spezialisierung zum selbstverständlichen Berufsprofil. Gefragt sind

---

1 Allein die unterschiedliche Terminologie, die im Rahmen der Erwachsenenbildung verwendet wird, verrät die Ungeklärtheit dessen, was Bildung im kirchlichen Kontext ist und soll. Vgl. dazu die Titel einiger einschlägiger Veröffentlichungen aus den letzten Jahren: Hungs, Franz Josef, Handbuch der theologischen Erwachsenenbildung, München 1991; Uphoff, Berthold, Kirchliche Erwachsenenbildung. Befreiung und Mündigkeit im Spannungsfeld von Kirche und Welt, Stuttgart u.a.O. 1991; Englert, Rudolf, Religiöse Erwachsenenbildung: Situation, Probleme, Handlungsorientierung, Köln 1992.

Fachleute, die nüchtern und sachlich an die Probleme herangehen, sich nicht von zu vielen Emotionen leiten lassen und Entscheidungen möglichst effektiv umsetzen. Experten, die in einem Spezialbereich hochqualifiziert sind, haben große Chancen.

Theologie als Lust und Last!

Auch wer Theologie studiert oder sich auf einem anderen wissenschaftlichen Weg für die kirchliche Bildungspraxis ausbildet, qualifiziert und spezialisiert sich in spezifischer Weise. Sie/Er lernt wissenschaftlich zu denken und zu argumentieren. Sie/Er wird befähigt, historisch-kritisch mit den Ursprungszeugnissen jüdisch-christlichen Glaubens umzugehen. Sie/Er wird die kirchliche Tradition nicht mehr naiv, sondern kirchen- und dogmenkritisch verstehen. Auch die gegenwärtige Lebenswirklichkeit soll „objektiv" zugänglich werden. Kritische Distanz, rationaler Diskurs und spezialisierter Umgang mit der Wirklichkeit gehören zum selbstverständlichen Rüstzeug theologischer Arbeit in der Moderne, hinter das es auch in der kirchlichen Bildungspraxis kein Zurück mehr gibt. Modernes wissenschaftliches Denken bewahrt vor allzu subjektiven, vorrangig gefühlsbestimmten Urteilen. Differenziertes Verstehen und kritische Urteilskraft sind in einer Welt voller religiöser Ideologien von zunehmender Bedeutung. Sie können unter Umständen sogar manche Formen des umsichgreifenden Fundamentalismus abwehren.
Gleichzeitig löst Theologie als Wissenschaft bei Menschen, die ihr über Studium, Medien oder andere Kommunikationsmittel begegnen, mitunter Verunsicherungen und Krisen aus. Die Hoffnung, daß eine wissenschaftliche Auseinandersetzung mit der jüdisch-christlichen Botschaft den Glauben stärken werde, bleibt oft unerfüllt. Demgegenüber wird durch Theologie der endgültige Abschied vom bergenden und haltgebenden Kinderglauben vorangetrieben, und die Ausgesetztheit der suchend-glaubenden Existenz eines Erwachsenen in der modernen Gesellschaft wird deutlicher erlebbar. Das Motto: „Zweifle dich durch!"[2] kann zu einem angstmachenden, aber auch zu einem lustvollen Motiv werden, sich kritisch mit Glaube und Religion auseinanderzusetzen.

2　Vgl. Schwikart, Georg, Zweifle dich durch: Lust auf Religion. Ein Lesebuch, München 1994.

Das Vertrauen von Menschen in moderne Sachlichkeit und Spezialisierung ist widersprüchlich. Das gilt für den gesellschaftlichen wie für den religiösen Bereich. Auf der einen Seite werden Sachlichkeit und Spezialisierung selbstverständlich vorausgesetzt, auf der anderen Seite wird immer deutlicher, daß mit der Verwissenschaftlichung und Spezialisierung von Wirtschafts- und Bildungssystemen die Orientierung in einer zunehmend komplexen Gesellschaft nicht einfacher wird. Die „Kälte" in den öffentlichen Bereichen nimmt zu, und der Ruf nach „ganzheitlicher" Bildung wird lauter. Davon sind auch Pfarrgemeinden, Schulen und Einrichtungen der kirchlichen Erwachsenenbildung nicht von vornherein ausgenommen.

Gefangen im warmen Nest des Privaten

Aus der Unüberschaubarkeit und Kälte moderner Öffentlichkeit ziehen sich immer mehr Menschen auf den kleinen, überschaubaren Bereich zurück: In ihrer privaten Lebenswelt finden sie sich noch einigermaßen zurecht; dort können sie Mensch sein und ihre Sehnsüchte und Bedürfnisse nach Nähe, Anerkennung, Beheimatung und individuellen Freiräumen stillen. Gleichzeitig führt die Zerstückelung der Lebenswelt in unterschiedliche öffentliche und private Bereiche häufig zur emotionalen Überforderung partnerschaftlicher und freundschaftlicher Beziehungen. So kann sich z.B. der selbstverständliche Anspruch der Frauen nach Freiheit und Gleichheit im Traum von „Zärtlichkeit, Nichtmarkt, privatem Glück und wechselseitiger Ergänzung" ins Gegenteil verkehren; das erhoffte private Glück in der familiaren Lebensform wird zur Kombination von „Zärtlichkeit, Sklaventum und Moderne"[3].
Mit dem Rückzug in das Private wächst bei immer mehr Menschen das Gefühl, daß es ein großes Risiko darstellt, am Schicksal von Menschen außerhalb ihres Privatraumes und an gesellschaftlichen Entwicklungen Anteil zu nehmen.[4] Das bekommen vor allem öffentliche Institutionen wie Parteien, Gewerkschaften und Kirchen zu spüren. Denn Menschen, die sich sozial, politisch oder religiös enga-

---

3   Beck, Ulrich/Beck-Gernsheim, Elisabeth, Das ganz normale Chaos der Liebe, Frankfurt/M. 1990, 8.
4   Vgl. Beck, Ulrich, Risikogesellschaft. Auf dem Weg in eine andere Moderne, Frankfurt/M. 1986.

gieren, tun dies immer weniger in den traditionellen Bereichen, sondern in neuen sozialen Bewegungen. In der Ökologie-, Friedens- und Frauenbewegung und auf kirchlich-ökumenischer Ebene im konziliaren Prozeß für Gerechtigkeit, Frieden und Bewahrung der Schöpfung haben sich in den vergangenen Jahren zwar nicht die Massen, aber hochmotivierte Menschen gefunden.[5]

„Ich bin ich, und du bist du" – Metapher für eine Bildungsphilosophie?

Der Segmentierung des Lebens und dem Rückzug in die kleine, vertraute Privatwelt entsprechen „subjektive" Erziehungs- und Bildungskonzepte. In der anonymen Stadtkultur existieren sie „gleichgültig" nebeneinander. Die von F. Perls mitgeprägte Philosophie des „Ich bin ich, und du bist du", wie sie sich im sogenannten „Gestaltgebet" ausdrückt, leitet mitunter auch das pädagogische Handeln:

„Ich tu, was ich tu; und du tust, was du tust.
Ich bin nicht auf dieser Welt, um nach deinen Erwartungen zu leben.
Und du bist nicht auf dieser Welt, um nach den meinen zu leben.
Du bist du, und ich bin ich.
Und wenn wir uns zufällig finden, – wunderbar.
Wenn nicht, kann man auch nichts machen."[6]

Autonomie und Selbstverwirklichung, für die insbesondere in kirchlichen Bildungsbereichen ein großer Nachholbedarf besteht und die daher nicht leichtfertig über Bord zu werfen sind, drohen gegenwärtig in einen solidaritätsarmen und unpolitischen Subjektivismus abzugleiten. Nach P. Zulehner mündet die Entwicklung „vom Untertan zum Freiheitskünstler" in die „unbezogene Selbstverwirklichung"[7]. Auch distanzierte Sachlichkeit und ganzheitliche Erfahrung, die das Wohlfühlen des einzelnen zum alleinigen Erfolgskriterium macht, stehen sich unvermittelt gegenüber. Im Gefolge dieser Entwicklung bahnt sich in der Didaktik ein Paradigmenwechsel an. Der aufgeklärt-sachlichen Begründung von Lernzielen und -inhal-

---

5   Vgl. Blasberg-Kuhnke, Erwachsene glauben, 188-364.
6   Perls, Frederick S., Gestalt-Therapie in Aktion, Stuttgart ³1979, 13.
7   Zulehner, Paul M., Vom Untertan zum Freiheitskünstler. Eine Kulturdiagnose anhand der Untersuchungen „Religion im Leben der Österreicher 1970 bis 1990 – Europäische Wertestudie – Österreichteil 1990", Freiburg u.a.O. 1991, 10.

ten tritt eine ausschließlich subjektive Didaktik gegenüber. Die „Selbstverwirklichungs-Lernkultur" lehnt Festlegungen von außen ab und konzentriert sich auf „die Selbstverwirklichung des einzelnen Subjekts"[8]. So bewegt sich nicht nur das Leben einzelner Menschen, sondern auch ihre Vorstellung vom Lehren und Lernen zwischen Extremen.

Identität in universaler Solidarität als neue Bildungsperspektive

Kirchliches Bildungshandeln mit Zukunft kann sich weder in das Schlepptau distanziert-aufgeklärter Sachlichkeit noch in das gefühlsbetonter, aber solidaritätsarmer und unpolitischer Selbstbezogenheit begeben. Beiden Extremen steht entgegen, daß wir als Einzelmenschen wie als Gruppen an dieser Welt und ihrer Zukunft Anteil haben, ob wir wollen oder nicht.

Wir Menschen sind biologische Frühgeburten. Vom Anfang des Lebens an sind wir auf Liebe und Solidarität angewiesen. Bereits das ungeborene Kind ist in lebendiger Interaktion mit der Mutter. Zeitlebens stehen wir im überlebensnotwendigen Austausch mit „signifikant anderen", um unsere Sinnwelt aufzubauen. Schließlich sind wir ein Teil der Schöpfung. Schon deshalb gebührt allem Lebendigen Aufmerksamkeit und Ehrfurcht.[9]

Der Rückzug in das Schneckenhaus privaten Glücks, um so zu leben, als ob uns das Schicksal der Menschen und der Fortbestand der Schöpfung nichts angingen, widerspricht uns Menschen. Da unser gesellschaftliches Wesen aber nicht instinktgesichert funktioniert, liegt es in unserer Verantwortung und Entscheidung, ob wir an der Gestaltung der Welt, unseren Möglichkeiten entsprechend, Anteil nehmen.

Wenn Anteilnehmen und Anteilgeben zutiefst unserem Menschsein entsprechen, dann können Autonomie, Emanzipation und Selbstver-

---

8 Vgl. u.a. Kösel, Edmund, Die Modellierung von Welten. Ein Handbuch zur subjektiven Didaktik, Elztal-Dallau 1993, 354.
9 Vgl. das sogenannte ethische Axiom der Themenzentrierten Interaktion von R.C. Cohn „Ehrfurcht gebührt allem Lebendigen und seinem Wachstum. Das Humane ist wertvoll, Inhumanes ist wertbedrohend." Der Ansatz wird später ausgeführt. (Farau, Alfred/Cohn, Ruth C., Gelebte Geschichte der Psychotherapie. Zwei Perspektiven, Stuttgart 1984, 358.)

wirklichung, so unverzichtbar sie sind, nicht mehr als die alleinigen Bildungsziele gelten. Die Identität(en) einzelner Menschen in der Gesellschaft und ihr daraus entspringendes Handeln existieren nicht monadisch nebeneinander. Mein Engagement/Nichtengagement kann im Extremfall über Glück oder Unglück, Sinn oder Unsinn, Leben oder Tod anderer Menschen mitentscheiden. Demzufolge geht es in der modernen Bildung nicht nur um die Befreiung zu einer autonomen Identität, sondern auch um das Bezogensein einer „Identität in universaler Solidarität"[10]. Jeder Mensch ist autonom und interdependent.[11] Auf ein solches Menschenbild können sich ChristInnen mit Menschen außerhalb des Christentums verständigen.

Gott in Beziehung

Der Theologe und Dichter K. Marti beschreibt den dreieinigen Gott in vielfältigen Sprachspielen als „gesellige Gottheit"[12], dessen Wesen Beziehung ist.

„Am Anfang also: Beziehung.
Am Anfang: Rhythmus.
Am Anfang: Geselligkeit.
Und weil Geselligkeit: Wort.
Und im Werk, das sie schuf,
suchte die gesellige Gottheit sich
neue Geselligkeiten.
Weder Berührungsängste
noch hierarchische Attitüden.

---

10 Diesen Identitätsbegriff macht N. Mette zur Grundlage seiner Voraussetzungen christlicher Elementarerziehung (Mette, Norbert, Voraussetzungen christlicher Elementarerziehung. Vorbereitende Studien zu einer Religionspädagogik des Kleinkindalters, Düsseldorf 1983, 267-275). Vgl. auch Mette, Religionspädagogik, 156ff. Darüber hinaus scheint mir der Begriff tauglich, im offenen Diskurs mit anderen weltanschaulichen und religiösen Strömungen und Gruppierungen in der Gesellschaft dem nicht selten auf Selbstverwirklichung reduzierten Emanzipationsbegriff einen neuen Akzent zu geben. Emanzipatorische Bildung und Erziehung bleibt nicht neutral und unbezogen; sie wird parteilich gegen solidaritätslose, unpolitische Selbstverwirklichung.
11 Farau/Cohn, Gelebte Geschichte, 357.
12 Marti, Kurt, Die gesellige Gottheit. Ein Diskurs, Copyright Radius-Verlag, Stuttgart 1989.

Eine Gottheit, die vibriert
vor Lust, vor Leben.
Die überspringen will
auf alles,
auf alle."
Kurt Marti [13]

ChristInnen können ihre eigene Identität in universaler Solidarität vom Lebens- und Todesschicksal Jesu her begreifen. Darin offenbart sich eine solidarische Anteilnahme, die jedem Anteilnehmen eine neue Qualität verleiht: Es ist die Anteilnahme des „ganz Anderen", die Anteilnahme Gottes in Jesus Christus am Schicksal jedes Menschen und am Schicksal der Welt, wie sie der Philipperhymnus besingt:

„Er war Gott gleich,
hielt aber nicht daran fest, wie Gott zu sein,
sondern er entäußerte sich
und wurde wie ein Sklave und den Menschen gleich.
Sein Leben war das eines Menschen;
er erniedrigte sich und war gehorsam bis zum Tod,
bis zum Tod am Kreuz" (Phil 2, 6-8).

Am beziehungsreichen Anteilnehmen und Anteilgeben kann man erkennen, wo der Geist Gottes innerhalb oder außerhalb von Kirchen und Religionen zu wirken beginnt. Auf dieser christlich-humanen Basis gilt es also Grundlinien einer anteilnehmenden und anteilgebenden Religionspädagogik zu entwickeln.

2. Kirchliches Bildungshandeln und Glaubenlernen

Wenn es um kirchliche Bildungspraxis geht, kommt schnell die Frage auf, wie es um das explizite Glaubenlernen in der jeweiligen Religionsdidaktik bestellt sei. Damit ist die grundsätzliche Frage

---

13 Marti, Gottheit, 8f.

aufgeworfen, ob und wie man glauben lernen kann. Diese Frage beschäftigt Menschen, die in der kirchlichen Bildungsarbeit stehen, ebenso wie wissenschaftlich arbeitende ReligionspädagogInnen.[14] In der Diskussion um diese Frage bleibt oft unklar, was mit „Glaubenlernen" gemeint ist. Die einen denken an die Vermittlung zentraler Inhalte der christlichen Botschaft und kirchlichen Lehre, andere an die Einübung einer bestimmten (Vertrauens-)Haltung oder religiösen Praxis. Auch zwischen den christlichen Kirchen und in der Geschichte der Glaubensweitergabe sind die Positionen zur Lernbarkeit des Glaubens kontrovers. Während etwa die sogenannte „Evangelische Unterweisung"[15] die Glaubensentscheidung als unverfügbares Werk Gottes ins Zentrum rückte, setzte die traditionelle katholische Position auf die Glaubenseinübung und die Übernahme von Glaubenswissen und Glaubenspraktiken.

Glaube kann sich in Lern- und Reifungsprozessen ereignen

Im Anschluß an J. Werbick vertrete ich den Standpunkt, daß Lernprozesse in kirchlicher Erwachsenenbildung, Gemeinde und Religionsunterricht Glauben nicht „machen" können. Dessenungeachtet besteht die Chance, daß sich Glaube, wie überall im Leben, auch „im Kontext menschlicher Lern- und Reifungsprozesse" ereignen kann.[16] Wenn dem so ist, dann richtet sich das Interesse kirchlicher Bildungsarbeit auf menschengerechte, d.h. den Menschen als religiöses Subjekt ernstnehmende Lern- und Reifungsprozesse, die „auf Glau-

---

14 Vgl. u.a. Nastainczyk, Wolfgang, Glauben weitergeben – Glauben entfalten. Prozesse – Probleme – Chancen, Salzburg 1986; Biser, Eugen, Die glaubensgeschichtliche Wende. Eine theologische Positionsbestimmung, Graz u.a.O. 1986; Feifel, Erich/Kasper, Walter (Hg.), Tradierungskrise des Glaubens, München 1987; Paul, Eugen/Stock, Alex, Glauben ermöglichen. Zum gegenwärtigen Stand der Religionspädagogik. Festschrift für Günter Stachel, Mainz 1987; Hoeren, Jürgen/Schmitt, Karl Heinz (Hg.), Werden unsere Kinder noch Christen sein? Für eine menschennahe Weitergabe des Glaubens, Freiburg 1990; Biesinger, Albert, Kinder nicht um Gott betrügen. Anstiftungen für Mütter und Väter, Freiburg u.a.O. 1994.
15 Vgl. u.a. Bohne, Gerhard, Religionsunterricht und religiöse Entscheidung, in: Zeitschrift für den Evangelischen Religionsunterricht 41 (1930), 4-11.49-51; Kittel, Helmuth, Vom Religionsunterricht zur Evangelischen Unterweisung, Hannover ³1957.
16 Werbick, Jürgen, Glaubenlernen aus Erfahrung. Grundbegriffe einer Didaktik des Glaubens, München 1989, 29.

ben hin"[17] offen sind. Solche Lernprozesse werden nicht mit dem Bewußtsein initiiert, daß sie bei optimaler Planung und engagierter Durchführung Glauben produzieren können. Sie sind auch nicht einseitig auf die Weitergabe des Glaubens fixiert. Ein gelassener Umgang mit der Tradierungskrise, der das Augenmerk auf das Gelingen des Lebens möglichst aller Menschen in der einen Welt und auf ihre Zukunftsmöglichkeit legt, befreit vom kirchlichen Erfolgsdruck, Glauben durch Lernen vermitteln zu müssen. Er fördert die jesuanische Gelassenheit, dem Wachsen der ausgestreuten Saat vertrauensvoll zuzusehen und die Beurteilung der „Lernergebnisse" einem anderen zu überlassen. In diesem Sinn geht es in der kirchlichen Bildungspraxis nicht um eine „Glaubensschule" mit eng definierten Lernzielen, sondern um offene Lernprozesse, die mit abgeschlossenen Bildungsprogrammen wenig zu tun haben. Die Offenheit menschlich-religiöser Bildung zeigt sich in mehrfacher Hinsicht:
– Als Befreiung aus geschlossenen Curricula zur Glaubensvermittlung.
– Als Orientierung an einem Welt- und Menschenbild, in dem das Religiöse und die Glaubenszustimmung Platz haben.
– Als Option für die existentiellen Anliegen von Menschen und ihrer gemeinsamen Zukunft aus der Perspektive des Evangeliums heraus.

Verschulung – ein Hindernis für die Glaubenserschließung?

Wer hat nicht schon erlebt, daß in Kommunikationssituationen, denen nicht im entferntesten eine religiöse oder glaubensvermittelnde Absicht unterstellt werden konnte, plötzlich eine tief religiöse Frage aufbricht, eine „andere" Beziehung erlebbar wird, Menschen im Geist Jesu zu handeln beginnen? ... Wem ist andererseits unbekannt, wie schwer es im schulischen Religionsunterricht, aber auch in der Gemeindearbeit und kirchlichen Erwachsenenbildung ist, existentielle Lernprozesse zu initiieren, die auf die tiefsten Fragen des Menschen hin offen sind? Möglicherweise gilt die geheime Regel, daß Lernprozesse um so chancenloser für den Glauben werden, je verschulter sie sind. Diesbezüglich könnte die Skepsis der frühen

---

17 Mit der Formulierung „auf Glauben hin" bezeichne ich sowohl den Inhalt des Glaubens als auch die Glaubenshaltung bzw. -praxis.

Kirche gegenüber der Schule, über ihre aktuelle Angst vor der heidnischen Bildung hinaus, eine generelle schulkritische Bedeutung haben.[18]

Die Kritik der Verschulung trifft nicht nur auf den Religionsunterricht, sondern in gleicher Weise auf die anderen Felder kirchlicher Bildungspraxis zu. Überall dort, wo die Vielfalt und Widersprüchlichkeit des Lebens in sinn- und erfahrungsarme Lerngegenstände hinein abstrahiert wird und diese „objektiv" vermittelt werden, ist die Gefahr groß, daß Menschen existentielle Identifikationsmöglichkeiten verschlossen bleiben, ohne die menschlich-religiöses Lernen nicht möglich ist.

Bildung als neue Kultur?

Bildung, wie ich sie verstehe, läßt sich am zutreffendsten als „Kultur"[19] des solidarischen Anteilnehmens und Anteilgebens am Menschsein in all seinen Facetten beschreiben; sie ermöglicht einen Raum der Begegnung zwischen unterschiedlichen Generationen, Nationalitäten und religiösen Einstellungen; sie schließt bewußt Anliegen und Themen ein, die in unserer Gesellschaft verdrängt werden oder ein Schattendasein führen, weil sie nicht in die Markt- und Konsumlogik passen und Menschen zum Widerstand gegen das scheinbar Unveränderliche herausfordern. Es geht um eine anteilnehmende und anteilgebende Begegnung mit den uralten und dennoch hochaktuellen Fragen nach Liebe und Gerechtigkeit, nach Sinn und Zukunft, nach Krankheit, Tod und Leben; im letzten also um Fragen nach dem „ganz Anderen", um Fragen nach Gott. Die leistungs- und konkurrenzbestimmten Bildungsvorgänge westlicher

---

18 Vgl. Paul, Eugen, Geschichte der christlichen Erziehung, Bd. 1, Antike und Mittelalter, Freiburg u.a.O. 1993, 15-28.
19 Ein umfassender Kulturbegriff schließt alle Bereiche des Menschseins, also Kenntnisse, Glaubensmomente, Kunst, Moral, Gesetze, Bräuche bzw. sämtliche anderen Fähigkeiten und Gewohnheiten und Produkte des Menschen als Gesellschaftswesen, ein. L. Boff erinnert daran, wie sehr jede Kultur in der Welt des Materiellen, des Sozialen und des Vorstellungsvermögens des Menschen wie der Gemeinschaft wurzelt (vgl. Boff, Leonardo, Gott kommt früher als der Missionar. Neuevangelisierung für eine Kultur des Lebens und der Freiheit, Düsseldorf 1991, 21).
Sowohl der Bildungs- als auch der Kulturbegriff sind in bürgerlichen Gesellschaften von der Engführung bedroht, daß nur bestimmte, gesellschaftlich akzeptierte Bildungs- und Kulturgüter bzw. -räume anerkannt sind.

Gesellschaften werden aus ihrer Selbstbezogenheit zu solidarischer Koexistenz mit den anderen, letztlich mit der ganzen Schöpfung befreit.
Eine solche Bildungskultur ist konfliktträchtig und störungsanfällig, weil das ganze Leben darin Platz findet und nicht ein künstlich abstrahierter Lerngegenstand die Kommunikation bestimmt. Im bewußten Wahrnehmen von Schatten und Ungerechtigkeit kommt sie dem nahe, was das Zweite Vatikanum unter geistgewirkter Partizipation der ChristInnen am Leben von Mensch und Gesellschaft versteht:
„Freude und Hoffnung, Trauer und Angst der Menschen von heute, besonders der Armen und Bedrängten aller Art, sind Freude und Hoffnung, Trauer und Angst der Jünger Christi. Und es gibt nichts wahrhaft Menschliches, das nicht in ihren Herzen seinen Widerhall fände" (Gaudium et spes, Art. 1).

Bildung als Diakonie

In theologischer Hinsicht ist die Wechselseitigkeit von Kirche und Welt nicht als Herrschaft, sondern als Dienst zu begreifen. Sie ist eine Diakonie, wie sie schon im Alten Testament als Sympathie Gottes mit uns Menschen ihr wesentliches Charakteristikum findet. Angesichts der lauten Klage der Israeliten (Ex 3, 9), der Not der Psalmenbeter oder der Klagen Ijobs erweist sich Gott als einer, der auf die Not der Unterdrückten hört. Insbesondere die prophetische Kritik stellt die Solidarität Gottes mit den zu Opfern Gemachten und deren Befreiung als Auftrag an die Menschen heraus: „die Fesseln des Unrechts zu lösen, die Stricke des Jochs zu entfernen, die Versklavten freizulassen, jedes Joch zu zerbrechen, an die Hungrigen dein Brot auszuteilen, die obdachlosen Armen ins Haus aufzunehmen, wenn du einen Nackten siehst, ihn zu bekleiden und dich deinen Verwandten nicht zu entziehen ..." (Jes 58, 6f).
Die aktuellste Herausforderung für das diakonische Handeln der Kirchen stellen jene Menschen dar, die überflüssig gemacht werden, weil sie nicht einmal mehr als Objekte wirtschaftlicher Ausbeutung nutzbar sind.[20] In der unbedachten Rede von der menschheitsgefähr-

---

20 Vgl. u.a. Hinkelammert, Franz J./Arntz, Norbert, Das Überleben aller Menschen sichern. Ein Zwischenruf anläßlich der Überbevölkerungskonferenz von Kairo, in: Orientierung 58 (1994), 170-175.

denden Bevölkerungsexplosion, die nur auf arme Völker bezogen wird, kommt der politische, wirtschaftliche und ethische Zusammenhang der Diakonie zutage. Die herausforderndsten Nöte der Menschen heute sind nicht nur in ihren individuellen, sondern auch in ihren systemischen Zusammenhängen zu sehen. Sie machen Menschen mundtot, so daß sie nicht einmal mehr zur Klage und zum Schrei fähig sind.

Der eigentliche Dienst Gottes am Menschen ist seine Menschwerdung, wie sie im bereits zitierten Philipperhymnus (Phil 2, 5-11) besungen wird. Demzufolge hört Gott nicht nur auf die Klage der Opfer. Er nimmt die Gestalt jedes Menschen an, gerade dessen, der in den modernen Systemen überflüssig gemacht wurde. Ein zentrales Evangelium der Diakonie ist die Fußwaschung (Joh 13, 1-20). Im Johannesevangelium wird an der Stelle, an der bei den Synoptikern die Abendmahlstradition (Mk 14, 17-25 par.) steht, von der Fußwaschung erzählt; sie ist in doppelter Hinsicht „Sakrament" des Dienstes: Als zentraler Liebesdienst symbolisiert sie einerseits das Sterben Jesu für die Menschen und ist andererseits ein bindendes Beispiel für alle, die in der Kirche etwas zu sagen haben: die erfahrene Liebe Gottes in Jesus Christus wirksam werden zu lassen in der hinblickenden und dienenden Liebe des Herrn.

Von Anfang an ist ein innerer Zusammenhang zwischen der Diakonie als christlicher Praxis auf das Reich Gottes hin und dessen Verkündigung und Feier gegeben. Gleichzeitig ist aber das jeweils spezifische Profil von Diakonie zu entwickeln. Es ist zwar nicht falsch, daß letztlich das gesamte Tun der Kirche unter diakonischem Aspekt verstanden werden kann: Liturgie, Verkündigung und Gemeindeaufbau (Koinonia) sind Dienste am Menschen und insofern diakonisch bestimmt. Doch dieses weite Diakonieverständnis birgt die Gefahr in sich, daß es zu keinem eindeutigen Profil eines diakonischen Dienstes der Kirchen kommt.

Was Diakonie jeweils konkret ist, kann nicht von außen und schon gar nicht von oben herab bestimmt werden. Sie ist ein Dienst, der sich aus der betreffenden Not und Ungerechtigkeit heraus ergibt. Dabei ist ihr systemkritischer Charakter gerade dort, wo Menschen institutionell eingebunden sind, besonders zu beachten. Eine diakonische Präsenz der Kirchen in den Schulen müßte sich z.B. den Not- und Unrechtssituationen und -strukturen, unter denen Menschen in der Schule leben und arbeiten, stellen; solche sind wahrzunehmen, zu analysieren, zu artikulieren und kritisch unter den Anspruch des

Evangeliums zu stellen; die Betroffenen sind solidarisch im Veränderungsprozeß zu begleiten.

Kulturelle Diakonie

Noch spezifischer kann eine anteilnehmende Bildung, die sich als Dienst versteht, mit dem von G. Fuchs geprägten Begriff als „Kulturelle Diakonie"[21] beschrieben werden. Was damit gemeint ist, läßt sich zunächst an einem Text aus den Anfängen des Christentums verdeutlichen. Etwa hundert Jahre nach Jesu Tod lebte ein Heide namens Diognet. Sein Freund war Christ und schrieb ihm, was seiner Meinung nach die Christen kennzeichnet.

„Die Christen nämlich sind weder durch Heimat
noch durch Sprache noch durch Sitten
von den übrigen Menschen unterschieden.
Denn sie bewohnen weder irgendwo eigene Städte
noch verwenden sie eine abweichende Sprache
noch führen sie ein absonderliches Leben.

... dabei folgen sie den einheimischen Bräuchen in Kleidung,
Nahrung und der übrigen Lebensweise,
befolgen aber dabei die außerordentlichen
und paradoxen Gesetze
ihres eigenen Staatswesens.
Sie bewohnen ihr jeweiliges Vaterland,
aber nur wie fremde Ansässige;
sie erfüllen alle Aufgaben eines Bürgers
und erdulden alle Lasten wie Fremde;
jede Fremde ist für sie Vaterland
und jede Heimat ist für sie Fremde ...

Sie lieben alle
und werden von allen verfolgt.
Sie werden verkannt
und verurteilt,
sie werden getötet und dadurch gewinnen sie das Leben."[22]

---
21 Fuchs, Gotthard, Kulturelle Diakonie, in: Concilium 24 (1988), 324-329.
22 Der Brief an Diognet. Übersetzung und Einführung von Lorenz, Bernd, Einsiedeln 1982, 19f.

In diesem Text wird deutlich, wie sehr christliches Handeln von Anfang an kulturell eingebunden ist. „Dabei werden vorgegebene Lebensformen und Weltdeutungen kritisch aufgenommen, durchkreuzt und in neue Kulturformen umgeschmolzen: ein interkultureller Prozeß langwieriger und konfliktträchtiger Art."[23] Dieser Prozeß hat insofern eine „diakonische Struktur", als die vorgefundene Kultur weder kritiklos übernommen noch kriterienlos abgelehnt wird. Indem das Evangelium ins Spiel kommt, werden Reichtümer und Schwachstellen des jeweiligen kulturellen Kontextes offenbar. Dies geschieht aber nicht in einer überheblichen und besserwisserischen Weise, denn auch die Sozialgestalten des Evangeliums sind nicht unschuldig und wandeln sich durch gesellschaftliche Einflüsse. In der Spannung von Inkulturation und Exkulturation wird eine menschlichere und erlösend-befreiendere Praxis möglich.

Wenn heute der tragische Bruch zwischen Evangelium und Kultur beklagt wird[24], dann hat dieser sowohl mit den Ängsten der Kirchen zu tun, von der säkularen Moderne zu lernen, als auch mit gesellschaftlichen Widerständen, sich von der Gegenkultur des Evangeliums herausfordern zu lassen, die die „Opfer und Unterdrückten Subjekte der Seligpreisungen"[25] nennt.

Bei aller Unterschiedlichkeit der Konzepte und Strukturen menschlich-religiöser Bildung in Gemeinde, Schule und Erwachsenenbildung zeigen sich auf Zukunft hin konvergierende Optionen. Sie sind mit folgenden Leitvorstellungen verbunden:

– Kirchliche Bildung mit Zukunft versteht sich als kommunikative Praxis, die sozialwissenschaftlich-philosophisch und theologisch bestimmt ist.
– Sie ist eine diakonische Praxis, deren Interesse nicht allein auf die kirchliche Nachwuchssicherung, also auf die Weitergabe des Glaubens an die nächste Generation, ausgerichtet ist, sondern auf die Ermöglichung einer guten Zukunft für alle Menschen in der einen Welt.
– Damit bleibt sie nicht distanziert, neutral und objektiv, sondern wird parteiergreifend für Menschen, die unter ungerechten Bildungs- und Gesellschaftsverhältnissen leben und darunter leiden. Frieden, Gerechtigkeit und Bewahrung der Schöpfung sind zen-

---

23 Fuchs, Kulturelle Diakonie, 325.
24 U.a. von Papst Paul VI. in Evangelii Nuntiandi, Art. 20.
25 Fuchs, Kulturelle Diakonie, 326.

trale Anliegen einer diakonisch-kommunikativen Bildungspraxis in Gemeinde und Schule.
- Störungen und Konflikten, die mit einer solchen Bildungspraxis unausweichlich verbunden sind, wird nicht ausgewichen; sie werden auch nicht unter den Teppich gekehrt oder unterdrückt, sondern als spezielle Lernchancen begriffen.
- Eine diakonisch-kommunikative Bildungspraxis ist wechselseitig-partizipativ, subjektbezogen und intersubjektiv, generationenübergreifend und interkulturell.
- Solches Bildungshandeln endet weder an den konfessionellen noch an den Religionsgrenzen.

Didaktik des langen Atems

Eine diakonisch-kommunikative Bildungspraxis erfordert eine „Didaktik", die sich wesentlich von Planungstechniken und Bildungsstrategien unterscheidet. Sie ist eher der Spannung von Mystik und Politik verwandt und ist ein Prozeß, der sich in gleicher Weise nach innen wie nach außen richtet. Es geht darum, sich persönlich und mit anderen Menschen auf die elementaren Erfahrungen des Mensch- und Christseins einzulassen und sich für eine menschlichere Welt zu engagieren, vielfältigen Begegnungen untereinander und lebensbedeutsamen Themen Raum zu geben und miteinander zu handeln. Als Didaktik des langen Atems entbehrt sie aller schnell anwendbaren Rezepte. Damit kommt sie einer „Verlangsamung"[26] in der kirchlichen Bildungspraxis entgegen.

Gefragt ist eine weltzugewandte, gesellschaftskritische und gleichzeitig persönlich bedeutsame Didaktik offener Lernprozesse, in der insbesondere auch das Ausgegrenzte, Sperrige, Konfliktreiche und Widerständige sein Recht behält und in der das Leben in allen Dimensionen zum Thema werden kann. Unseren bisherigen Überlegungen zufolge drückt sich in einer Didaktik, die mit Menschen geht, die sich auf solidarische Identität ermöglichende Bildung einläßt und Religion bzw. Glaube als wesentliche Dimension des Mensch-

---

26 Die Forderung nach einer „Verlangsamung" des Bildungshandelns tritt einerseits auf dem Hintergrund der „Burnout"-Diskussion (siehe Einleitung), andererseits im Hinblick auf den ursprünglichen Sinn von Schule als Ort der Muße und der gelassenen Auseinandersetzung neu in das Bewußtsein.

seins achtet, implizit Christliches aus, ohne daß sie als spezifische kirchliche Didaktik vereinnahmt werden soll.

Die Welt ist unsere Aufgabe – eine didaktische Alternative

Schon in den Anfängen der Autonomie- und Selbsterfahrungsbewegung hatte die jüdische Psychoanalytikerin und Pädagogin R.C. Cohn, die als junge Frau den Greueln des Holocaust entkommen war, ihre Sichtweise des Menschen in der Welt in einer Neuformulierung des sogenannten „Gestaltgebetes" ausgedrückt. Sie schrieb:

„Ich will tun, was ich tu.
Ich bin ich.
Du willst tun, was du tust.
Du bist du.
Die Welt ist unsere Aufgabe.
Sie entspricht nicht unseren Erwartungen.
Jedoch, wenn wir uns für sie einsetzen, wird diese Welt schön sein. Wenn nicht, wird sie nichts sein."[27]

Wie läßt sich eine solche Perspektive im Lehren und Lernen verwirklichen?

3. Anteilnehmend lehren und lernen

R.C. Cohn, die ihren Ansatz des lebendigen Lernens als Themenzentrierte Interaktion (TZI)[28] bezeichnet, gibt einem ihrer Bücher den Titel: „Es geht ums Anteilnehmen."[29] Diesem Anspruch will sie in

---

27 Cohn, Ruth C., Die Selbsterfahrungsbewegung: Autismus oder Autonomie?, in: Gruppendynamik 5 (1974), 164.
28 Die Themenzentrierte Interaktion nach R.C. Cohn ist ein anerkannter didaktischer Ansatz und in vielen Publikationen ausgewiesen. Zur ersten Orientierung können dienen: Cohn, Ruth C., Von der Psychoanalyse zur Themenzentrierten Interaktion. Von der Behandlung Einzelner zu einer Pädagogik für alle, Stuttgart ^{11}1992; Farau/Cohn, Gelebte Geschichte; Löhmer/Standhardt, TZI: Pädagogisch-therapeutische Gruppenarbeit; Cohn, Ruth C./Terfurth, Christina, Lebendiges Lehren und Lernen. TZI macht Schule, Stuttgart 1993.
29 Cohn, Ruth C., Es geht ums Anteilnehmen ... Perspektiven der Persönlichkeitsentfaltung in der Gesellschaft der Jahrtausendwende, Freiburg 1989.

pädagogischen, sozialen, politischen und therapeutischen Handlungsfeldern, in denen nach TZI gearbeitet wird, zum Durchbruch verhelfen. Anteilgebendes und anteilnehmendes Lehren und Lernen wird aus dem engen Korsett einer rein stofflichen Aneignung von Wissen zu einem „ganzheitlichen" Prozeß erweitert, der auf eine „Vermenschlichung" der Gesellschaft ausgerichtet ist: Die politisch-gesellschaftlichen Bedingungen, unter denen Menschen lernen, kommen ebenso in den Blick wie die Beziehungen der Lernenden untereinander; die einzelnen Menschen genauso wie die Anliegen, an denen sie lernen. Eine „dynamische Balance" zwischen „Globe, Ich, Wir, Es", auf die die LeiterInnen themenzentrierter, interaktioneller Lerngruppen achten und die sie durch die Art ihrer Leitung repräsentieren, schafft einen Raum, in dem unmittelbare Begegnungen möglich werden: die Begegnung mit sich selbst, den anderen in der Gruppe und mit den Anliegen, die in ihrer existentiellen Bedeutsamkeit thematisiert werden. Einer Intuition Ruth C. Cohns folgend, werden die TZI-Faktoren als Eckpunkte eines Dreiecks in einer Kugel vorgestellt. Damit wird ihre Gleichgewichtigkeit und Bezogenheit ausgedrückt. Somit ist TZI nicht nur themen-, sondern auch personen-, gruppen- und globezentriert.

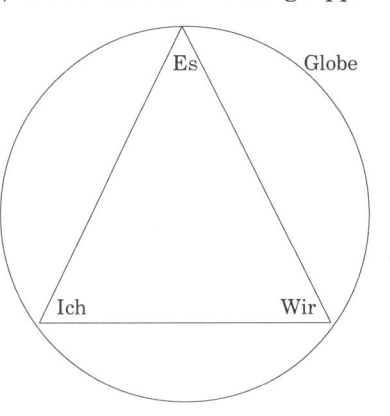

Konflikte, Störungen und Betroffenheiten werden nicht ausgeblendet, sondern haben in der Regel Vorrang.[30] Sich selbst und andere leiten zu lernen, also verantwortliche Entscheidungen zu treffen, ist ein zentraler Anspruch der Themenzentrierten Interaktion.[31] Die

---

30 Dieses Störungspostulat bezieht sich nicht auf Verhaltens- oder Disziplinstörungen, wie sie im schulischen Kontext vorkommen. Es geht um ein existentielles Postulat, das sich an den einzelnen und an die Gruppe richtet: „Beachte Hindernisse auf deinem Weg, deine eigenen und die von anderen. Störungen und Betroffenheiten haben Vorrang; ohne ihre Lösung wird Wachstum verhindert oder erschwert." (Cohn, Psychoanalyse, 121.)
31 Darauf verweist das sogenannte Chairpersonpostulat: „Sei dein eigener Chairman/deine eigene Chairwoman, sei die Chairperson deiner selbst. Dies bedeutet:

Autonomie jedes einzelnen und seine Interdependenz mit den anderen, mit der Gesellschaft und letztlich dem ganzen Kosmos, werden ausdrücklich betont.[32]

Nach meiner praktischen Erfahrung stellt der Ansatz Lebendigen Lernens nach R.C. Cohn ein Interaktions- und Kommunikationssystem zur Verfügung, das offene, aber auch parteinehmende Lernprozesse in den unterschiedlichen kirchlichen Handlungsfeldern ermöglicht. Die Themenzentrierte Interaktion ist, ihrer jüdischen Gründerin folgend, einer zutiefst humanen, dem Welt- und Menschenbild der hebräischen Bibel nahen Orientierung verpflichtet.[33] Sie orientiert sich u.a. an einer von M. Buber beeinflußten Anthropologie.

Ein TZI-Seminar mit PraktikerInnen

Bevor ich die Möglichkeiten und Grenzen von TZI in der kirchlichen Bildungspraxis näherhin bedenke, will ich einen Blick in die unmittelbare Praxis werfen: An der Nachreflexion eines TZI-Kurses, den ich kürzlich geleitet habe, wird ansatzweise deutlich, was themenzentrierte Bildung im kirchlichen Kontext intendieren kann.

> Sei dir deiner inneren Gegebenheiten und deiner Umwelt bewußt. Nimm jede Situation als Angebot für deine Entscheidungen. Nimm und gib, wie du es verantwortlich für dich und andere willst." (Farau/Cohn, Gelebte Geschichte, 358f.)

32 Das existentiell-anthropologische Axiom von TZI lautet: „Der Mensch ist eine psychobiologische Einheit und ein Teil des Universums. Er ist darum gleicherweise autonom und interdependent. Die Autonomie des Einzelnen ist umso größer, je mehr er sich seiner Interdependenz mit allen und allem bewußt wird." (Farau/Cohn, Gelebte Geschichte, 375.)

33 Es gibt einige Arbeiten, die einen Vergleich von TZI und Ansätzen einer christlichen Anthropologie bzw. theologischen Ethik anstreben. (Vgl. u.a. Pausch, Johannes Hubert, Die Möglichkeiten des gemeinsamen Lebens heute: aufgezeigt an der Regel des hl. Benedikt und der TZI [Ruth C. Cohn], Diplomarbeit, Salzburg 1976; Modesto, Helga, Theologie und Lebenshilfe, in: Wagnis Theologie: Erfahrungen mit der Theologie Karl Rahners, hg. v. Vorgrimler, Herbert, Freiburg 1979, 451-463.) Das bestehende Theoriedefizit aus dem Vergleich der philosophisch-ethischen Grundlagen von TZI mit einem auf christlicher Anthropologie begründeten Menschenbild ist aber nicht vollständig behoben. Hierzu bedürfte es einer umfassenden Darstellung der „Wurzeln" von TZI in ihren jeweiligen philosophischen, psychologischen und historischen Zusammenhängen. (Vgl. Scharer, Matthias, Thema – Symbol – Gestalt. Religionsdidaktische Begründung eines korrelativen Religionsbuchkonzeptes auf dem Hintergrund themen- [R.C. Cohn]/symbolzentrierter Interaktion unter Einbezug gestaltpädagogischer Elemente, Graz u.a.O. 1987, 131.)

Ohne fertiges Konzept für den Gemeindeabend mit Erwachsenen, ohne Stundenbild für den Religionsunterricht und ohne Modell für die Firmkatechese beendeten 20 PastoralreferentInnen, ReligionslehrerInnen und Pfarrer das TZI-Seminar „Erwachsen werden mit / ohne Gott?". Als sie am Beginn des Kurses ihre Erwartungen formulierten, standen die fertigen Projekte und Modelle ganz oben auf der Wunschliste. Die LeiterInnen sollten zeigen, wie lebendige Glaubensvermittlung in der Praxis von Gemeinde und Schule geht. „Wie man das ganz konkret macht".

Das „schnelle Rezept" war auch das geheime Thema mancher Gruppenmitglieder, die sich zunächst schwer taten, sich auf Themen einzulassen, die nicht in erster Linie „die anderen", also die Erwachsenen, Jugendlichen und Kinder, mit denen sie alltäglich arbeiten, sondern sie persönlich betrafen. Es war ihnen neu, wie sehr sich in der offenen Kommunikation einer Gruppe die Alltagsszenarien aus Gemeinde und Schule widerspiegeln. Die Auseinandersetzung mit der eigenen Lebens- / Glaubensgeschichte und mit den konfliktreichen Beziehungen in dieser Seminargruppe empfanden sie als „langen Umweg" zur eigentlichen „Sache" der Glaubensvermittlung.

Trotz dieser unerfüllten Anfangserwartungen äußerten sich die TeilnehmerInnen in der Schlußrunde des Kurses zufrieden, ja zum Teil begeistert. Sie hatten eine neue Art und Weise der Kommunikation miteinander und über Themen kennengelernt, die sie persönlich betrafen. In den existentiellen Begegnungen miteinander und mit lebensrelevanten Themen des Alltags erschlossen sich neue theologische Zugänge, die wiederum thematisiert werden konnten. Es waren Möglichkeiten, die das Theologiestudium eher verschlossen als eröffnet hatte: sich auf einen existentiell und gesellschaftlich bedeutsamen Kommunikationsprozeß einzulassen und dessen hohe theologische Relevanz zu entdecken und zu verstehen.

Die erwarteten Modelle und Projekte traten in den Hintergrund, weil die TeilnehmerInnen viel gelassener als vorher in ihre Arbeitsfelder in Schule und Gemeinde zurückgingen. In diesem Seminar hatten sie erfahren, wie sehr sie darauf vertrauen konnten, daß Gott unabhängig von ihren seelsorglichen und katechetischen Bemühungen immer schon „da ist", wo Menschen offen kommunizieren und solidarisch handeln. Es wurde klar, daß es darum geht, aufmerksam SEINE Spuren zu entdecken und IHN nicht in Projekte, Stundenbilder und Katechesen zu zwingen.

Mit TZI Glauben vermitteln – ein Widerspruch

Die TeilnehmerInnen am Seminar hatten sich wirksame Methoden für die Glaubensvermittlung in Gemeinde, Schule und Erwachsenenbildung erwartet. Am Ende wollten sie fertige Modelle und Projekte in der Tasche haben.

Schon aus theologischen Gründen kann die Anwendung von TZI als „Methode der Glaubensvermittlung" nicht funktionieren. Christliche Glaubensgehalte können nicht einfach als „Inhalt" oder „Stoff" begriffen werden, wie das für naturwissenschaftliche Bildungsbereiche selbstverständlich ist. In der Glaubenserschließung steht nicht die satzhafte Kunde im Sinne einer systematischen Rede *über* den Glauben im Mittelpunkt, sondern der lebendig gelebte und damit in jeder Situation neu sich gestaltende Glaubensakt an den Gott des Lebens. Dieser bleibt freilich nicht stumm, sondern drängt auch zum sprachlichen Ausdruck. Glaubensaussagen, Gebete, Lieder usw. sind sprachliche Konzentrate eines lebendigen Kommunikationsprozesses: von Erfahrungen zwischen Gott und den Menschen und den Menschen untereinander in einer spezifischen geschichtlichen und literarischen Ausdrucksgestalt.[34]

In christlicher Sicht ist die Inkarnation (Menschwerdung) Gottes in Jesus, den die Christen als den Christus (Gesalbten) bekennen, das Grund- und Ursymbol, wie Gott in der Welt allgegenwärtig ist und in jedem Menschen lebt. Die „Logik der Menschwerdung Gottes" gibt allem menschlichen Sein und Handeln, insbesondere jedem Zusammensein von Menschen, eine neue Qualität: „Wo zwei oder drei in meinem Namen versammelt sind, da bin ich mitten unter ihnen" (Mt 18, 20).

Das Christentum hat aus seinem inneren Verständnis heraus eine zutiefst humane und kommunikative Qualität. Nicht umsonst versteht sich die kirchliche Gemeinschaft, die die Botschaft vom Kommen Gottes durch die Zeit hindurch wachhalten soll, als „Communio". In der Kommunion drückt sie das im rituellen Vollzug aus. Die „kommunikative Qualität" des Glaubens ist nicht ein aus didakti-

---

[34] Dabei ist ein kritischer Umgang mit heutigen und in der jüdisch-christlichen Offenbarung und kirchlichen Tradition verschrifteten Erfahrungen mitzubedenken. Erfahrungen müssen auf ihre sprachliche Vermittlung, ihre Verdrängungsproblematik, ihre gesellschaftlichen und ideologischen Hintergründe usw. hin kritisch hinterfragt werden. Vgl. Schillebeeckx, Edward, Erfahrung und Glaube, in: CGG, Bd. 25, 73-116.

schen Absichten sozusagen von außen an ihn herangetragenes Element, also eine beliebig veränderbare Größe. Sie entspricht seinem inneren Wesen und macht ihn authentisch christlich.

Symbolische Interaktion: Rettung aus dem Symbol- und Sinnverlust?

Die Glaubenskommunikation geschieht nicht in erster Linie in Begriffen. Symbole vermögen in ihrer existentiellen Tiefe adäquater zum Ausdruck zu bringen, was Menschen Sinn gibt, was für sie heilsam und befreiend ist, als abstrakte theologische Begriffe; letztere gehören vorrangig in den Bereich der Glaubensreflexion. Die großen biblischen Erzählungen, Gleichnisse und Metaphern, Riten und Gebärden, Gegenstände wie Brot und Wein und natürliche Elemente wie Licht und Wasser sind die unmittelbare Sprache der Religion und des Glaubens.

In geschlossenen Gesellschaften und Kulturen, in denen die Familien- und Sippenrituale noch intakt sind und die Erwachsenen ihre Symbolfähigkeit ohne kritische Distanzierung bewahrt haben, funktioniert das symbolische Interaktionsspiel zwischen den Generationen bisweilen ungebrochen. Religion wird nicht außerhalb oder neben den alltäglichen Lebenszusammenhängen vermittelt, wie das in den meisten kirchlichen Vermittlungssituationen Europas geschieht, sondern ist integraler Bestandteil des symbolisch-interaktionellen Zusammenspiels der Sippen. In ähnlicher Weise ist die Welt der Kinder nicht in eine religiöse und profane Welt getrennt. Ihr Weltbild gleicht in erstaunlicher Weise dem Weltbild, in dem die biblischen Schöpfungstexte erzählt werden (vgl. III. Kapitel).

Modernen Gesellschaften droht der Sinnverlust mangels einer vielsinnigen, unmittelbar zugänglichen Symbolik. Das wirft die Frage auf, wie kommunikative Bildungsprozesse eine neue „thematisch-symbolische Orientierung" ermöglichen können. Was im modernen Alltag auseinandergefallen ist, soll wieder zusammengebracht werden: Situation und Symbol, Erfahrung und Inhalt. „Der Kommunikationsstil und das Leiterverhalten im TZI-Konzept erweisen sich ... als hilfreich, symbolische Kommunikation im Sinne einer sich neu entwickelnden Symbolisierungsfähigkeit als religiöser Basiskompetenz zu ermöglichen. Dadurch wird unter Zuhilfenahme der TZI-Grundidee das modellhaft wieder herzustellen versucht, was im

Zuge der Vergesellschaftungsprozesse auseinanderfällt ... Indem TZI durch die dynamische Balance der Elemente Symbol-ICH-WIR die Ganzheit der Situation vor dem Auseinanderfallen zu schützen sucht, gelingt es ihr, modellhaft der gesellschaftlich inszenierten Klischee- und Schablonenbildung entgegenzuwirken"[35], schreibt D. Funke.

Ein solches Bemühen greift über das binnenkirchliche Interesse an der Glaubensweitergabe in die gesellschaftliche Alltagswirklichkeit ein. Ein gesellschaftsverändernder, heilender Prozeß der Resymbolisierung klischeebedrohter Alltagswirklichkeit soll ausgelöst werden. Das Auseinanderfallen von Religion und Gesellschaft wird hintangehalten, um einzelne und Gesellschaft vor dem drohenden Symbol- und damit Sinnverlust zu retten.

Alle Menschen sind Subjekte der Bildung

Symbolische Interaktion animiert zum generationenübergreifenden Lernen und zur interkulturellen Bildung, weil im Hinblick auf die Symbolfähigkeit Erwachsene von Kindern und säkularisierte Kulturen von ursprünglicheren lernen können. Voraussetzung dafür ist, daß ich allen Menschen, auch den Armen, Analphabeten, Kindern usw., ihre Subjekthaftigkeit zuspreche und bereit bin, mit ihnen in eine intersubjektive und interkulturelle Kommunikation einzutreten, also mit ihnen und von ihnen zu lernen. Dabei bleibt R.C. Cohns realistische Sicht, die sie u.a. im „pragmatisch politischen" Axiom ausdrückt, unbestritten: „Unser Maß an Freiheit ist, wenn wir gesund, intelligent, materiell gesichert und geistig gereift sind, größer als wenn wir krank, beschränkt oder arm sind und unter Gewalt und mangelnder Reife leiden."[36] Es ist also mit der Aufmerksamkeit auf vergessene Kulturen und Entwicklungsstadien nicht eine Regression in die Kindheit oder die Idealisierung von Kulturen, die unter extremer Armut und Ausbeutung leiden, gemeint. Vielmehr geht es um den solidarischen Kampf für mehr Freiheit und Gerechtigkeit, aber auch um die neuen wechselseitigen Lernchancen, die sogenann-

---

35 Funke, Dieter, Themenzentrierte Interaktion als praktisch-theologisches Handlungsmodell, in: Lebendig lernen. Grundfragen der themenzentrierten Interaktion, Euro-Info, Sondernummer 1984, Zwingenberg u.a.O. 1984, 127.
36 Cohn, Ruth C., Zur Grundlage des themenzentrierten interaktionellen Systems: Axiome, Postulate, Hilfsregeln, in: dies., Psychoanalyse, 120.

te „aufgeklärte" Erwachsene und „moderne" Gesellschaften haben, wenn sie mit unmittelbar symbolfähigen Menschen und ihrer gesellschaftlichen Wirklichkeit in Beziehung treten. Die Aufmerksamkeit auf unterschiedliche Generationen und Kulturen könnte auch Anstöße zur Ausweitung des Arsenals an Arbeitsformen, Methoden und Medien in kommunikativen Bildungsprozessen geben. Unmittelbarer symbolischer Ausdruck führt von sich aus weg von der diskursiven Wortlastigkeit vieler kirchlicher Bildungsinitiativen zu einer narrativen metaphorischen Sprache, zur Aufmerksamkeit auf die Natur, zu rituellem Handeln, zur stärkeren Beachtung der Körpersprache, zu Stille und Betrachtung.

Das Leben theologisch verstehen und kritisch aufbrechen

Damit sind noch nicht alle Möglichkeiten einer diakonisch-kommunikativen Bildungspraxis ausgeschöpft. Bei G. Gutiérrez, dem lateinamerikanischen Begründer der Befreiungstheologie, habe ich gelernt, wie sich theologische Arbeit verändert, wenn sie von der gesellschaftlichen Wirklichkeit ausgeht, in der Menschen, vor allem die arm gemachten und ausgegrenzten, leben. In der mystischen und politischen Praxis der Armen in den Basisgemeinden (comunidades) ist Gott am Werk, unabhängig davon, wie moralisch qualifiziert die Menschen sind.[37] Sie sind die „interlocutores", die authentischen „Buchstabierer" des Evangeliums. Nur wer sich auf ihr Betrachten und Praktizieren einläßt, ist zu einem authentischen und ehrfurchtsvollen Diskurs über Gott fähig. „Wollte jemand Theologie treiben ohne die Vermittlung von Betrachtung und Praxis, würde er schlicht die Forderungen des Gottes der Bibel mißbrauchen."[38] Eine solche Theologie hört endgültig auf, Lieferantin überzeitlicher Inhalte von Evangelisierungs- und Verkündigungsversuchen zu sein.

---

37 Puebla, 1142.
38 Gutiérrez, Gustavo, Von Gott sprechen in Unrecht und Leid – Ijob, Mainz u.a.O. 1988, 13. Wie ernst G. Gutiérrez die „comunidad" der Armen als Ort theologischer Erkenntnis nimmt, zeigte er uns – einer europäischen TheologInnengruppe – augenfällig: Am frühen Nachmittag beendete er die Gespräche mit uns, weil er in seine Gemeinde mußte. Zum Theologieverständnis von G. Gutiérrez vgl. u.a.: Gutiérrez, Gustavo, Theologie der Befreiung, Mainz u.a.O. 1973; ders., Die historische Macht der Armen, Mainz u.a.O. 1984; ders., Aus der eigenen Quelle trinken. Spiritualität der Befreiung, Mainz u.a.O. 1986.

Theologie wird zu einer Möglichkeit, die befreiend-kommunikative Praxis von Gruppen, Gemeinden, Kirchen aus dem Evangelium und der christlichen Tradition heraus zu verstehen und kritisch zu verändern. Damit wird keiner Funktionalisierung der Theologie das Wort geredet, die deren Wert nur mehr an den gesellschaftlich verwertbaren Beiträgen mißt und möglicherweise die Wahrheit des Christlichen mit seiner immer auch befremdlich-irritierenden Inhaltlichkeit vergessen könnte. Doch es macht aufmerksam, daß der Gehalt des Christentums befreiende Wahrheit für uns Menschen ist: einer Wahrheit, der die Glaubenden ihre Identität, ihre Orientierung und ihre Hoffnung verdanken.[39]

Wem gehört die Theologie?

Theologie als verstandesmäßiges Durchdringen der eigenen und gemeinschaftlichen Lebens-/Glaubenspraxis entsteht im Verlauf des menschlichen Lebens bei jedem Glaubenden. „In jedem Glaubenden und mehr noch in jeder christlichen Gemeinschaft besteht ein Entwurf von Theologie, ein Ansatz im Bemühen, den Glauben verstandesmäßig zu durchdringen. Es ist dies so etwas wie ein Vorverständnis eines Glaubens, der Leben, Gebärde und konkrete Haltung geworden ist. Auf dieser Grundlage und kraft ihrer Wirksamkeit kann sich das Gebäude der Theologie im präzisen und technischen Sinn des Wortes erheben."[40]
Was G. Gutiérrez im lateinamerikanischen Kontext, der noch weitgehend kirchlich-religiös geprägt ist, sagt, muß im Hinblick auf eine multikulturelle und -religiöse Welt, wie wir sie bei uns vorfinden, ausgeweitet werden. Die vielfältigen religiösen Wege, die Menschen in unserem Kontext gehen, bedürfen einer anteilnehmenden theologischen Aufmerksamkeit.
Wenn jeder Mensch als religiöses Subjekt ernst genommen wird, das „seine" Theologie entwickelt, und bereits Kinder als „kleine Philosophen"[41] geachtet werden, dann hat das auf die Didaktik menschlich-religiöser Lernprozesse erhebliche Auswirkungen. Es korreliert mit

---

39 Vgl. Werbick, Jürgen, Prolegomena, in: Schneider, Theodor (Hg.), Handbuch der Dogmatik, Bd.1, Düsseldorf 1992, 2.
40 Gutiérrez, Theologie der Befreiung, 6.
41 Vgl. Zoller, Eva, Die kleinen Philosophen. Vom Anfang mit (schwierigen) Kinderfragen, Zürich – Wiesbaden 1991.

der Annahme, daß der Glaube nicht durch religiöses Lernen erzeugt wird, sich aber in offenen Lernprozessen ereignen kann. Das wissenschaftliche Bedenken der jüdisch-christlichen Botschaft und kirchlichen Tradition gewinnt auf diesem Hintergrund in der Religionspädagogik eine neue Funktion. Es ist nicht mehr allein das „Handwerk" von Schreibtischgelehrten, die für andere den Glauben kritisch reflektieren und seine Inhalte in Glaubensbüchern u.a. zur Sprache bringen. Es ist die alltägliche Praxis all derer, die menschlich-religiöse Kommunikationsprozesse planen, leiten und bedenken. Interaktions- und Kommunikationsprozesse der Gruppen leitend und daran teilnehmend, bedenken LeiterInnen allein und mit den anderen, was in der Interaktion zwischen Menschen geschieht, was sich in der Auseinandersetzung mit existentiellen Themen ereignet und was sich in Kommunikationssystemen und -strukturen zeigt. Sie analysieren die erlösend-befreiende Bedeutsamkeit dieser Prozesse und bringen ihr theologisches Verstehen so zur Sprache, daß Menschen nicht mundtot gemacht werden und verstummen, sondern daß sie zum authentischen Empfinden, Denken und Sprechen ermutigt werden.
Nach G. Fuchs leidet die gesellschaftliche wie auch die kirchliche Expertenkultur an einer „Überinformiertheit im Detail" bei einer „Nichtinformiertheit im Ganzen". Systeme von Herrschaftswissen überlagern das Bedürfnis nach Orientierungswissen. In der kulturellen Diakonie der Kirchen muß es darum gehen, „... mit den Mundtotgemachten, den Verstummten und Sprachlosen weiterhin in einen schöpferischen Alphabetisierungsprozeß" einzutreten, „um mit ihnen und für sie die jeweils eigene Sprache und Identität zu finden. Zugleich kommt es darauf an, geistvolle Strategien gegen den außengelenkten Info-Konsumismus zu entwickeln. So hat sich Kirche als katholische und ökumenische zu erweisen: als Anwältin und Repräsentantin jener verlorenen, wiederzugewinnenden Ganzheit."[42]

Das Leben in seiner Konflikthaftigkeit wird zum Gegenstand kirchlicher Bildung

J. Niewiadomski befürchtet für unseren europäischen Kontext zu Recht, daß traditionelle und moderne Theologien ihre wichtigste

---

42 Fuchs, Kulturelle Diakonie, 326f.

Aufgabe darin fänden, die „Leitplanken einer Autobahn" zu pflegen, auf der fast niemand mehr fahre. Selbst neuen religiösen Aufbrüchen stehe die Theologie hilflos gegenüber, weil sie so sehr auf ihre normativen Vorgaben fixiert sei, daß sie die Spuren Gottes neben der herkömmlichen Straße kaum wahrnehmen und schon gar nicht lesen könne. Dabei gelte gerade aus christlicher Perspektive „zuerst ein vorbehaltloses ‚Ja' zum Leben in all seiner Widersprüchlichkeit"[43], weil sich Jesus Christus in seiner Menschwerdung mit jedem Menschen verbunden habe.

Aufgrund meiner Erfahrungen in TZI-Kursen gehe ich davon aus, daß in dieser themen- und symbolzentrierten Praxis tatsächlich das Leben in seinen Widersprüchlichkeiten und in seiner Konflikthaftigkeit ganzheitlich zum Ausdruck kommen kann. Menschliches Wachstum, Eigenständigkeit und umfassende Beziehungsfähigkeit werden gefördert. Dazu ist kein spezifisches theologisches Thema notwendig, ein solches kann aber, wenn es sich aus den Anliegen der Gruppe ergibt, die existentielle Auseinandersetzung mit Lebensthemen stimulieren.

Wenn Gelingen oder Mißlingen menschlicher Kommunikation aus jüdisch-christlicher Perspektive heraus verstanden werden, dann werden die gesellschaftsfähigen Dogmen einer politisch gleichgültigen Selbstbezogenheit, die ihre wichtigsten Maßstäbe in der Zufriedenheit der TeilnehmerInnen und im Wohlfühlen innerhalb der Gruppe sucht, aufgebrochen. Die christliche Botschaft wird zur permanenten Störung offener Lernprozesse. Der integrierende, stimulierende und kritisierende Anspruch des Evangeliums[44] kann in der Weise wirksam werden, daß die Botschaft des Glaubens eine Tür auf die „Fülle" des Lebens hin öffnet, die aber – um im Bild zu bleiben – in der jeweiligen Situation verankert ist.

Lernprozesse, die das Leben im beschriebenen Sinn zum Gegenstand haben und auf Glauben hin offen sind, kann man auch als eine Art von subjektiver Inkulturation der christlichen Botschaft verstehen. Jeder Mensch, auch schon das kleine Kind, wird als Subjekt mit seiner je spezifischen Lebens-/Glaubensgeschichte akzeptiert und ernst genommen. Wo dies geschieht, entsteht in der Regel ein offenes

---

43 Niewiadomski, Józef, Ein Dogmatiker denkt nach. Über Gott und Welt, in: bakeb information 4/92, 9.
44 Vgl. Auer, Alfons, Autonome Moral und christlicher Glaube, Düsseldorf ²1984.

Feld, in dem auch der prophetisch-kritische Anspruch des Evangeliums eine Chance gewinnt:
Eine offene, kommunikative Bildungspraxis im bisher beschriebenen Sinn ist keine neue Technologie oder Methode der Glaubensvermittlung. Sie ist aber eine Haltung[45] mit bestimmten methodischen Konsequenzen, die vor allem im 3. und 4. Kapitel dieses Buches entfaltet werden.
Bisher war vom kirchlichen Bildungshandeln generell die Rede. Dem Konzept dieses Buches entspricht es auch, das Gemeinsame der Bildungspraxis vor die Spezifizierung in einzelne Handlungsfelder zu stellen (siehe Einleitung). Dessenungeachtet ist eine Vorstellung davon zu entwickeln, wie das Konzept einer diakonisch-kommunikativen Bildung in die Diskussion um Gemeindekatechese/-pädagogik, Religionsunterricht und Erwachsenenbildung eingebracht werden kann.

4. Miteinander leben und glauben lernen in der (Pfarr-)Gemeinde

Beim derzeitigen Stand der Religionspädagogik erscheint es unmöglich, eine konsistente Theorie und Praxis für das Bildungshandeln in (Pfarr-)Gemeinden zu beschreiben. Während in der katholischen Kirche die gemeindekatechetischen Bemühungen im Zusammenhang mit der Vorbereitung auf die Sakramente im Mittelpunkt stehen, scheint die evangelische Religionspädagogik mit ihren Reflexionen der Gemeindepädagogik auf ein breiteres Feld des kirchlichen Bildungshandelns in Gemeinden abzuzielen. In der katholischen Kirche wiederum werden die Grenzen der sakramentenkatechetischen Bemühungen immer offensichtlicher. Insbesondere die Firmkatechese leidet an einem Glaubwürdigkeitsschwund bei den betroffenen Jugendlichen. Für manche von ihnen ist die Firmung „der

---

45 Nicht zuletzt deutet die Umbenennung des themenzentrierten Ansatzes von TIM (Themenzentrierte interaktionelle Methode) in TZI (Themenzentrierte Interaktion) auf das Faktum hin, daß TZI nur aus ihrer humanen und geistigen Werthaltung heraus identisch vermittelt und als Haltung gelebt werden kann. Vgl. Cohn, Ruth C., Über den ganzheitlichen Ansatz der Themenzentrierten Interaktion. Eine Antwort an Dr. med. Peter Petersen, in: Integrative Therapie 5 (1979), 252-258.

feierliche Kirchenaustritt", wie das ein Pfarrer auf einem Transparent provokant zum Ausdruck gebracht hat. Kirchliches Bildungshandeln mit Zukunft wird auch katholische Katechesekonzepte als Dienst der Kirche am Gelingen des Menschseins in Beziehung glaubwürdig machen müssen. (Pfarr-)Gemeinden könnten auf Zukunft hin einen Raum dafür bieten, Leben im Handeln zu lernen.
Anders als in der Schule und in der Erwachsenenbildung, wo eine Generation dominant ist, leben in der Gemeinde die verschiedenen Generationen miteinander. Auf diesem Hintergrund spricht K.E. Nipkow nicht mehr von christlicher Erziehung und Bildung, sondern von „gemeinsam leben und glauben lernen zwischen den Generationen"[46]. Damit ist ein neues Verständnis vom Lernen in der Gemeinde verbunden. Nicht mehr das Weitergeben, Übernehmen und Eingliedern von Kindern und Jugendlichen steht im Mittelpunkt, sondern „Hinführung", „Erschließung", „Begleitung" und vor allem „Eröffnung von Erfahrung durch Teilhabe".[47] Die Teilhabe am Leben und Glauben als gemeinsamer Suchprozeß von Kindern, Jugendlichen und Erwachsenen ist wechselseitig. Die Erwachsenen lernen von den Kindern und Jugendlichen ebenso wie umgekehrt. Niemand darf zum Lernobjekt des/der anderen mißbraucht werden. Solches Lernen ist lebensbegleitend und „identitätsnah"[48]. Wer bin ich? Was will ich? Wie sehen mich die anderen? Wer bin ich für andere? Welchen Sinn hat mein Leben? – das sind Fragen, die Menschen ein Leben lang beschäftigen und im Lebens- und Lernzusammenhang von Gemeinden thematisiert werden könnten.
Tatsache ist aber auch, daß nicht wenige (Pfarr-)Gemeinden eher „Verlernorte"[49] als Lernorte für lebensbegleitendes, generationenübergreifendes und identitätsnahes Lernen sind.
Gemeindepädagogisches Handeln als „gemeinsam leben und glauben lernen zwischen den Generationen" zielt nicht auf die traditionelle Glaubensunterweisung ab. Es ist als Dienst der Kirchen an einer solidarischen Zukunft der Generationen zu verstehen. Diese diakonische Perspektive werde ich im Zusammenhang mit dem Religionsunterricht weiter entfalten.

---

46 Nipkow, Karl Ernst, Grundfragen der Religionspädagogik, Bd. 3. Gemeinsam leben und glauben lernen, Gütersloh 1982, 33.
47 Nipkow, Grundfragen, 34.
48 Nipkow, Grundfragen, 33.
49 Vgl. Zerfaß, Rolf/Roos, Klaus, Gemeinde, in: Bitter, Gottfried/Miller, Gabriele (Hg.), Handbuch religionspädagogischer Grundbegriffe, 2 Bde., München 1986, 132f.

5. Religionsunterricht als Dienst an den SchülerInnen und an der Schule

Wer gegenwärtig an öffentlichen Schulen Religion unterrichtet, erlebt deutlich die vielfältigen Grenzen, an die dieser Unterricht stößt. Es sind konzeptionelle, strukturelle, aber auch ganz alltägliche Hindernisse, mit denen ReligionslehrerInnen kämpfen.

Grenzen des gegenwärtigen Religionsunterrichtes

Einem Religionsunterricht, der sich als Weitergabe des christlichen bzw. katholischen Glaubensgutes an die nächste Generation im Kontext von Schule verstand, war eine gewisse Parallelität mit anderen Unterrichtsfächern nicht abzusprechen. Warum sollte in einer Schule, deren Ziel die Vermittlung des Wahren, Schönen und Guten ist, Religion als Unterrichtsgegenstand fehlen? Jedem bisherigen religionsdidaktischen Ansatz lag die Vorstellung zugrunde, das Glaubensgut altersgemäß gestuft, methodisch und medial gut aufgebaut, in elementarisierter Auswahl an die Kinder, Jugendlichen und Erwachsenen weiterzugeben. Auch die Korrelationsdidaktik vertrat den Anspruch, die in der jüdisch-christlichen Offenbarung und kirchlichen Tradition grundgelegten Erfahrungen mit den Erfahrungen von heute in ein wechselseitig-kritisches Spiel zu bringen. Wenn es aber stimmt, daß sich die Korrelationsdidaktik – zumindest in manchen Schulbereichen – ihrem faktischen Ende nähert und gelingende Korrelationen von Glaube und Leben zum geglückten Ausnahmefall gehören, dann stellt sich die Frage nach Konzeption und Struktur des Religionsunterrichtes in neuer Weise.
R. Englert sieht mit dem Ende der Korrelationsdidaktik das Ende jeglicher spezifisch christlicher Religionsdidaktik gekommen: „Nach der KD (Korrelationsdidaktik, der Verfasser) wird es gar keine christliche Religionsdidaktik, keinen in diesem inhaltlichen Sinne christlich geprägten Religionsunterricht mehr geben."[50] Die Entwicklungen in Deutschland und Österreich zeigen deutlich, daß eine

---

50 Englert, Rudolf, Die Korrelationsdidaktik am Ausgang ihrer Epoche. Plädoyer für einen ehrenhaften Abgang, in: Hilger, Georg/Reilly, George (Hg.), Religionsunterricht im Abseits? Das Spannungsfeld Jugend – Schule – Religion, München 1993, 105.

unkritische Fortsetzung des bisherigen Religionsunterrichtes an unübersehbare Grenzen stößt. Die diesbezüglich größte Herausforderung in Österreich ist der Religionsunterricht an Berufsschulen: Mit Ausnahme der Bundesländer Tirol und Vorarlberg müssen sich die SchülerInnen zu diesem Unterricht anmelden.
Auch im Regelschulwesen verändert sich das Teilnahmeverhältnis am Religionsunterricht stetig zu dessen Ungunsten. Dies ist einerseits durch den steigenden Prozentsatz von Kindern und Jugendlichen, die ohne religiöses Bekenntnis in die Schule kommen oder einer anderen Konfession bzw. Religion angehören, bedingt, andererseits durch die Abmelde- bzw. Wahlmöglichkeit im Religionsunterricht. Die gesellschaftliche Akzeptanz des Religionsunterrichtes wird aber nicht zuletzt von den soziologischen Gegebenheiten abhängen.
Die ständige Spannung zwischen persönlichem, fachlichem, schulisch-didaktischem und kirchlichem Anspruch des Religionsunterrichtes überfordert viele ReligionslehrerInnen. Es wird immer unklarer, wie sie sich selber verstehen sollen: Sind sie LehrerInnen, sind sie VerkünderInnen bzw. VertreterInnen der Kirche in der Schule, sind sie BegleiterInnen der SchülerInnen, sind sie institutionalisierte SchulkritikerInnen, sind sie ZeugInnen der gelingenden Korrelation von Leben und Glauben? Wer sind sie eigentlich? Auch neuere religionsdidaktische Konzeptionen des Religionsunterrichtes werden nicht befreiend, sondern als zusätzlicher Druck und Anspruch erlebt. ReligionslehrerInnen berichten nicht selten, daß sie sich wie Prostituierte vorkommen, wenn sie den Religionsunterricht an abmeldungswillige SchülerInnen „verkaufen" sollen.
Die Frage, ob in der Lern- und Leistungsschule Religion überhaupt Platz hat, bleibt offen. Die verobjektivierend-distanzierende Konfrontation mit einer Unsumme von Fakten führt zum Bildungskonsum, der die gleichgültige Auswahl von Bildungsgütern wie in einem Supermarkt produziert. Welche Chance hat hier ein Fach, das auf existentielles Lernen mit methodisch-kreativer Vielfalt angewiesen ist?

Die Not der Schule

Für sinnvolle Diakonie sind konkrete Notstände bestimmend. Sie können strukturell und persönlich sein. Die Frage ist also, worin die

Not der Schule und der darin lebenden und arbeitenden Menschen besteht. Ein Blick in die schulkritische Literatur und in den Schulalltag machen auf aktuelle Schulnöte aufmerksam.

Die „befristete Separation der Jugend zum Zwecke vorbereitenden Lernens"[51] wird immer fragwürdiger, wenn Schule als Ort sinnentleerten Lernens und nicht als kind- und jugendgemäßer Lebens- und Erfahrungsraum, an dessen Gestaltung Kinder und Jugendliche selbsttätig beteiligt werden[52], erfahren wird. LehrerInnen „brennen aus", Enthusiasmus und Elan erlahmen[53]. Der alltägliche Kleinkrieg des Unterrichtens belastet viele LehrerInnen im Übermaß: „Zweihundert Entscheidungen und fünfzehn pädagogische Konflikte pro Stunde vermitteln das Gefühl wachsender Schwierigkeit, die eine ständige Unsicherheit erzeugen, da die Diskrepanz zwischen den Bildungsidealen und den Zwängen des gesellschaftlichen Leistungs- und Konsumfeldes drückend wird ... Nicht mehr erreichbar erscheint das Gewollte, im Gegenteil, das Nichtgewollte muß erduldet und getan werden ... Die sich aufbauende ‚Frustschnecke' führt in der Konsequenz zu einer nichtzumutbaren Verarmung schulischen Lehrens und Lernens. Disziplinierende Handlungsformen ersetzen sozialpädagogische, optimistisch-liberale Interaktionsformen (Lehrerjournal, 7/8 1990, S. 59). Der ‚stundenhaltende, störende' Lehrer vermag kein Interesse mehr bei seinen Schülern zu wecken und erzeugt im Gegenteil Schulunlust und Resignation."[54] R. Winkel rechnet mit 24 gestörten Unterrichtsminuten pro Stunde![55]

Die gegenwärtige Not der Schule hat viele und sehr unterschiedliche Wurzeln. So etwa stellen die geänderten Entwicklungs- und Sozialisationsbedingungen der Kinder und Jugendlichen, die von narzißtischen Persönlichkeitsformen bis hin zu autoritären Charakteren reichen, große Herausforderungen an das gemeinsame Lernen. Das Einzelkämpfertum vieler LehrerInnen und das Ringen um die Wertschätzung ihrer SchülerInnen verhindert in besonderer Weise die

---

51 Vgl. Hornstein, Walter, Die Schule und die Erfahrung der Wirklichkeit. Pädagogische Reflexionen zu der Frage: Was soll aus der Schule werden?, in: KatBl 118 (1993), 664-668, hier 664.
52 Vgl. u.a. von Hentig, Hartmut, Die Schule neu denken. Eine Übung in praktischer Vernunft, München u.a.O. 1993.
53 Vgl. Burisch, Burnout-Syndrom; Wehr, Helmut, Schulalltag zwischen Ausbrennen und Wohlfühlen, in: Pädagogische Rundschau 47 (1993), 423ff; Meyer, Burnout.
54 Wehr, Schulalltag, 424.
55 Winkel, Rainer, Antinomische Pädagogik und kommunikative Didaktik, Düsseldorf 1988, 85f.

offene Kooperation und gemeinsame Konfliktlösung von KollegInnen. Die Schulleitung und Schulverwaltung wird in vielen Fällen als Verwaltungsinstanz wahrgenommen, die pädagogische Spielräume einschränkt und offene Kommunikation eher behindert als fördert.

Neue Möglichkeiten der Kirchen in der Schule

Meine Hoffnung für die Kirchen und Religionsgemeinschaften in der Schule liegt darin, daß gerade an den Grenzen des Religionsunterrichtes in der Schule neue Chancen sichtbar werden:
— An der konzeptionellen Grenze wird deutlich, daß es den Kirchen und Religionsgemeinschaften auf keinen Fall um Nachwuchssicherung, Reklame o.ä. gehen kann. Die Kirchen können ihre Aufgabe auch nicht mehr darin sehen, ihr ganzes Glaubensgut an die SchülerInnen weiterzugeben. Der diakonische Charakter der kirchlichen Präsenz in der Schule, von der ihre Zukunft abhängen wird, verlangt eine Wahrnehmung der Unrechts- und Leidsituationen, in denen SchülerInnen und LehrerInnen stehen. Es geht auch um ein Aufdecken der „strukturellen Sünden" der Schule und um eine aktive Mitarbeit an der Schulreform.
— An der strukturellen Grenze zeigt sich die Chance, daß die Kirchen und Religionsgemeinschaften der Schule einen kompetenten Dienst durch Menschen ihres Vertrauens anbieten, der den SchülerInnen in ihren vielfältigen Not- und Fragesituationen, aber auch den KollegInnen und der Schule insgesamt als befreiender und heilsamer Dienst zugute kommt.
— An der menschlichen und fachlichen Grenze der ReligionslehrerInnen wird deutlich, daß ihr Dienst eine integrative personale und fachlich-kommunikative Ausbildung und kontinuierliche Begleitung erfordert. Zudem müssen die Rahmenbedingungen ihrer Arbeit geklärt werden, so daß sie nicht ständig vom Abmeldedruck belastet sind.
— An der schulisch-institutionellen Grenze zeigt sich, daß ReligionslehrerInnen nicht einfach in der schulischen Institution aufgehen können und dürfen. Eine kritische Distanz zum Schulsystem ist zwar anstrengend, um der Betroffenen und der Sache Jesu willen aber angebracht. Sie erfordert das unbedingte Vertrauen der Kirchenleitung gegenüber den ReligionslehrerInnen. In den höchst

unterschiedlichen Schulsituationen müssen sie zu einem selbstverantworteten und eigenständigen Dienst freigegeben werden.

Diakonie der Kirchen in und an der Schule

Der diakonische Auftrag der Kirchen richtet sich über den Religionsunterricht hinaus zunächst an die Schule insgesamt und an alle darin lebenden und handelnden Menschen. Die Kirchen können die Nöte und Ungerechtigkeiten, welche die moderne Konkurrenz- und Leistungsschule produziert, nicht in der Form heilen, daß sie mit einem sozialtherapeutischen Religionsunterricht, zu dem die LehrerInnen nicht entsprechend ausgebildet sind, die ärgsten menschlichen Defizite abzufangen versuchen. Aus systemischer Perspektive kann die Not der Schulen nicht mit gutgemeinten, aber letztlich doch relativ hilflosen Einzelinterventionen engagierter ReligionslehrerInnen, die an ständiger Überforderung leiden, ausgetragen werden.
Schulen in kirchlicher Trägerschaft könnten konsequenter als bisher die privatschulrechtlichen Möglichkeiten und ihre Chancen in der Schulautonomie wahrnehmen, um Innovationen im Schulsystem zu setzen, die Schule beispielgebend zu humanisieren. Kirchliche Privatschulen könnten u.a. in Zusammenarbeit mit Erwachsenenbildungseinrichtungen, die in ihrer Trägerschaft liegen, neue Formen der Zusammenarbeit von SchülerInnen, LehrerInnen und Eltern erproben. Schulautonome, den jeweiligen regionalen Bedürfnissen angemessene Stundenverteilungspläne und Lehrplanveränderungen in Hinblick auf persönlichkeitsbildende Schwerpunkte könnten Alternativen zu einer technokratischen und ökonomischen Inanspruchnahme der Schulautonomie setzen. Interkulturelle und interreligiöse Lernmöglichkeiten wären naturgegebene Anliegen kirchlicher Privatschulen. In Anlehnung an alternative Schulmodelle könnten Versuche unternommen werden, das starre Jahrgangssystem und die traditionelle Stundenverteilung aufzuheben und Schule insgesamt stärker an den Interessen der SchülerInnen und den gesellschaftlichen Realitäten zu orientieren.
Auf Österreich bezogen sind von seiten der Kirchenleitung und der Verantwortlichen für den Religionsunterricht gegenläufige Tendenzen feststellbar: So ist der Religionsunterricht als einziger Pflichtgegenstand von den schulautonomen Möglichkeiten der Mitgestaltung

von Stundenverteilungsplänen und Lehrplanbestimmungen ausgenommen. Diese ermöglichten aber insbesondere an den österreichischen Hauptschulen neue Schwerpunktsetzungen.[56]
Einen Türspalt in Richtung einer gesellschaftlichen Verantwortung der Kirchen an der Schule scheint mir das Plädoyer des Deutschen Katecheten-Vereins[57] „Religionsunterricht in der Schule" zu öffnen. In der Einleitung ist von der „diakonischen Aufgabe" der Kirchen in der Schule die Rede. Dabei ist nicht nur der Religionsunterricht im Blick: „Gefordert ist ein diakonisch-konzipiertes kirchliches Engagement für die Schule, das nicht nur die Ziele und Inhalte des Religionsunterrichtes, sondern das ganze Schulleben in den Blick nimmt und stützt. Weil aber die Bedeutung schulischen Lernens für die Zukunft der Gesellschaft (und das heißt: für die Zukunft der heutigen Schüler und Schülerinnen) neu zu bestimmen ist, ist die Beteiligung an der Debatte um den Bildungsauftrag der Schule unerläßlich" (These 10).

Diakonie als pädagogisches Prinzip[58]

Mit der Diakonie als pädagogisches Prinzip ist eine Haltung angesprochen, die über den Religionsunterricht hinaus die Interaktion und Kommunikation aller LehrerInnen betrifft, die sich als ChristInnen verstehen. Konkret könnte das heißen:
– konsequent partnerschaftliches Handeln zwischen LehrerInnen und SchülerInnen;
– Verzicht auf vordergründige Machbarkeit;
– Bedingungen für die Möglichkeit kooperativer Lernsituationen schaffen;
– Aporien der Schulwirklichkeit ernst und annehmen.

---

56 14. Schulorganisationsgesetznovelle BGBl Nr. 323/1993; Novellierung des Schulunterrichtsgesetzes BGBl Nr. 324/1993; Lehrplan der Hauptschule: novellierte Fassung lt. BGBl Nr. 546/1993.
57 Religionsunterricht in der Schule. Ein Plädoyer des Deutschen Katecheten-Vereins, in: KatBl 117 (1992), 611-627.
58 Die folgenden Ausführungen orientieren sich an den Ergebnissen des Österreichischen Religionspädagogischen Forums, 18. bis 20. November 1993, bei dem ich den Arbeitskreis Diakonie in Schule und Religionsunterricht geleitet habe.

Diakonischer Aspekt des Religionsunterrichtes

Eine allgemeine Rede vom diakonischen Religionsunterricht verwischt das spezifisch neue Anliegen mehr, als es dieses fördert. Versuche, Diakonie über den wortlosen Dienst hinaus auf traditionelle Interaktionsformen des Religionsunterrichtes wie Erzählen, Diskutieren, Meditieren usw. hin auszuweiten, greifen zu kurz. Der Religionsunterricht wird auch dann noch zu keinem diakonalen Lebens- und Erfahrungsraum, wenn dort die Nöte der SchülerInnen, notleidender Menschen und insgesamt ungerechte Strukturen in der Gesellschaft zur Sprache kommen. Es besteht die Gefahr, daß der „diakonische Religionsunterricht" zu einem Schlagwort wird, das den Druck auf die überbelasteten ReligionslehrerInnen vergrößert. Es genügt nun nicht mehr, Leben und Glauben kritisch aufeinander zu beziehen. Alle Inhalte, Interaktionen und Medien im Religionsunterricht sollen den SchülerInnen dienen, der Unterricht selber soll zu einem Erfahrungsraum des Dienstes, insbesondere an Ausgegrenzten, werden.

Um diesen Überanspruch zu vermeiden, ist es ehrlicher, bei der Sprachregelung der Synode der deutschen Bistümer zu bleiben, die vom „diakonischen Aspekt" des Religionsunterrichtes als Dienst am Leben und Glauben der SchülerInnen spricht. Damit stellt der diakonische Aspekt des Religionsunterrichtes keine neue Konkurrenz zu einem korrelativen, symbolorientierten und kommunikativen religionsdidaktischen Konzept dar.

Religionsunterricht unter diakonischem Aspekt erfüllt ein wesentliches Anliegen Jesu und seines Evangeliums, der Lebensentfaltung des Menschen zu dienen. „Ich bin gekommen, damit sie das Leben haben und es in Fülle haben" (Joh 10, 10). Ein grundlegendes Auswahlkriterium der Inhalte des Religionsunterrichtes ist also ihre Lebensrelevanz. Der Religionsunterricht unter diakonischem Aspekt befreit die ReligionslehrerInnen von der Forderung, die Glaubensüberlieferung „voll und ganz" darlegen zu müssen.

Darüber hinaus kann eine konsequente Wahrnehmung des diakonischen Aspektes auch bedeuten, daß die möglichst reibungslose Integration des Religionsunterrichtes in das Schulsystem nicht mehr glaubwürdig ist. Eine Option für die Betroffenen, also für jene SchülerInnen und LehrerInnen, die im Schulsystem an den Rand gedrängt werden oder unter die Räder kommen, gibt dem Religionsunterricht ein spezifisches Profil. Wenn ReligionslehrerInnen mit ihren

SchülerInnen lernen, aus deren Perspektive die Schule zu sehen, dann entfaltet das eine systemverändernde Kraft. Diakonie orientiert sich an den konkreten Schulnöten und Ungerechtigkeiten und deren strukturellen Zusammenhängen. Ihre jeweilige Gestalt kann nur schulspezifisch entwickelt werden.

Um diakonisch zu wirken, brauchen ReligionslehrerInnen ein systemkritisches und kommunikatives Know-how, das es ihnen ermöglicht, so mit den Betroffenen in Kontakt zu sein und in der Schule zu leben, daß sie weder unkritisch im System aufgehen noch sich von diesem frustriert absondern. Es geht um eine kritisch-systembewußte, wache und empathische Anteilnahme am schulischen Geschehen in seinen vielfältigen Ausprägungen wie Unterricht, Pausen, LehrerInnenkonferenzen, Elternversammlungen, Schullandwochen, Ausflüge usw.

Diese Anteilnahme und Aufmerksamkeit ist nicht nur sozialwissenschaftlich, sondern spezifisch theologisch zu schärfen. Sie versucht aufzuspüren und zu verstehen, wie Gottes Geist besonders in den und durch die schulisch Benachteiligten, am Rande Stehenden und Desintegrierten spricht und wie sich Schule aus ihrer Perspektive verändern müßte, damit darin alle „gut" leben und arbeiten können. Schwache stützen, ermutigend begleiten und ihnen zum adäquaten Ausdruck ihrer Not zu verhelfen gehört zum spezifischen diakonischen Auftrag von ReligionslehrerInnen.

Damit ReligionslehrerInnen den diakonischen Aspekt des Religionsunterrichtes entwickeln und leben können, bedarf es einer Kirche, die in der sich verändernden pluralen Gesellschaft ihren diakonischen Auftrag immer wieder neu kritisch reflektiert, entfaltet und in den verschiedenen Bereichen unterstützt, fördert und begleitet.

6. Das selbstbestimmte Lernen Erwachsener

Erwachsene haben scheinbar ausgelernt. Die berufliche Fortbildung wird als zusätzliche Qualifizierung für eine bestimmte Tätigkeit, nicht aber als Prozeß erlebt, in dem sich Menschen neu auf den Weg machen. Zur Identität eines Erwachsenen scheint zu gehören, daß er seine Lebensorientierung endgültig gefunden hat, daß die Suchbewegung zu Ende ist. Diesem Anschein widersprechen sowohl die

Herausforderungen unserer Welt und Gesellschaft als auch die subjektive Situation Erwachsener.
Unter globaler Perspektive steht mit der Lernfähigkeit Erwachsener die Zukunft unseres Planeten auf dem Spiel. Es liegt auf der Hand, daß die Überlebensfragen der Menschheit mit dem derzeitigen Bewußtseinsstand und dem Handlungsspielraum vieler Erwachsener in den sogenannten aufgeklärten Gesellschaften nicht gelöst werden können.

– Wo gewinnen sie neue Perspektiven für die überlebensnotwendige Veränderung derzeitiger Wirtschafts- und Sozialstrukturen, welche untrennbar mit dem Problem des Bevölkerungswachstums auf der Erde verknüpft sind?
– Wo können Konfliktlösung und aktives Friedenshandeln gelernt werden angesichts der Hilflosigkeit gegenüber den kriegerischen Auseinandersetzungen in nah und fern?
– Was können Erwachsene gegen die Ausbeutung und Verschmutzung der Erde tun?

Auch im individuellen Bereich stoßen Erwachsene mit dem bisher Gelernten an Grenzen:
– Wie kann ich mich in dieser Gesellschaft aus der zunehmenden Isolation befreien und erfüllende Beziehungen leben?
– Wie halte ich „lieben und arbeiten"[59] in sinnvoller Balance?
– Was heißt es, liebesfähig zu sein und zu bleiben?
– Wie kann ich eine länger andauernde, vielleicht lebenslange Partnerschaft erfüllend leben?
– Wer bin ich und wo stehe ich in den vielfältigen Konflikten mit Kindern und Jugendlichen?
– Wie und wo übernehme ich Verantwortung in der Öffentlichkeit?

Der Stoff für das existentiell bedeutsame Lernen Erwachsener ist unübersehbar. Trotz oder vielleicht gerade wegen dieser vielfältigen Lernnotwendigkeiten im Erwachsenenalter sind auch die Lernverweigerungen erheblich. Für die Kirchen besteht daher die Frage, was ihr spezifischer Dienst in einer kommunikativen Bildungspraxis mit Erwachsenen sein kann.
Wenn wir Erwachsenenbildung unter diakonalem Aspekt verstehen, dann geht es um die konkrete Not der Erwachsenen im Bildungsbe-

---

[59] Vgl. Sölle, Dorothee, lieben und arbeiten. Eine Theologie der Schöpfung, Stuttgart ^{6}1991.

reich. Sie beginnt nicht erst bei der spezifischen Themenwahl von Veranstaltungen, sondern zeigt sich schon in der Aufmerksamkeit für Lernverweigerungen. Einer diakonalen Erwachsenenbildung muß es zunächst um die Frage gehen, was Erwachsene am Lernen hindert, was es ihnen unmöglich macht. Mit diesem Problembewußtsein ist eine Option für spezifische AdressatInnen getroffen. Es sind nicht mehr die wenigen kirchlich Engagierten, die aus Interesse oder Pflichtbewußtsein die Statistiken kirchlicher Erwachsenenbildungseinrichtungen auffüllen, sondern jene, deren Lernfähigkeit und Lernwilligkeit grundsätzlich beschnitten wurde. Kirchliche Erwachsenenbildung hat nach den biographischen und systemischen Ursachen zu fragen, die Menschen mundtot und scheinbar bildungsunfähig machen. Nach E. Lange sind für das Stagnieren der Lernfähigkeit Erwachsener nicht nur konstitutionelle und entwicklungspsychologische Gründe maßgebend. Zu den Ursachen gehört „... der unbewältigte oder verschleierte, der in einem seelischen oder gesellschaftlichen Gewaltverhältnis unterdrückte Konflikt ... Wo Menschen im Konflikt lernunfähig geworden sind, gelingt die Wiederherstellung ihrer intellektuellen, affektiven und sozialen Kräfte, ihrer Chance menschlichen Wachstums nur so, daß der unterdrückte Konflikt und seine Folgen thematisiert und zum eigentlichen Lernfeld gemacht werden. Eingeschüchterte Menschen lernen nur *im* Konflikt und *am* Konflikt. Das gilt vor allem für die, die scheinbar ‚ausgelernt' haben: die Erwachsenen."[60]

Auf dem Hintergrund von P. Freires „Pädagogik der Unterdrückten"[61] wirft E. Lange die Frage auf, mit wem und wozu Kirchen Bildung machen. Verfestigen sie die bisherige Bildungsklassengesellschaft, indem sie die Privilegien der Lernfähigen und Lernwilligen vermehren, oder sind sie bemüht, dem Vorgang der Entmächtigung durch eine Bildung, die bestimmte Menschen von vornherein ausschließt, entgegenzusteuern?

E. Lange meint, daß sich speziell in den Kirchen Frauen, Heranwachsende in der Identitätskrise, alte Menschen, solche, deren Kontakt- oder Berufsfähigkeit beschädigt ist, finden. Auch sogenannte Asoziale, Vorbestrafte und sexuell Abnorme könnten in den Kirchen

---

60 Lange, Ernst, Sprachschule für die Freiheit. Bildung als Problem und Funktion der Kirche, München 1980, 123.
61 Freire, Paulo, Pädagogik der Unterdrückten. Bildung als Praxis der Freiheit, Hamburg 1973.

beheimatet werden. Er nennt auch die vielen Kleinbürger, die ihren Ängsten mit religiöser Legitimation Herr zu werden suchten. Die Religion selber sei ein Konfliktfeld, in dem Einschüchterung und Angst, Übermacht und Unterwerfung im Spiel seien und lernunfähig machten.

Ein Spezifikum kirchlicher Erwachsenenbildung ist nach E. Lange das religiöse Konfliktfeld. Ihm zufolge ist eine diakonische Erwachsenenbildung neben der individuellen Liebe und der „Liebe durch Strukturen" zu einer „Liebe durch Aufklärung" berufen. Wo sich die Liebe durch Strukturen und die Liebe durch Aufklärung verbinden, werden „Akte notwendiger Wiedergutmachung" möglich.[62] Damit können in einer konfliktorientierten Erwachsenenbildung infantile und entmündigende Glaubenshaltungen aus nie bearbeiteten Konflikten auf die Freiheit des Evangeliums hin aufgebrochen werden. E. Langes Vorschlag verschärft die Frage nach einer Agogik als Raum für selbständiges, selbstorganisiertes und selbstbestimmtes Lernen Erwachsener, das insbesondere den Mundtotgemachten gilt.

---

62 Lange, Sprachschule, 129f.

II. WARUM SO UND NICHT ANDERS?
Der „subjektiven Theorie" meiner Bildungspraxis auf der Spur

Nach den grundsätzlichen Überlegungen zu einer diakonisch-kommunikativen Bildungspraxis geht es in diesem Kapitel um das eigene Bildungshandeln. Dabei ist zu bedenken, daß es ein „objektives" Urteil über die Qualität menschlich-religiöser Bildung nicht gibt. Wenn über konkrete Lernprozesse gesprochen wird, fließen immer subjektive Maßstäbe und Bewertungen ein. Wer Lernprozesse bedenkt, plant oder durchführt, hat eine „subjektive Theorie" seiner/ihrer Bildungspraxis im Hinterkopf, die in der Regel höchst komplex und facettenreich ist.

In diesem Kapitel leite ich dazu an, sich selbst hinter die Kulissen zu schauen und die vielfältigen Begründungen der eigenen Praxis ein wenig aufzuhellen. Wer der „subjektiven Theorie" seiner/ihrer Bildungspraxis auf die Spur kommt, erweitert den eigenen Handlungsspielraum und macht sich mit anderen PraktikerInnen gesprächsfähig.

1. Wie religionspädagogische Konzepte meine Bildungspraxis beeinflussen

Wer der Frage nachgeht, warum er/sie in der Praxis so und nicht anders handelt, wird erkennen, wie sehr er/sie im Bildungshandeln von religionspädagogischen Ansätzen beeinflußt ist. Sie zeigen sich im Alltag kaum eindeutig, sondern sind ineinander verflochten oder wechseln einander ab. Es ist in der Regel schwierig zu erkennen, welches religionspädagogische Konzept die eigene Praxis am meisten beeinflußt oder gänzlich bestimmt.

Trotz der Schwierigkeit, die unterschiedlichen Ansätze eindeutig identifizieren zu können, lohnt sich die Mühe, sich immer wieder der eigenen Position zu vergewissern. Nach meiner Erfahrung ist es für viele SeelsorgerInnen, ReligionslehrerInnen und ErwachsenenbildnerInnen ein befreiender Schritt zur Eigenverantwortung, ihre religionspädagogische Position auch formulieren zu können. Eine solche Sprachfähigkeit befreit von der Willkür allzu subjektiver, vorwiegend gefühlsbestimmter Selbst- und Fremdeinschätzungen, die in der Regel Vorurteile schüren. Wer zumindest ansatzweise sagen kann, warum er/sie in einer bestimmten Situation so und nicht anders handelt, was ihn/sie verunsichert, ins Dilemma bringt, orientierungslos macht usw., hilft sich und anderen, Klarheit in das höchst komplexe Geschehen kommunikativer Bildungsprozesse zu bringen.

In der Aus- und Fortbildung beeindruckt mich immer wieder, wie das Bewußtmachen religionspädagogischer Konzepte zu „Aha-Erlebnissen" führt. PraktikerInnen begreifen plötzlich, warum ihnen bestimmte Planungsschritte leicht von der Hand gehen, während sie bei anderen kaum zu einem befriedigenden Ergebnis kommen. Es wird ihnen deutlich, warum sie mit einer bestimmten Aufgabe Schwierigkeiten haben, während sie mit einer anderen leicht zu Rande kommen. Sie erkennen, was sie in bestimmten Kommunikationssituationen überfordert, lähmt oder beflügelt.

Als ersten Schritt, der subjektiven Theorie des Handelns auf die Spur zu kommen, beschreibe ich im folgenden gegenwärtige religionspädagogische Tendenzen. Dabei bin ich mir bewußt, daß eine solche Kategorisierung kirchlicher Bildungspraxis weder das tatsächliche Geschehen eindeutig auf den Begriff bringen noch allen dahinterliegenden Theorieansprüchen gerecht werden kann.[1]

---

1   Am eindeutigsten lassen sich religionspädagogische Tendenzen an der Entwicklung der Didaktik des Religionsunterrichtes zeigen. An dieser Entwicklung orientiert sich auch der nachfolgende Versuch, unterschiedliche Tendenzen kirchlicher Bildungspraxis so zu verdeutlichen, daß sie die subjektive Theorie religionsagogischen Handelns aufklären helfen. Eine gewisse Pointierung und damit Vereinfachung erscheint mir unumgänglich.

„Wie bring' ich's rüber?" – Von den Anstrengungen, den Glauben inhalts-, methoden- und mediengerecht zu verpacken

Mehr als zwei Stunden brütet Regina, die theologische Referentin eines Bildungshauses, über ihrer Vorbereitung eines Bildungsabends für ein gemischtes Publikum. Im Seminar zum Glaubensbekenntnis ist die Christologie dran: „Ich glaube an Jesus Christus, seinen eingeborenen Sohn, unseren Herrn ..."
Sie hat gelesen, was die gängigen Erwachsenenkatechismen und auch der Weltkatechismus dazu schreiben. Auch in einigen neueren Dogmatik-Handbüchern hat sie nachgesehen. Die Fülle der Inhalte überfordert sie. „Wie soll ich vom Anspruch des Jesus-Christusbekenntnisses sprechen, damit sowohl die Bedeutung des menschlichen Lebens Jesu einschließlich seines Todes begreifbar wird als auch seine göttliche Sendung?" Noch schwieriger wird es, wenn Regina an die TeilnehmerInnen denkt: „Was kann ich den Leuten zumuten, damit sowohl die wenigen Akademiker als auch die Leute aus der Wirtschaft, die Hausfrau und die SeniorInnen zufrieden sind? Ich muß das Ganze vereinfachen, auf den elementaren Kern bringen und dann mit Beispielen, vielleicht auch mit einem Schaubild, das die Entwicklung des christologischen Dogmas übersichtlich darstellt, vermitteln", überlegt Regina.
„Ich werde zu Beginn erklären, welche Bedeutung die Frage, daß Jesus Christus wahrer Gott und wahrer Mensch ist, in der Zeit der frühen Konzilien hatte. Als Medium könnte ich Christusbilder einsetzen und zeigen, wie sie sich im Laufe der Zeit entwickelt haben. Nach diesem Überblick werde ich die TeilnehmerInnen einladen, ihre Fragen zu stellen. Da kommt gewiß ein interessantes Gespräch zustande."[2]

In Reginas Überlegungen spiegelt sich eine moderne Variante des alten Bemühens, den theologisch reflektierten Glaubensgehalt inhalts-, methoden- und mediengerecht zu verpacken. Das klassische kirchlich-inhaltszentrierte Bildungskonzept ging von der Unveränderbarkeit bestimmter Glaubensaussagen aus. Als typisches Bei-

---

2 Soweit aus der Darstellung der Fallbeispiele nichts anderes hervorgeht, habe ich sie aufgrund von Problemstellungen und Erzählungen von PraktikerInnen konstruiert.

spiel dafür gilt der „Frage-Antwort-Katechismus". In der Denk- und Sprachwelt neuscholastischer Theologie wollte er zentrale Glaubensinhalte im Frage-Antwort-Spiel vermittelbar machen. Die Sprachgestalt der Glaubensaussagen hatte den Anschein überzeitlicher und kulturübergreifender Gültigkeit.

Heute begegnen wir dem Anspruch kirchlich-inhaltszentrierter Bildung u.a. in der Arbeit mit den Erwachsenenkatechismen[3] und in der Forderung, den sogenannten Weltkatechismus[4] in der kirchlichen Bildungsarbeit unmittelbar einzusetzen. Dahinter mag der Traum von einer zeit- und kulturunabhängigen Vermittelbarkeit christlicher Glaubensinhalte stehen. Solche Vorstellungen verbinden sich nicht selten mit einem großen Interesse für attraktive methodische und mediale Umsetzung des Glaubensgutes, auch mit Hilfe der Massenmedien.

Inhalts-, methoden- und medienzentrierte religiöse Bildung geschieht auch dort, wo kritisches theologisches Wissen, etwa zur Entstehung biblischer Texte oder moderne Interpretationsversuche theologischer Begriffe, ohne Lebens- und Textzusammenhang vermittelt werden. Die inhaltszentrierte Bildungsarbeit übersieht den Unterschied zwischen einem situationsbezogenen und exegetisch möglichst richtigen Weitererzählen biblischer Texte, das neue Horizonte aufzubrechen und Menschen zur Umkehr zu bewegen vermag, und der Weitergabe theologischen Wissens um seiner selbst willen. Letzteres ist nur dort sinnvoll, wo es den Lebens- und Erzählzusammenhang kritisch erhellt.

Wie das Beispiel von Regina zeigt, besteht das wesentliche Anliegen inhaltszentrierter Vermittlung darin, mit der Fülle des theologischen „Stoffes" fertig zu werden und „den Glauben" geschickt zu verpacken, die Glaubensaussagen also methodisch und medial attraktiv umzusetzen. Diese Bildungsidee, die Glauben wie einen Lernstoff behandelt, prägt bis heute nicht nur viele Religionsstunden, sondern auch Bildungsvorgänge in der Gemeinde und in der religiösen Erwachsenenbildung.

---

3 Z.B. Katholischer Erwachsenenkatechismus. Das Glaubensbekenntnis der Kirche, hg. von der deutschen Bischofskonferenz, München u.a.O. 1985.
4 Katechismus der Katholischen Kirche, München u.a.O. 1993.

„Da kann nichts schiefgehen!" – Programme für ziel- und qualifikationsorientierte religiöse Bildung

Mit diesem Konzept spreche ich das curriculare, ziel- und qualifikationsorientierte Bildungssystem an, das sowohl im Religionsunterricht als auch in der Gemeindekatechese und in der kirchlichen Erwachsenenbildung viele Bildungsprogramme bestimmt. Im klassischen curricularen Denken, das nicht in der praktischen Theologie, sondern in der Erziehungswissenschaft verwurzelt ist, geht es um eine ständige Vernetzung fachwissenschaftlicher, in unserem Bereich also theologischer Inhalte mit der Situation der AdressatInnen und der jeweiligen gesellschaftlichen Wirklichkeit. Lern- und Bildungsprogramme sollen nicht mehr nur auf ihre Inhaltlichkeit, methodische und mediale Tauglichkeit hin geplant werden, sondern einer Zielbestimmung unterliegen. Ziele können den kognitiven und emotionalen Bereich sowie den Handlungsbereich betreffen. Sie sind in der curricularen Logik um so besser, je klarer sie operationalisierbar, d.h. auf das Endverhalten hin überprüfbar sind.

Markus arbeitet als Gemeindeassistent in der Pfarrei X. Er ist für die Eucharistiekatechese vor der Erstkommunion zuständig. Die Entscheidung für einen Kommunionkurs steht an. Unschlüssig blättert Markus im vielfältigen Angebot. Was soll er auswählen?
Da mit den neuen Unterlagen vorwiegend Mütter arbeiten werden, die eine Gruppe von Kindern auf die Eucharistie vorbereiten, müssen die Materialien möglichst einfach und praktikabel sein, denkt Markus. Es scheint ihm am besten, wenn durch die Vorlage die einzelnen Gruppenstunden bereits vorstrukturiert sind. Die Kinder können Lückentexte ausfüllen, Bilder fertigmalen, Spiele basteln, Texte lesen, Lieder singen usw. Alle Lernschritte und Arbeitsanweisungen sind genau vorgegeben.
Markus ist sich sicher: Mit diesen Unterlagen kann nichts schiefgehen. Da weiß ich auch, daß in den Gruppen dieselben Ziele verfolgt werden und daß alles ähnlich läuft. Auch in den Vorbereitungsrunden für die Tischmütter kann ich mich ganz an die Vorlagen halten. Wir können miteinander Schritt für Schritt durchbesprechen und, wo es notwendig ist, üben.

In der Argumentation von Markus kommt manches ans Licht, was geschlossene curriculare Lern- und Bildungsprogramme bestimmt:

- Sie enthalten klare Zielformulierungen, die alle Qualifikationen ausweisen, die die AdressatInnen im Wissensbereich, im Gefühlsbereich und im Handlungsbereich erreichen sollen.
- Die Lernergebnisse des Programmes sind möglichst eindeutig überprüfbar (Evaluierung). Damit ist die Möglichkeit gegeben, einzelne Schritte beim nächsten „Durchlauf" zu revidieren.
- Die aus den Zielen abgeleitete Lernschrittfolge ist eindeutig und stringent: Genaue Arbeitsanweisungen bis hin zu Lückentexten und Ausfüllangeboten sind vorprogrammiert.
- Die Qualität geschlossener curricularer Bildungsprogramme ist um so höher, je besser sie „selbst laufen" und damit vor „störenden" Eingriffen von VermittlerInnen „sicher" sind.

In der kirchlichen Bildungsarbeit gibt es eine Fülle von Abstufungen zwischen geschlossenen curricularen Bildungsprogrammen, wie der erwähnte Kommunionkurs, bis hin zu relativ offenen Anregungen mit variierbaren Lernschritten usw. Im Prinzip funktionieren curriculare religiöse Bildungsangebote aber immer im Ziel-/Ergebniszusammenhang und in einer vorgegebenen Lernschrittfolge.

„Mein Stein ist eine Lüge!" – Die Herausforderung korrelations- und symbolorientierter religiöser Bildung

Eine Szene aus der Religionsstunde in der fünften Schulstufe, die ich selber erlebt habe: Thema ist „das Klassenkreuz als Symbol unserer Gemeinschaft".

Die elfjährigen SchülerInnen durften Steine vom Schulweg mitbringen und jeden Stein mit einem guten Wunsch für die Klassengemeinschaft verbinden. Der Vater einer Schülerin hatte ein großes Holzkreuz gezimmert, auf das die Steine geklebt werden sollten und das als Klassenkreuz die SchülerInnen in diesem und in den nächsten Jahren begleiten würde.
Nun saßen dreißig Mädchen und Buben mit dem Lehrer im Kreis; in der Mitte lag das Holzkreuz, eine Kerze war angezündet. Jede Schülerin/jeder Schüler durfte einen Stein auswählen und auf das Klassenkreuz kleben; dabei konnte er/sie laut einen Wunsch an die Klassengemeinschaft sagen.
Es kamen viele „gute" Wünsche: „daß wir nie miteinander streiten; daß wir mit unseren Lehrern gut auskommen; daß wir uns nach

einem Streit wieder vertragen" usw. Keine/r der SchülerInnen äußerte etwas „Störendes".
Dann kam Anna. Sie nahm ihren Stein und sagte halblaut: „Mein Stein ist eine Lüge." Der Lehrer merkte, daß nicht alle SchülerInnen verstanden hatten, was Anna gesagt hatte. Deshalb bat er sie, es nochmals zu wiederholen. Laut und deutlich sagte Anna: „Mein Stein ist eine Lüge!"
Da war es totenstill in der Klasse. Der Lehrer bat: „Anna, magst du uns erklären, warum dein Stein eine Lüge ist?" Da brach es aus Anna heraus: „In der Volks-(Grund-)schule machten wir auch immer solche Sachen. Wir saßen um Kerzen herum und wurden ganz still. Dann sagten wir, woran wir gerade dachten. In der Religionsstunde taten wir immer so, als ob wir uns alle gut vertragen. Wenn es aber läutete, dann war der Teufel los. Wir stritten miteinander und alles war so, wie wenn wir in der Religionsstunde nie von Jesus gehört, gebetet oder miteinander, gefeiert hätten. Und wenn ich einmal etwas dagegen sagte, war ich die Böse, die immer stört. Darum ist auch das, was wir mit dem Klassenkreuz und diesen guten Wünschen machen, eine verlogene Sache."
Der Lehrer kommentierte die Aussagen von Anna nicht. Er bat die SchülerInnen, die bis jetzt noch keinen Stein auf das Klassenkreuz geklebt hatten, dies zu tun. Zögernd folgten sie seiner Einladung. Was die Kinder zu ihren Steinen sagten, hatte eine neue Qualität. Die stereotypen und klischeehaften Wünsche an die Klassengemeinschaft waren durch Annas authentische Äußerung so unglaubwürdig geworden, daß die Kinder sie nicht mehr über die Lippen brachten. Sie sagten, was wirklich ist und was sie wirklich wollten: „Ich habe Angst vor der ersten Schularbeit". „Ich bin neidisch auf dich, weil du immer ein so gutes Jausenbrot (= Pausenbrot) mithast. Meine Mama richtet mir in der Früh nie etwas her!", „Ich bin froh, daß ich in der neuen Klasse schon zwei Freundinnen gefunden habe!" usw.
Das Kreuz füllte sich mit den Steinen der Kinder und wurde immer mehr zum Symbol ihrer Erfahrungen, Sehnsüchte, Wünsche, Traurigkeiten und Nöte.

Annas „Störung" hatte das klischeehafte Reden und Handeln, das viele religiöse Bildungsprozesse bestimmt, zerstört. Damit war der Raum für ein situationsgerechtes Wechselspiel von Glaube und Leben geöffnet. Die Steine vom Schulweg wurden nicht mehr nur mit dem klischeehaft Guten und Schönen verbunden, sondern repräsentierten eine vielsinnige Lebenswirklichkeit. Als Symbole der existentiellen Angst und des Leidens der SchülerInnen, die ihnen im Schulsystem, im Freundeskreis und in der Familie widerfuhren oder zugefügt wurden, korrelierten sie mit dem christlichen Kreuz in einer wesentlich authentischeren Weise, als das die Unterrichtsplanung von vornherein vorsehen konnte. Die Störung hatte eine neue Qualität erfahrungs- und symbolorientierter Kommunikation der SchülerInnen und mit dem Lehrer ermöglicht.

Das Beispiel macht deutlich, worin der entscheidende „Fortschritt" korrelations- und symbolorientierter religiöser Bildungsprozesse gegenüber curricularen Lernprogrammen liegt. Auch die curriculare Didaktik hat die Erfahrungsorientierung in ihrem Programm und will Kindern, Jugendlichen und Erwachsenen religiöse Symbole erschließen. Sie übersieht aber, daß erfahrungs- und symbolorientierte religiöse Kommunikation nicht von vornherein und bis in die Details planbar und machbar ist. Der Widerstand, die Störung, das Unvorhergesehene und Ungewollte sind nicht selten der Kairos, der das Klischee erfahrungs- und symbolprogrammierter Curricula bricht und zur existentiellen Bedeutsamkeit befreit.

Solche Lern- und Bildungsprozesse erfordern von den „VermittlerInnen" eine neue Aufmerksamkeit, die nur in der Integration von fachlicher und personalkommunikativer Kompetenz zu erreichen ist. Man kann die Korrelation von Glaube und Leben nicht theoretisch machen. Eine Theologie, die auf Lebenssymbole von Menschen ebenso achtet, wie sie auf biblische und tradierte Metaphern, Gleichnisse, Bilder, Riten, Gesten usw. aufmerksam ist, wird notwendig. Doch die Kompetenz zur „kreativen Theologie" erscheint schwierig genug, „... wenn die ‚große' Theologie hier nicht Spuren legt und Schneisen schlägt, wenn das Studium der Theologie (als Ganzes!) nicht auch Einübung in eine solche Form raumzeitlich und biographisch geerdeten Theologisierens ist."[5] Integriert in die fachliche Kompetenz, erfordert ein situationsbezogenes korrelations- und symboldidaktisches Bildungshandeln umfassende Aufmerksamkeit, Einfühlsamkeit, Echtheit und Konfliktfähigkeit. Übertriebene Perfektionsansprüche sind dabei hinderlich, weil sie Menschen überfordern.

---

5 Englert, Korrelationsdidaktik, in: Hilger/Reilly, Abseits, 101.

„Den Typ, ob's den überhaupt gibt?" – Spielräume „des anderen" im Leben entdecken

Wenn es darum geht, Spielräume „des anderen" im Leben zu entdecken, dann ist die alltägliche Kommunikation von Kindern, Jugendlichen und Erwachsenen angefragt. R. Schuster hat Briefe junger Menschen gesammelt, in denen in eindrucksvoller Weise Fragen nach Lebenssinn und Religion zum Ausdruck kommen.[6] Noch unmittelbarer an das Denken und Fühlen Jugendlicher kommt H. Schmid mit seinen Aufzeichnungen von Gesprächen Jugendlicher in informellen Gruppen heran. Ich übernehme daraus eine kurze Passage, verzichte aber um der besseren Lesbarkeit willen auf die präzise Transkription. An der Frage eines Jungen, was er bei einer Beerdigung anziehen soll, entzündet sich folgendes Gespräch[7]:

Junge 1: „Des kann dir doch scheißegal ..., aber i maan, du kannst doch auf a Beerdigung gehn wie's der wirklich gefällt – obs etza in Unterhosen kummst oder überhaupt gar nix anhast oder im Smoking oder (mehrere lachen) sonstwie, des kann doch dener Leut, des kann doch dir scheißegal (mehrere lachen) sein, was die Leut denken."
Mädchen: „Eben"
Junge 2: „Na, ich find des aber net gut, ich mein a weng ... irgendwas zu tragen was eigentlich schon Tradition is ... schwarz zu tragen ... oder weiß. D-d-des a weng was muß ma scho haben" (mehrere: *„ehhhh"*) ... *„wirklich wahr"* (uhhh, Lachen) ... *„Ich mein, ich bin eh überhaupt eigentlich katholisch* (uhh, Lachen) *oder was ... ich bin katholisch, naja ich geh net in die Kirch"* (ein anderer:

---

6 Schuster, Robert (Hg.), Was sie glauben. Texte von Jugendlichen, Stuttgart 1984.
7 „Die ‚Insel'-Gruppe ist gemischtgeschlechtlich zusammengesetzt; sie besteht aus fünf Jungen im Alter zwischen 15 und 18 Jahren und fünf Mädchen zwischen 15 und 17 Jahren. Acht der Jugendlichen stehen in einem Lehrverhältnis. Ein Junge besucht die letzte Klasse der Hauptschule, ein Mädchen die letzte Klasse der Realschule ...
Die ‚Insel'-Gruppe thematisiert in ihrer Gesamtdiskussion, die sich über drei Stunden erstreckt, *zweimal* die Frage nach Gott. Eine umfangreiche ‚Gottpassage' wird in einem anderen Abschnitt, in dem es am Thema einer Beerdigung um das Verhältnis zur Tradition als Möglichkeit des Ausdrucks authentischer Gefühle ging, vorbereitet ..." (Schmid, Hans, Religiosität der Schüler und Religionsunterricht. Empirischer Zugang und religionspädagogische Konsequenzen für die Berufsschule, Bad Heilbrunn/Obb. 1989, 35-37).

„bua") ... „oder sonstigen Scheiß ne ... ich-ich mein ... Kirche bringt (mehrere lachen) mer nix, ich mein, ich hock in der Kirch a Stund lang (hör dem halt sei Predigt da an)"
Junge 1: „Ja-ja hörst dir (Lachen) sei Predigt an und denkst dir irgendwie: leck mich am Arsch"
Mädchen: „A ja, da muß ich dann aa nu was sagen ..."
Junge 2: „Aber ich mein aber irgendwie ... manchmal wenn ich nachts Bauchschmerzen hab, weißt schon, wenn ich so richtige Krämpfe krieg, wie ichs manchmal hab oder so, dann"
Mädchen: „Hab ich aa"
Junge 2: „... tu ich fei echt manchmal beten oder so ... des is es"
Junge 1: „Ja eben, des is es, des is es ... auf amal dann, wennst an brauchst ne ..."
Mädchen: „Des is scheinheilig"
Junge 2: „Aber dann is es so, is es so"
Junge 1: „Wie damals ... wenns dann, wie i damals des Auto ..."
Junge 2: „... Ich weiß wie ich bin ne ..."
Mädchen: „... Des mach ich net ..."
Junge 1: „zamgefahren hab ... ne ... hab er mer auch gedacht ... bitte ..."
Junge 2: „Hast aber auch gebetet ..."
Junge 1: „Bitte ... bitte"
Junge 2: „... Ja bitte helf mir ja ... aber ..."
Junge 1: „... Ja aber dann hab ich wiedermal hab ich mer überlegt, was hat der Typ alles bracht ... ne da mit ..."
Junge 2: „... überhaupt nix, überhaupt nix" (mehrere lachen)
Mädchen: „Den Typ, ob's den überhaupt gibt, des is die Frage, ... die ich mir zur Zeit stell"
Junge 1: „Ja ich maan ..."
Junge 3: „... Zu dem ... mit schwarz, des hat sich halt so eingebürgert ..."

Das Beispiel zeigt, wie Gespräche über „Gott und die Welt" zu Spielräumen werden können, in denen ganz unvermutet und unvermittelt die Gottesfrage aufbricht. „Den Typ, ob's den überhaupt gibt?" wird zur zentralen Metapher einer längeren Auseinandersetzung um die Existenz Gottes. Wer die Aufmerksamkeit auf die alltägliche Kommunikation von Kindern, Jugendlichen und Erwachsenen lenkt, wird darin auch heute noch zentrale Fragen um Lebenssinn, Religion und Glaube entdecken.

Es geht aber nicht nur um die Aufmerksamkeit auf die sprachliche Artikulation religiöser Fragen und Anliegen. Wie sich Menschen kleiden, wie sie wohnen, wie sie kommunizieren, was ihnen wertvoll, ja heilig ist, drückt in symbolischer Weise aus, worauf in einer theologischen Hermeneutik des Lebens zu achten ist.
Die Aufmerksamkeit kann nicht beim Individuellen steckenbleiben. Systeme und Strukturen, in denen Menschen leben, zeigen angesichts der erlösend-befreienden Botschaft des Evangeliums ihr heilvolles oder zerstörerisches Gesicht. In Lateinamerika spricht man von der „strukturellen Sünde", die sich in ungerechten und entmenschlichenden Lebensbedingungen äußert.
Religionsdidaktisches Handeln kann zunächst bedeuten, aufmerksam am Leben, am Handeln, an der Interaktion und Kommunikation und insbesondere am Konflikthaften und an den Verwundungen von Menschen Anteil zu nehmen. Die Aufmerksamkeit und Anteilnahme ermöglicht es, auf existentielle Anliegen zu stoßen, Spuren des Menschlichen und Religiösen zu sichern und Spielräume für das Wirken des ganz Anderen auszuloten. Solche Spielräume des besseren Lebens aus dem Geist heraus entziehen sich grundsätzlich der Machbarkeit. Oft sind sie dort, wo sie institutionell nicht vermutet werden. Dennoch ist es einer hermeneutisch-kommunikativen Reflexion möglich, bessere oder schlechtere Bedingungen für Möglichkeiten ausfindig zu machen, in denen sinnstiftend-befreiende Begegnung als Ermutigung zu einem alternativen Leben aus dem Geist heraus ansatzweise möglich wird.
In den folgenden Kapiteln wird der diakonisch-kommunikative Ansatz, aufbauend auf korrelations- und symboldidaktischen Überlegungen, weiter entfaltet. Zuvor gilt es aber, das Kommunikationssystem bzw. den Kommunikationsstil in Gruppen/Klassen zu reflektieren, um weiteren Komponenten der subjektiven Theorie religionspädagogischen Handelns auf die Spur zu kommen.

2. Wie sich in Kommunikationssystemen religionspädagogische Konzepte widerspiegeln

Die vorher beschriebenen religionspädagogischen Tendenzen korrelieren mit bestimmten Kommunikationssystemen bzw. -stilen, die ich im Hinblick auf die Beziehung zwischen den LeiterInnen und den TeilnehmerInnen beschreibe. Auch hier gilt, daß kaum ein Kommunikationssystem eindeutig und durchgängig das Handeln bestimmt.

LeiterIn „vor" den Betroffenen

Diesem Kommunikationssystem entspricht die kirchlich-inhaltszentrierte Religionspädagogik. Es geht ihr im Hinblick auf die Glaubenskommunikation vor allem darum, „den Glauben" an die nächste Generation weiterzugeben. Dieser Anspruch legt nahe, daß es Einzelmenschen, Gesellschaften und Kulturen gibt, die (noch) nicht gläubig sind, und solche, die den Glauben bereits besitzen. Nur letztere können den Glauben auch weitergeben.
Auf welche Art von „Experten" die Kirchen besonders vertrauen, hängt davon ab, was in der Glaubensvermittlung als besonders wichtig angesehen wird: die kirchliche Lehre, das theologische Wissen oder die Praxis des Glaubens. Je nachdem sind Menschen gefragt, die sich mit der Lehre identifizieren, die theologisches Wissen haben oder die in ihrer Glaubenspraxis als vorbildlich gelten.
So unterschiedlich die erwünschte Kompetenz in diesem Kommunikationsstil auch sein mag, es wird immer eine strukturelle Ungleichheit zwischen den KommunikationspartnerInnen vorausgesetzt. Aber läßt sich in der Glaubenskommunikation ein Vorrang von Menschen gegenüber anderen generell annehmen? Jemand kann theologisch gebildeter sein und in Glaubensfragen mehr Bescheid wissen als ein/e andere/r. Muß aber der Vorsprung im Glaubenswissen mehr Einsicht in die Grundstruktur jüdisch-christlichen Glaubens ermöglichen? Noch schwieriger wird die Frage, wenn es um die Glaubenszustimmung als ganzmenschlichen Akt geht. Das unmittelbare Vertrauen eines Kindes, das seiner Struktur nach eine hohe Glaubensqualität darstellt, lehrt uns, – im Sinne Jesu – die prinzipielle Ungleichheit zwischen GlaubenslehrerIn und GlaubensschülerIn in Frage zu stellen.

Da brachte man Kinder zu ihm, damit er ihnen die Hände auflegte. Die Jünger aber wiesen die Leute schroff ab. Als Jesus das sah, wurde er unwillig und sagte zu ihnen: Laßt die Kinder zu mir kommen; hindert sie nicht daran! Denn Menschen wie ihnen gehört das Reich Gottes. Amen, das sage ich euch: Wer das Reich Gottes nicht so annimmt, wie ein Kind, der wird nicht hineinkommen. Und er nahm die Kinder in seine Arme; dann legte er ihnen die Hände auf und segnete sie (Mk 10, 13-16).

LeiterIn „für" die Betroffenen

Diesem Kommunikationstyp ist die Zufriedenheit der TeilnehmerInnen und ein möglichst konfliktfreier Verlauf von Bildungsprozessen besonders wichtig. Er will alle möglichst gut versorgen. SeelsorgerInnen, ReligionslehrerInnen oder ErwachsenenbildnerInnen, die primär in der Versorgungsrolle sind, suchen den Bedürfnissen und Wünschen der AdressatInnen möglichst gerecht zu werden. LeiterIn „für" die TeilnehmerInnen zu sein erfordert zusätzliche Professionalisierung. Den gesellschaftlichen Standards für sozialkompetente RollenträgerInnen entsprechend, wird neben einer theologisch-fachlichen u.a. auch eine sozialtherapeutische, managementartige oder sonstige Zusatzqualifikation erwartet. Der umfassende menschlich-religiöse Service, der möglichst niemanden ausschließen oder enttäuschen darf, ist das Leitbild eines Systems, in dem die vielfältig geschulten ExpertInnen des Glaubens beinahe rund um die Uhr die Bedürfnisse der Menschen zufriedenzustellen suchen.
Die Statistik der physischen und psychischen Erkrankungen solcher „Allrounder" gibt zu denken. Menschen, die sich in dieser Weise „für" andere aufreiben, haben es in der Regel sehr schwer einzusehen, wie sehr sie durch ihr aufopferndes und gleichzeitig um Anerkennung ringendes Tun andere in ihrer Eigenverantwortlichkeit, die für eine authentische Glaubenszustimmung oder -ablehnung konstitutiv ist, behindern.
Eine spezielle Form der Versorgung stellt das bekannte „Abholen" der AdressatInnen in ihrer Lebenswelt dar. O. Schnurr erzählt in humorvoller Weise, wie es einem Dreizehnjährigen ergehen könnte, der von seinem Religionslehrer „abgeholt" wird.

> „Jedem Pädagogen an der Schule dröhnt der pädagogische Gassenhauer im Ohr: ‚Man muß den Schüler dort abholen, wo er steht.'
> Dazu einer meiner Alpträume:
> Ich, der Religionslehrer, war mit meinem Schüler verabredet. Der Schüler hatte sich an der verabredeten Stelle eingefunden, zündete sich eine Zigarette an und wartete. Er war nicht gerne zu diesem

Stelldichein gekommen, denn er versprach sich nicht viel davon, von vornherein schon nicht. Bisher war er noch nie einbestellt worden, seine Freunde holten ihn ab, ohne ihn einzubestellen. Sie wußten auch immer, wo er zu finden war. Er war nur deswegen gekommen, weil man ihm gesagt hatte, daß dieses Zusammentreffen für ihn wichtig sei.

Ich blickte zu Hause ein letztes Mal in den Spiegel und stellte fest, daß ich ausgehfertig sei. Ich stieg in mein Auto und fuhr zum vereinbarten Treffpunkt.

Der Schüler runzelte die Stirn, als ich auf ihn zuging und ihm kameradschaftlich die Hand gab. Schnell steckte er die geschüttelte Hand mit den abgeknabberten Fingernägeln verschämt in seine Hosentasche.

‚Sicher wirst du dich fragen', begann ich das Gespräch, ‚aus welchem Grund ich dich einbestellt habe. Leben ist mehr als das, was du bisher getan hast. Dein Leben ist noch nicht wirklich lebenswert. Es ist nicht sinnvoll und nicht zukunftsorientiert. Ich bin gekommen, um dir zu zeigen, was ein lebenswertes Leben ist. Komm, steig ein.'

Ich öffnete die Tür zum Beifahrersitz und ließ den Schüler einsteigen. Der dachte bei sich: ‚Mutter hat mir immer wieder gesagt, ich solle nicht mit Erwachsenen gehen, die ich nicht kenne, schon gar nicht in ihr Auto einsteigen.'

Ich war nun ebenfalls eingestiegen, und ab ging die Fahrt.

In dem Teil der Stadt, in den ich fuhr, war der Schüler noch nie gewesen. Nach einiger Zeit hielt ich vor einem riesigen Haus an. Der Schüler las laut das Wort, das am Giebel des Hauses stand: ‚Kunsthalle'. Wir gingen hinein. Säle voll mit Bildern, so daß man nicht wußte, wohin man zuerst schauen sollte.

Ich führte den Schüler vor ein bekanntes Gemälde und flüsterte ihm zu: ‚Ist das nicht schön?' Der Schüler hob ebenfalls den Blick und sagte: ‚Wenn man den Draht da oben berührt, heult dann eine Sirene auf?' Ich blickte pikiert.

‚Warum flüstern denn hier alle?', fragte der Schüler. ‚Schadet lautes Reden den Bildern?'

Ich erklärte ihm im Flüsterton: ‚Nur in der Stille konzentrierten und meditierenden Schauens enthüllt sich das Wesen eines Kunstwerkes.'

Der Schüler schien diesen Satz nicht verstanden zu haben. Er sagte in einem für eine Kunsthalle viel zu lauten Ton: ‚Wir haben

zu Hause auch ein Bild, es hängt im Wohnzimmer. Ein riesiger, brüllender Hirsch. Ein Sechzehnender. Der gefällt mir viel besser als diese Bilder da.'
Die nächste Station auf dem Weg ins wahre Leben war die Stadtbibliothek. Auch hier war wieder diese Atmosphäre, in der ein Magenknurren wie ein Donnergrollen wirkt. Buchrücken an Buchrücken, Bücher vom Boden bis zur Decke.
‚Hat denn jemand alle diese Bücher gelesen?', fragte der Schüler.
‚Alle diese Bücher hat niemand gelesen', antwortete ich, ‚aber viele Bücher, die hier stehen, haben Geschichte gemacht, ja sie sind ein Teil Geschichte. Hier an dieser Wandseite stehen die großen Philosophen des Abendlandes. Dort drüben stehen Bücher der Sparte Lyrik, Bändchen voll wunderschöner Gedichte, Edelsteine der Literatur. In den alten Folianten dort entfalteten mittelalterliche Theologen die ganze Fülle des theologischen Denkens und der mystischen Spekulation.'
Der Schüler hatte aufmerksam zugehört, dann fragte er, wiederum etwas zu laut: ‚Wo stehen hier denn die Wild-West-Romane?'
Ein Raunen ging durch die Bibliotheksräume, nur zu vergleichen mit dem Geräusch, das nach einem verschossenen Elfmeter durch das Stadion geht. Hier war das Seufzen der gequälten, intellektuellen Kreatur.
Dritte Station: Bei mir zu Hause. Eine relativ gepflegte Atmosphäre, ein Duft von Blumen und Kaffee durchzog das Haus, auf dem Boden des Wohnzimmers liegt ein langfransiger Teppich, an den Wänden und Simsen leuchten Bücher und Bilder. Eine Wohnung, halb Kunsthalle, halb Stadtbibliothek.
‚Und hier wohnen Sie?', fragte der Schüler.
‚Ja, hier wohne und arbeite ich. Aber komm, setz dich, meine liebe Frau hat das Essen schon vorbereitet. Es gibt überbackene Schneckensuppe, ein wunderschönes Schweinelendchen mit zartem Gemüse und zum Dessert eine Creme mousette.'
Der Schüler machte große Augen, als er den gedeckten Tisch überblickte, und wurde durch die verschiedenen Gabeln, Löffeln, Messer verwirrt, deren Verwendungszweck er nicht kannte. Obwohl er riesigen Hunger hatte, aß er nur sehr wenig, da er sich genierte und die gereichten Speisen nicht kannte. Er dachte bei sich: ‚Heiße Würstchen mit Kartoffelsalat wären jetzt das richtige.'
Ich unterhielt mich mit meiner Frau über die Situation von Schülern, über deren Gefühle, nicht angenommen zu sein, ihr verzwei-

feltes Suchen nach Lebenssinn, über ihren unbewußten Drang nach dem Schönen. Ich verstand nicht, daß der Schüler sich langweilte, wo es doch um ihn ging.
Später fuhr ich den Schüler zurück, dorthin, wo ich ihn abgeholt hatte. Der Schüler stieg aus, atmete tief durch und gab einem Stein, der auf dem Gehsteig lag, einen Tritt, daß er in hohem Bogen gegen einen Abfalleimer flog." [8]

LeiterIn „mit" den Betroffenen

Die Alternative zur dirigierenden und zur versorgenden Leitung ist eine symmetrisch-partizipative Beziehung zwischen LeiterInnen und TeilnehmerInnen, wie ich sie im III. Kapitel noch ausführlich beschreiben werde. Eine solche hat nichts mit Anbiederung oder Laisser-faire-Leitung zu tun. Teilnehmende Leitung setzt im Gegenteil eine klare Identität als LeiterIn und ein authentisches Leitungsverhalten voraus. Nicht nur aus didaktischen, sondern vor allem aus praktisch-theologischen Gründen ist in der kirchlichen Bildung ein Kommunikationssystem zu bevorzugen, in dem grundsätzlich alle, gerade auch die unbequemen anderen, ihre Stimme haben und in ihrer menschlich-religiösen Befindlichkeit an- und ernstgenommen werden.

Menschen auch in ihrem menschlich-religiösen/nichtreligiösen Ausdruck so zu nehmen, wie sie sind, und nicht, wie ich sie haben will, setzt ein hohes Maß an Vertrauen voraus. Es ist das ein Vertrauen in den Gott des Lebens, dessen Heilswege niemand kennt und der auch auf „krummen Zeilen" gerade schreiben kann. Eine akzeptierende, vorurteilsarme, wohlwollend-einfühlsame Begegnungskultur mit Menschen, deren Sinn- und Lebenskonzept ich in vieler Hinsicht nicht teilen kann, ist kein methodischer Trick. Es geht nicht darum, den anderen subtil belehren oder versorgen zu wollen bzw. dort abzuholen, wo er gerade steht, um ihn noch bereitwilliger in die eigene (Glaubens-)Welt hereinzuholen. Lebens-/Glaubenskommunikation mit den Betroffenen bedarf einer akzeptierend-solidarischen Haltung, die der ungeschuldeten Anwesenheit des Gottesgeistes in jedem Menschen vertraut.

---

8 Schnurr, Otmar, Mag sein, daß die Wüste lebt. Unmaßgebliche Erfahrungen eines Religionslehrers, München 1986, 142-146.

3. Was ich aus meiner Lerngeschichte in die Bildungspraxis übertrage

Wer menschlich-religiöse Bildung plant und ausführt, ist nicht nur von religionspädagogischen Konzepten und mit ihnen korrelierenden Kommunikationsstilen beeinflußt; auch die eigene Erziehung und Lerngeschichte prägt in erheblichem Ausmaß die subjektive Theorie der Bildungspraxis. Manches aus dieser Geschichte ist bewußt, vieles bleibt unbewußt.

Wenn ich wissen will, warum ich in bestimmten Situationen so und nicht anders handle, warum ich bestimmte Planungsschritte in der Weise setze oder in einer bestimmten Art und Weise kommuniziere, ist es hilfreich, daß ich mich bewußt mit der eigenen Erziehung und Lerngeschichte auseinandersetze. Eine therapeutische bzw. supervisorische Aufarbeitung der unbewußten Anteile kann dabei sehr hilfreich sein. Im kirchlichen Bildungsalltag stehen solche Angebote leider noch immer nicht generell zur Verfügung.

In begrenzter Weise ist es möglich, frühere Erziehungs- und Bildungserfahrungen auch ohne Begleitung von außen aufzuarbeiten. Im folgenden beschreibe ich einige Möglichkeiten, sich Übertragungen aus der eigenen Lerngeschichte bewußt zu werden.

Erziehungs- und Bildungsszenarien aus dem eigenen Leben

Ich suche einen ruhigen Ort auf, wo ich einige Zeit für mich allein verbringen kann. Ein Streifen Packpapier, den ich wie eine Ziehharmonika zusammenfalte, Wachsmalkreiden o.ä. und Schreibmaterial liegen bereit.

Ich setze mich hin, horche auf meinen Atem und versuche bei mir zu sein. Dann gehe ich mit meinen Gedanken und Gefühlen in meine Kindheit zurück. Welches Bild taucht auf? Ich lasse ein Szenarium aus meiner Erziehung bzw. Lerngeschichte in mir aufsteigen, das mir spontan einfällt:

– Wo spielt die Szene? Auf welchem Hintergrund spielte sie sich ab? In welchem Raum / Haus war ich?

– Wer war daran beteiligt? Wie standen die handelnden Personen zueinander / zu mir?

– Wo und wie spiele ich selber mit? Auf welcher Seite stand ich? Wer geriet ins Abseits?
Eine leere Oberfläche des gefalteten Packpapierstreifens liegt vor mir. Ich versuche die Szene möglichst spontan in Farben und Formen auszudrücken. Wenn ich damit fertig bin, lasse ich die Szene los. Ich blättere in meiner „Ziehharmonika" weiter, so daß wiederum eine leere Oberfläche vor mir zu liegen kommt. Dann atme ich durch und warte auf das nächste Bild. In dieser Weise lasse ich Szene für Szene kommen. Es geht dabei nicht um eine Chronologie der Bilder. Wenn sich die Bilder erschöpft haben, gehe ich bewußt aus meiner Erziehungs- und Lerngeschichte heraus. Ich atme durch, nehme meinen Körper bewußt wahr, stehe auf und bewege mich ... Stelle mich auf beide Füße als erwachsene Frau / als erwachsener Mann.

Aus der Erwachsenenperspektive heraus beschäftige ich mich nun mit meinen Bildern.
– *Ich öffne die Ziehharmonika und sehe die Reihenfolge der Bilder vor mir: Welche Szenen, in welchen Lebensaltern, waren / sind mir sehr wichtig? Warum?*
– *Welche Gefühle / Gedanken beschäftigen mich heute, wenn ich meine Bilder vor mir habe? Ich lasse Freude, Traurigkeit, Wut, Zuneigung ... zu.*
– *Vielleicht will ich meinen Gefühlen im Schreiben, Malen oder sonstwie Ausdruck verleihen?*
– *Ich mache mir bewußt, was ich aus diesen Erziehungs- und Bildungsszenen mitgenommen habe: Was davon überträgt sich immer wieder in mein Erziehungs- und Bildungshandeln? Wozu kann / will ich stehen? Was blende ich aus oder verdränge ich? Was will ich bewußt annehmen, behalten und eventuell ausbauen? Wozu will ich stehen? Was will ich zurücklassen?*

Bedeutsame LeiterInnenpersönlichkeiten

Wenn ich mich mit meiner eigenen Lern- und Bildungsgeschichte auseinandersetze, kommen Menschen in den Blick, die mich für mein Planen, Lehren und Leiten entscheidend geprägt haben. Ich nehme mir einzelne, für mich wichtige Menschen vor:
– *In welcher Beziehung stand ich damals zu diesem Menschen und*

er / sie zu mir? Welche Rollen spielten wir miteinander / gegeneinander / füreinander?
- Welche Gefühle spüre ich heute noch, wenn ich an unsere damalige Beziehung denke? Was freut mich, was ärgert mich, was macht mich zornig, was macht mich traurig, was macht mich glücklich?
- Ich verweile eine Zeitlang gefühlsmäßig in unserer Beziehung.
- Ich löse mich aus dem Szenarium, atme durch, spüre den Boden, der mich trägt, und richte mich locker und entspannt auf. Nun stelle ich mir mein damaliges Gegenüber nochmals vor.
- Was kann ich heute sagen / tun / empfinden?
- Ich setze mich hin und schreibe einen Brief an die Person, die für meine Erziehungs- und Bildungsgeschichte bedeutsam war. Ich kann diesen Vorgang intensivieren, wenn ich mich nach dem Briefschreiben in den / die andere / n hineindenke und als sie oder er meinen Brief lese und beantworte. Brief und Wechselbrief können mehrere Male hin- und hergehen.
Dann löse ich mich aus diesem Geschehen und mache mir bewußt, wie und worin mich die vorgestellte Person in Lehr- und Bildungssituationen beeinflußt. Wozu kann ich stehen? Was will ich zurücklassen?

Es versteht sich von selbst, daß eine solche persönliche Arbeit an Übertragungen aus der Lernbiographie ihre Grenzen bei tiefen Verwundungen, Konflikten und Störungen hat. Diese Eigenarbeit kann mich auf notwendige therapeutische Interventionen aufmerksam machen.

Eigene Schulerfahrungen aufarbeiten

Wer sich als (Religions-)LehrerIn aus- oder fortbildet, hat selbst eine lange Schulzeit absolviert. Speziell die Schule als Bildungsinstitution, die für viele Menschen einen Großteil ihrer Kindheit und Jugendzeit bestimmt, hinterläßt ihre Spuren. Studierende und BerufsanfängerInnen erleben nicht selten eine anfängliche Rollenvermischung. Wem gehören sie zu: den SchülerInnen oder den LehrerInnen? Obwohl sie wissen, daß ihre künftige Rolle die des Lehrers/der Lehrerin sein wird, fühlen sie sich, speziell dann, wenn zwischen SchülerInnen und LehrerInnen kein allzu großer Altersunterschied besteht, emotional auf der Seite der SchülerInnen. Dies ist insbesondere bei Praktika in der gymnasialen Oberstufe und im berufsbildenden Schulbereich der Fall.

Vom SchülerInnenplatz zum LehrerInnentisch

Ein Schritt zur Klärung der eigenen Identität des Lehrers/der Lehrerin kann in der Weise erfolgen, daß ich als BerufsanfängerIn den Weg vom SchülerInnenplatz zum LehrerInnentisch in einer inneren Vorstellungsübung oder auch als Rollenspiel bewußt gehe. Dabei ist wichtig, alle Gefühle und Empfindungen, die ich auf der einen oder anderen Seite habe, zuzulassen. Es können Angst, Trauer, Freude, Lust, Unsicherheit usw. auftreten. Im Anschluß an die Übung kann ich mich fragen:

- *Wohin zog es mich mehr, zur SchülerInnenbank oder zum LehrerInnentisch?*
- *Womit verbinde ich die SchülerInnensituation? Welche Gefühle wurden wach, als ich in der Rolle der SchülerIn war?*
- *Wovon will ich / will ich nicht Abschied nehmen?*
- *Welche Erinnerungen aus der SchülerInnenrolle will ich bewußt in meine LehrerInnenrolle mitnehmen?*

- *Womit verbinde ich die LehrerInnenrolle? Welche Gefühle wurden wach, als ich LehrerIn war?*
- *Was daran freut mich, macht mir Mut, gibt mir Hoffnung, läßt mich neugierig werden? Was macht mir angst, macht mich traurig oder mutlos?*
- *Auf welche Ressourcen aus meiner bisherigen Lernbiographie kann ich zurückgreifen, mich verlassen?*
- *Was will ich als LehrerIn bewußt nicht?*
- *Was kann ich für mich und meine Identität als LehrerIn tun?*

LehrerInnenpersönlichkeiten und Schulszenarien

Für die Aufarbeitung eigener Schulerfahrungen ist es besonders wichtig, sich bedeutsame LehrerInnenpersönlichkeiten bewußt zu machen. Ich kann sie in der Weise vergegenwärtigen, daß ich auf der

77

Vertikale eines Blattes alle LehrerInnen einer bestimmten Schulstufe bzw. Schulart aufliste und dazu auf der horizontalen Ebene emotionale Erinnerungen eintrage: mich begeisterte ..., mich ängstigte ..., mich ärgerte usw.
Des weiteren kann ich mir wichtige Szenarien einer bestimmten Schulstufe oder -art relativ systematisch bewußt machen. In der Aufarbeitung werde ich einzelne Szenen oder Persönlichkeiten, die mich heute noch besonders beschäftigen, herausgreifen. Die Bearbeitung kann analog zur Aufarbeitung der Erziehungs- und Bildungsszenarien aus dem eigenen Leben bzw. der bedeutsamen LeiterInnenpersönlichkeiten, wie sie in Punkt 3 angeführt ist, geschehen.
Eine weitere Möglichkeit ist, die eigene Schulzeit mit ausgewählten Farben als Weg zu malen und anschließend daran Texte dazuzuschreiben bzw. sich mit jemandem Vertrauten auszutauschen.

4. (M)eine subjektive Theorie menschlich-religiöser Bildung: ein Klärungsversuch

Subjektivität von Rückmeldungen

Jeder Mensch projiziert und überträgt in eine neue Bildungssituation hinein, in die er/sie als LeiterIn, TeilnehmerIn oder BeobachterIn verwickelt ist, eine Vielzahl früherer Erfahrungen. Auch wer gelernt hat, möglichst präzise und ohne voreilige Wertung zu beobachten und auszudrücken, was sie/er in einem Bildungsprozeß (mit allen Sinnen) wahrgenommen hat, kann keine objektive Rückmeldung geben. Jedes Feedback, das sich Menschen, die Bildungsprozesse leiten, selber geben oder das sie von anderen erhalten, ist mehr oder minder subjektiv. Nur wer sich der Subjektivität eigener Beobachtungen, Einschätzungen und Rückmeldungen bewußt ist und diese auch zum Ausdruck bringt, ist fähig, sich über die Qualität religiöser Bildungsprozesse auszutauschen. Ist dann jegliches Gespräch über Bildung sinnlos?

Ein Formulierungsversuch

Wer nicht in der Sprachlosigkeit verharren oder Vorurteilen aufsitzen will, wenn er/sie mit sich selbst oder mit anderen in einen Dialog über religiöse Bildungsprozesse tritt, macht sich seine/ihre subjektiven Theorien vom Lehren und Lernen bewußt. Ein kurzes Experiment kann dazu helfen:

Ich denke an ein konkretes Projekt, eine Einheit, eine Szene in der Gemeindepädagogik, im Religionsunterricht oder in der Erwachsenenbildung, das / die ich geplant und geleitet habe:
– *Was war mein hauptsächliches Anliegen? Woher kam es? Wie habe ich es verwirklicht?*
– *Welches religionsdidaktische Konzept hat mich vorrangig geleitet und warum?*
– *Wie hängt meine Praxis, Bildungsprozesse zu planen und zu leiten, mit meiner Ausbildung, mit persönlichen Erziehungs- und Lernerfahrungen zusammen? Was ist mir dazu in der bisherigen Lektüre dieses Buches bewußt(er) geworden?*
– *In welchem Kommunikationssystem habe ich mich bisher hauptsächlich bewegt? Warum?*
Ich versuche in einigen Sätzen, meine Theorie religionspädagogischen Handelns zu formulieren, die mich im konkreten Projekt, im Prozeß, in der Szene geleitet hat.
– *Wozu kann ich weiterhin stehen?*
– *Was erscheint mir fragwürdig?*
– *Was will ich verändern?*

III. AUFMERKSAM WERDEN UND ANTEIL NEHMEN
Verständnis und Planung kommunikativer Bildungsprozesse

Man sieht nur mit dem Herzen gut
Antoine de Saint-Exupéry

Die meisten didaktischen Ansätze gehen davon aus, daß der unmittelbaren Planung von Lehr-/Lernprozessen eine Analyse ihrer Bedingungen vorausgehen sollte. Wie diese Analyse gemacht wird, worauf sie ihr besonderes Augenmerk richtet und welche Ergebnisse erwartet werden, hängt weitgehend vom theoretischen Hintergrund der jeweiligen Didaktik ab.[1]

Im alltäglichen Getriebe von Unterricht kommen ausführliche didaktische Analysen in der Regel zu kurz, weil die Herausforderungen zum Handeln so groß sind.

---

1 Die Unterschiedlichkeit der Ansätze läßt sich beispielhaft an der Unterrichtsdidaktik zeigen: Die bildungstheoretisch orientierte Unterrichtsplanung nach dem „Perspektivenschema" von W. Klafki räumt der inhaltlich-thematischen Struktur in ihrer Gegenwarts-, Zukunfts- und exemplarischen Bedeutung sowie ihrer Erweisbarkeit, Überprüfbarkeit, Zugänglichkeit und Darstellbarkeit eine gewisse Priorität gegenüber der Lehr-/Lernprozeßstruktur ein. (Vgl. Klafki, Wolfgang, Neue Studien zur Bildungstheorie und Didaktik, Weilheim u.a.O. 1985; ders., Von der bildungstheoretischen Didaktik zu einem kritisch-konstruktiven Bildungsbegriff – Dialog mit W. Klafki, in: Born, Wolfgang/Otto, Gunther [Hg.], Didaktische Trends, München 1978, 49-83.) In der sogenannten Lerntheorie werden Intentionen, Inhalte, Methoden und Medien als gleichwertige Entscheidungsfelder von Unterricht aufeinander bezogen. Nach letzterer Theorie könnte also die Planung von Lernprozessen bei jedem dieser didaktischen Entscheidungsfelder beginnen. (Vgl. u.a. Heimann, Paul/Otto, Gunther/Schultz, Wolfgang, Die lerntheoretische Didaktik – oder: Didaktisches Handeln im Schulfeld – Modellskizze einer professionellen Tätigkeit, in: Westermanns Pädagogische Beiträge 32 [1980], 80-85.)

Womit üblicherweise die Planung beginnt

Kurt hatte sich wochenlang bemüht, einen bestimmten Film von der regionalen Medienstelle auszuleihen; er war immer wieder besetzt. Nun konnte er den Film endlich bekommen, obwohl er das Thema, um das es in diesem Film ging, längst abgeschlossen hatte. Beim Besuch der Medienstelle fielen Kurt noch zwei andere Kurzfilme in die Hand, die für SchülerInnen in der 6./7. Schulstufe geeignet waren. Er nahm sie für alle Fälle mit.
Daheim angekommen, las Kurt aufmerksam die Kurzbeschreibungen der beiden Filme. Keiner der Filminhalte paßte ganz genau zu dem Stoffbereich, den er in der Klasse 6 und Klasse 7 gerade durchnahm. Trotzdem entschloß er sich, die Filme in der nächsten Stunde einzusetzen. Als methodische Schritte überlegte er sich nach der gemeinsamen Filmsicht ein „Brainstorming" an der Tafel, bei dem alle SchülerInnen spontan ihre Eindrücke aufschreiben konnten. Hernach wollte er in einem Lehrer-SchülerInnen-Gespräch die freien Assoziationen der SchülerInnen orten, Inhalt und Struktur des Filmes mit den SchülerInnen erarbeiten. Schließlich sollte die Möglichkeit bestehen, an eine Person im Film einen Brief zu schreiben oder mit ihr einen schriftlichen Dialog zu führen.
Von der Intention her konnte er den Einsatz des Filmes einerseits als Medienerziehung im Religionsunterricht und andererseits als Identifikationsübung der SchülerInnen gelten lassen.

Das Beispiel zeigt, wie eine Planung, die primär vom Medium ausgeht und von diesem geleitet die Methoden bestimmt, im Hinblick auf Ziele/Intentionen und Inhalte willkürlich wird. Ähnliches kann man für eine methodenlastige Planung zeigen, wie sie mitunter in der Gemeindekatechese und im Religionsunterricht vorkommt.

Begeistert kam Lena von der GruppenleiterInnenschulung zurück. In der vorletzten Einheit hatten sie „heißer Stuhl" gespielt. Jede/r, der/die wollte, konnte sich auf einen Stuhl in der Mitte des Raumes setzen; die anderen Gruppenmitglieder saßen im Kreis um den Stuhl. Wer sich auf den „heißen Stuhl" setzte, erhielt von den Gruppenmitgliedern offene Rückmeldungen zu seiner Person, insbesondere zu seinem Verhalten in der Gruppe: Jede/r aus der Gruppe konnte sagen, was ihr/ihm am anderen gefällt oder miß-

fällt, was sie / er lieber oder anders hätte. Der / die TeilnehmerIn auf dem „heißen Stuhl" hörte sich die Rückmeldungen an, ohne zu antworten. Nach dem letzten Feedback sagte er / sie die vereinbarte Schlußformel: „Vielen Dank für das, was ihr mir gesagt habt. Ich will es bedenken. Ihr sollt aber auch wissen, daß ich nicht dazu auf der Welt bin, um so zu werden, wie ihr mich haben wollt."[2]
Auf Lena hatte die Feedback-Übung einen so guten Eindruck gemacht, daß sie das bei einem Seminar für eine gemischte Gruppe Jugendlicher sofort ausprobieren wollte.

Der Unsinn und die Verantwortungslosigkeit, eine Methode unreflektiert von einer Gruppe in eine andere zu übertragen, muß nicht immer so offensichtlich sein wie im obigen Beispiel. Dennoch verschließt in der Regel die vorzeitige Fixierung auf eine Methode den notwendigen Spielraum für die Planung, weil nicht mehr Menschen mit ihren elementaren Anliegen, sondern Techniken und Strukturen zu früh ins Zentrum der Aufmerksamkeit rücken.

Voreilige methodische und mediale Fixierungen sind in der kirchlichen Erwachsenenbildung oft vorprogrammiert; etwa dann, wenn bei Medienverbundprogrammen[3] ein bestimmter Kurzfilm, der im Fernsehen gelaufen ist bzw. über Videorecorder reproduziert wird, zum Ausgangspunkt von Gesprächsrunden gemacht wird. Die österreichische Gesprächsleitermappe zum Medienverbundprogramm „Christsein im Alltag" weist zum Film „Der Schuhkauf" folgenden Vorschlag für die Arbeit in der Begleitphase auf:

„Einstieg:
a) Film zeigen (oder gewählte Szenen) 30'-45'
b) Filmstory nacherzählen (Begleitheft oder Gruppenleitermappe, siehe oben) 20'-30'

Aktivierung: 20'
a) Sammlung der Teilnehmerreaktionen auf den Film; Film eventuell nur bis zu einem bestimmten Punkt laufen lassen

---

2 Grom, Bernhard, Methoden für Religionsunterricht, Jugendarbeit und Erwachsenenbildung, Düsseldorf u.a.O. ^{8}1988, 88.
3 In Medienverbundprogrammen sind Fernsehsendungen, Begleitbuch zu den Sendungen und sogenannte „Gruppenphasen", in denen sich interessierte TeilnehmerInnen nochmals während der Ausstrahlung der Filmserie treffen, koordiniert.

und die Teilnehmer bitten, die Geschichte frei weiterzuerfinden.
b) Sammlung der TN-Reaktionen aus dem Alltag
Markante Dialogstellen verteilen (siehe Arbeitsblatt) und die TN bitten, zu überlegen, wie sie in solchen Situationen reagiert und argumentiert hätten.
c) Rollengespräch:
‚Aus der Sicht des Chefs'
‚Aus der Sicht von Erika'
‚In der Haut von Jochen'
‚In der Haut des Sohnes des Chefs'
(Ein Rollengespräch ist prinzipiell in jedem Modell möglich, aber unterschiedlich gut geeignet!)

Klärende Weiterführung: 40'
Siehe auch die einschlägigen Texte im Begleitheft. Die Texte werden zur Diskussion vorgelegt. Impulsfrage: Sind wir mit den Aussagen des Textes einverstanden?
Wenn die Gruppe zu groß ist – mehr als 20 TN –, dann Teilung in zwei oder mehrere Kleingruppen.

Transfer: 20'
Den Text ‚Wo liegt der Fortschritt' oder ‚Zwei Lebensläufe' (aus dem Begleitheft) vorlesen. Aufgabe: ‚Ich schreibe meinen Lebenslauf' (Einzelarbeit); dann 3er-Gespräch;
oder: ‚Wo habe ich in meiner Berufsrolle Gestaltungsraum?' (Einzelarbeit – dann Gespräch)

Abschluß: 10'
Einen der biblischen Impulse auswählen (aus dem Begleitheft) und fragen: ‚Welcher Gedanke, welches Gefühl steigt in mir auf, wenn ich diese Stelle höre?'
Meditativer Text zum Ausklang: ‚Wann bin ich Christ?' aus dem Begleitheft.

Sachinformation
Kündigung:
Wie eine Anfechtung vor dem Arbeitsgericht ausgehen würde, ist nicht eindeutig vorherzusagen, da hier noch Gesichtspunkte eine Rolle spielen, die im Film nicht klar ersichtlich sind. Immerhin könnte das Aussprechen der Kündigung an sich für rechtens erklärt werden, da Erika Schneider gegen die ‚Treuepflicht' versto-

ßen habe, auf die der Arbeitgeber Anspruch hat. Die konkrete Nennung der Konkurrenzfirma und das Beharren darauf, es sei eine ‚Selbstverständlichkeit', was sie getan habe, könnte durchaus so gewertet werden. Ob dies allerdings ausreichen würde, eine fristlose Kündigung zu rechtfertigen, die nur aus einem besonders schwerwiegenden Grund ausgesprochen werden darf, ist fraglich. In der Praxis wird bei solchen Rechtsstreitigkeiten häufig ein Vergleich geschlossen, bei dem für den Gekündigten eine angemessene Abfindung vereinbart wird, das Arbeitsverhältnis aber als aufgelöst erklärt wird." [4]

An diesem Beispiel wird deutlich, wie Medien (Fernsehfilm, Texte im Begleitbuch) zwischen TeilnehmerInnen und LeiterInnen geraten und eine offene Kommunikation zu zentralen Lebensfragen eher behindern als fördern können. Wenn noch eine relativ geschlossene methodische Vorgangsweise dazukommt, dann besteht die Gefahr, daß die Gruppenphase zwar läuft, die TeilnehmerInnen aber mit dem dumpfen Gefühl weggehen, daß nicht sie selbst mit ihren Anliegen, sondern die Interessen anderer zum Zug gekommen sind.

Aufmerksame und anteilnehmende Wahrnehmung der Kommunikationsbedingungen

Der Ansatz des lebendigen Lernens nach der Themenzentrierten Interaktion (R.C. Cohn) fixiert sich weder auf eine langfristige „Didaktische Analyse" der Bildungsgehalte, die der Prozeßplanung vorausgeht, noch auf eine kurzschlüssige Anwendung von Handlungs-/Sozialformen, Methoden und Medien. Die TZI-Elemente (ICH, WIR, ES und GLOBE) sind zunächst auf den unmittelbaren Gruppenprozeß bezogen. Sie werden als gleichgewichtig angesehen und in dynamischer Balance gehalten.
In der Praxis der TZI-Planung gibt es einen Vorrang des Themas vor der Struktur des Prozesses. Das Thema muß geklärt sein, damit es in einer sinnvollen Struktur mit Handlungs-/Sozialformen, Methoden und Medien bearbeitet werden kann (siehe IV. Kapitel).

---

4 Mappe für Gruppenleiter zum Medienverbundprogramm „Christsein im Alltag", 43.

M. Kroeger entwickelte, aufbauend auf diesem Prozeßmodell, einen Vorschlag für die „Selbstsupervision" in TZI[5]; es geht dabei um eine Nachreflexion von Gruppenarbeit und Unterricht und um Schritte der „TZI-Vorbereitung auf Gruppen/Stunden"[6]. Auch diese Vorschläge sind auf den unmittelbaren Unterrichts- bzw. Gruppenprozeß ausgerichtet.

Ich erweitere die bisherigen Vorschläge um eine der unmittelbaren Prozeßplanung vorausgehende, aufmerksame und anteilnehmende Wahrnehmung der Bedingungen des Lernens. Sie unterscheidet sich von herkömmlichen Didaktischen Analysen einerseits durch die spezifischen TZI-Faktoren, die als Perspektiven ins Spiel kommen, und andererseits durch die Art und Weise, wie diesen Perspektiven nachgegangen wird, um den Anliegen und Optionen für die zu planenden Lernprozesse auf die Spur zu kommen. Es geht um eine nach innen wie nach außen gerichtete Aufmerksamkeit. Sie ist weder auf eine allumfassende, objektive und damit notwendigerweise schon distanzierende Analyse der Lernbedingungen fixiert, noch löst sie sich im subjektiven Empfinden auf. Die anteilnehmende Aufmerksamkeitsübung, die ich hier beschreibe, will die hermeneutische Kompetenz der Planenden stärken und ihnen helfen, die Lernbedingungen zu verstehen und humanwissenschaftlich-theologisch zu reflektieren.[7] In einer solchen, durch integrative hermeneutische Kompetenz geschulten Aufmerksamkeit und Anteilnahme an den Bildungsvoraussetzungen involvieren sich die LeiterInnen schon vor der Prozeßplanung persönlich in ein Geschehen, das sie als ganze Menschen und nicht nur in ihrer LeiterInnenrolle betrifft. Dies erhöht die Chance für eine angemessene Prozeßplanung und vergrößert den Handlungsspielraum der Leitenden im Gruppenprozeß und Unterricht erheblich. Widerstände, Störungen und Betroffenheiten, die aktuell in Gruppen auftauchen, müssen nicht ausgeblendet oder unterdrückt werden, sondern dürfen als aktivierendes Potential leben: Wenn nötig, werden sie ausdrücklich aufgegriffen und thematisiert. Wenn LeiterInnen ihren (offenen) Plan integriert haben, können sie auch an dem Anteil nehmen, was in der Gruppe unmittelbar vor sich geht.

---

5 Kroeger, Matthias, Themenzentrierte Seelsorge, Stuttgart u.a.O. [4]1989, 229-236.
6 Kroeger, Themenzentrierte Seelsorge, 237-258.
7 Vgl. Arens, Christopraxis, 12.

Die Erhebung der Lernbedingungen geschieht in einer Art „innerem Dialog" zwischen den wesentlichen Komponenten, die die Anliegen kommunikativer Lernprozesse bestimmen. Noch besser ist es, wenn Aufmerksamkeit und Anteilnahme mit Menschen geteilt werden, die den Bildungsprozeß mitverantworten. Dann kommt es zu einem Gespräch in der Planungsgruppe. In jedem Fall sollten folgende Perspektiven ins Spiel gebracht werden:

- *die realen Bedingungen der Bildungsbereiche, wie sie sich u.a. in kirchlich-gesellschaftlichen, konzeptionellen, strukturellen, zeitlichen, räumlichen Voraussetzungen, in die das Gruppen-/Klassengeschehen eingebunden ist, zeigen. In der TZI wird das als „Globe" des Bildungsgeschehens bezeichnet;*
- *die existentiellen Erfahrungen der einzelnen Beteiligten am Lernprozeß, ihre Lebens-/Glaubensgeschichten, ihre Irritationen, Konflikte und Störungen. Die Vielfalt der „Ichs" bilden LeiterInnen und TeilnehmerInnen;*
- *die Lerngruppe in ihren Interaktionen, TZI-gemäß gesprochen das „Wir";*
- *die Lerngegenstände, die von der Sache her bestimmt sind und oft von außen aus Bildungs- und Lehrplänen kommen. In der TZI findet sich hier die Kurzformel „Es".*

Die Vernetzung dieser Perspektiven ermöglicht es, die Anliegen und Intentionen für den jeweiligen Bildungsprozeß zu klären und zu formulieren. Erst wenn diese feststehen, wird in einem neuerlichen Durchgang durch die Komponenten „ICH-WIR-ES-Globe" das Thema formuliert und der Prozeß geplant (siehe IV. Kapitel).

Es versteht sich von selbst, daß nicht jeder Lernprozeß in Gruppen oder Klassen in dieser ausführlichen Weise vorbereitet und geplant werden kann. Die folgenden Ausführungen stellen eine Hilfe zur Planung größerer Projekte oder längerer Lerneinheiten dar. Darüber hinaus verstehen sie sich als Sensibilisierung der Aufmerksamkeit auf die unterschiedlichen Bedingungen des Lernens, die auch unabhängig von konkreten Prozeßplanungen notwendig ist.

1. Der Globe von Erwachsenenbildung, Gemeindekatechese/-pädagogik und Religionsunterricht

Der Globe von Lernprozessen in Gemeinde, Schule und Erwachsenenbildung zeigt sich zunächst in deren kirchlich-gesellschaftlichen Bedingungen. Er betrifft die unterschiedlichen Bildungskonzeptionen dieser Lernfelder, wie ich sie im I. Kapitel beschrieben habe. Weiter beeinflußt den Globe mein subjektives Konzept von Bildung, dem ich im II. Kapitel nachgegangen bin.

Im kunterbunten Bildungsmarkt

Foto: Hans-Georg Pointner, Linz

Eine Gruppe Studierender, die sich mit kirchlicher Bildung befaßt und an diversen Bildungsveranstaltungen teilgenommen hatte, trug einen symbolischen Bildungsmarkt zusammen. Neben vielen Büchern, u.a. auch der Bibel, finden sich Spiele, Sportgeräte, Gesundheitssymbole, Geld, ein „leerer" Stuhl/Lehnstuhl und vieles andere gleichwertig nebeneinander.

Die Gegenstände symbolisieren den kirchlichen Bildungsmarkt, wie er sich in Programmen von Bildungshäusern, Bildungswerken u.a. spiegelt. Daß dieser Markt gesamtgesellschaftlichen, marktähnlichen Gesetzen unterworfen ist, liegt auf der Hand. Auch im kirchlichen Bildungsmarkt geht es um Angebot und Nachfrage, um Werbung und Gewinnmaximierung im Sinne steigender TeilnehmerInnenzahlen, um Zufriedenheit und auch um Geld.
In den folgenden Leitfragen versuche ich den jeweiligen Globe der Lernprozesse im Wechselspiel zwischen konzeptionellem Anspruch, eigener Einsicht und Entscheidung und den tatsächlichen Gegebenheiten in den genannten Handlungsfeldern zu erheben:

Leitfragen:
- *Wie sieht der Bildungsmarkt, in dem ich stehe, aus? Was finde ich darin vor? Welche „Marktgesetze" herrschen? Wer sind die Geldgeber, Lobbys usw. Wo liegen die Interessen, und wie stehe ich dazu?*
- *Welche Konzeption von Gemeindekatechese/-pädagogik, Religionsunterricht bzw. Erwachsenenbildung ist bestimmend? Wie bewußt ist diese Konzeption den LeiterInnen, den TeilnehmerInnen? Welche Chancen, Hindernisse gibt es im jeweiligen Gruppen-/Klassenkontext dafür?*
- *Wie sind die konkreten institutionellen Bedingungen (Atmosphäre in der Gemeinde, Schulklima, Stundenplan, Klassenraum usw.), unter denen TeilnehmerInnen und Leitende kommunizieren?*
- *In welcher Beziehung steht das jeweilige Anliegen der Veranstaltung/des Religionsunterrichtes zur gemeindlichen/schulischen Wirklichkeit und dem kirchlich-gesellschaftlichen Kontext?*
- *Welche Interessen/Desinteressen, Engagements/Lähmungen usw. sind aufgrund der gemeindlichen/schulischen und kirchlich-gesellschaftlichen Bedingungen zu erwarten/nicht zu erwarten?*
- *Welche konzeptionellen und kirchlich-gesellschaftlichen Fragen sollen zum Anliegen von Gemeindekatechese/-pädagogik, Religionsunterricht bzw. Erwachsenenbildung werden?*

Mein Auftrag und Bedingungsrahmen

In vielen Fällen sind zunächst der Auftrag und institutionelle Bedingungsrahmen zu klären.
Um Auftrag und Bedingungsrahmen zu klären, kann ich folgenden Fragen nachgehen[8]:

- *Welche Ziele, Arbeitsbereiche, Interessen vertritt die Institution / Organisation, die mich engagiert hat? Welche Geldgeber stehen dahinter? Welches Image besteht in der Öffentlichkeit? Gibt es von den Auftraggebern geäußerte oder von mir vermutete heimliche Interessen, und worin bestehen sie? Warum greift die Institution / Organisation zu dieser Zeit dieses Anliegen auf, und was habe ich damit zu tun?*
- *In welcher Weise stimmen die Anliegen, Einstellungen und Praktiken der Institution / Organisation mit den meinen überein / nicht überein? Welches Vertrauen habe ich in die Organisation / Institution? Aus welchen Interessen übernehme ich den Auftrag? (Persönliches Anliegen, Wunsch der Institution, Interesse an den TeilnehmerInnen, Prestige, Geld ...?)*
- *Welchen Spielraum habe ich innerhalb des Auftrages? Wie und durch wen wird er kontrolliert? Was traue ich mir persönlich zu?*
- *Welche Mittel (Räume, Materialspesen, Honorar, Unterkunft usw.) werden zur Verfügung gestellt? Was ist fix? Was ist veränderbar? Wie gestaltbar sind die Räume?*
- *Welche TeilnehmerInnen sind zu erwarten? Woher und mit welchen Anliegen und Interessen werden sie kommen?*
- *Wie verhalten sich die möglichen Interessen der TeilnehmerInnen zu den meinen? Wie können wir kooperieren, Absprachen treffen usw.? Mit wem werde ich unter welchen Bedingungen und wie kooperieren / nicht kooperieren (müssen)?*

---

8 Vgl. Cohn, Ruth C./Klein, Irene, Großgruppen gestalten mit themenzentrierter Interaktion. Ein Weg zur lebendigen Balance zwischen Einzelnen, Aufgaben und Gruppen, Mainz 1993, 127f.

2. Aufmerksam auf mich und die anderen

Während ich mich in den beiden ersten Kapiteln schon ausführlich mit dem Globe von Bildungsprozessen auseinandergesetzt habe und dem individuellen Konzept der Leitenden nachgegangen bin, blieb die subjektive Ebene der TeilnehmerInnen und LeiterInnen, wie sie sich in ihrer Lebens-/Glaubensgeschichte zeigt, weitgehend ausgeblendet. Diese wird im folgenden behandelt.

Das bunte Leben

In Gruppen und Schulklassen treffen unterschiedliche Menschen zusammen. Ganz gleich, wie alt oder gebildet sie sind, haben sie ihre je eigene Lebens- und Glaubensgeschichte. Vielfalt und Unterschiedlichkeit von Menschen sind bereichernd. Wer diesen Reichtum zulassen und sich über das bunte Leben freuen kann, bringt wichtige Voraussetzungen für kommunikatives Lehren und Lernen mit. In einer Haltung grundsätzlicher Akzeptanz spiegelt sich letztlich Vertrauen in die Menschen und in das unkalkulierbare Wehen des Gottesgeistes wider, das die Grenzen menschlicher Erziehungs- und Bildungsvorstellungen sprengt.

Wer die Buntheit von Gruppen/Klassen zugunsten von Einheitlichkeit und Gleichmacherei beschneiden will, wird Eintönigkeit, mangelnde Bereitschaft zur Übernahme von Verantwortung und Gleichgültigkeit der TeilnehmerInnen ernten. Eine verschärfte Form von Einheitlichkeitsdenken zeigt sich im Rechtsradikalismus. Hier geht es um Einheitlichkeit durch Ausschluß anderer.

Das Problem von Vereinheitlichung und Vielfalt gilt auch für die Anliegen, an denen die Gruppe/Klasse lernen soll. Nur wenn die Anliegen offen und nicht durch Erziehungs- und Bildungsprogramme von vornherein bis in das Detail festgelegt sind, können Menschen sich, ihre eigene Lebensgeschichte und die anderer ernst und annehmen.

Der Religion auf der Spur

Die Aufmerksamkeit auf die subjektiven Bedingungen des Lernens bleibt nicht neutral. Die diakonisch geschärfte Aufmerksamkeit richtet sich auf die Ressourcen für sinnvolles, gelingendes Leben in Beziehung, die Gottesbeziehung mit eingeschlossen. Ihr besonderes Augenmerk richtet sie auf menschlich-religiöse Verwundungen, Verhärtungen und Störungen. Es gilt aufzuklären, wie ich selbst und andere in der Gruppe meine Sinnwelt aufbauen und welche erlösend-befreiende oder einengend-unterdrückende Funktion die Religion dabei hat.

Eine solche integrative und lebenszugewandte Perspektive geht von der Annahme aus, daß menschliche und religiöse Entwicklung und Sozialisation untrennbar ineinander verflochten sind und daher die jüdisch-christliche Botschaft und die kirchliche Tradition immer schon auf Menschen treffen, die eine Gottesahnung haben, wie kulturell gebunden und unterschiedlich sich diese auch zeigen mag. Deshalb dürfen die menschlich-religiösen Anliegen einzelner in Gruppen und Klassen nicht als Motivation für die Vermittlung des Glaubens mißbraucht werden. In ihnen kommt schon das Eigentliche, also das zentrale Anliegen von Gemeindekatechese/-pädagogik, Religionsunterricht und Erwachsenenbildung zum Ausdruck.

Eine Möglichkeit, den existentiellen Anliegen und Nöten, die mit dem Religiösen zu tun haben, auf die Spur zu kommen, sind Gespräche mit den TeilnehmerInnen. Wie aber können solche Gespräche innerhalb und außerhalb von Gruppen/Klassen geführt werden? Worauf sollte ich achten? Das alles ist situationsabhängig und kann nicht von vornherein festgelegt werden. Es kann hilfreich sein, zunächst der Funktion, die Religion für die Gesellschaft und für das Leben einzelner Menschen hat, nachzugehen.[9] Der Auseinandersetzung mit dem berühmt-berüchtigten Slogan vieler Jugendlicher und Erwachsener „Was bringt's" kann sich auch die Religion nicht von vornherein entziehen. Eine religionssoziologische Sichtweise, die davon ausgeht, daß Weltanschauung und Religion von Menschen

---

9 Erst jüngst wieder plädiert N. Scholl im Hinblick auf den Religionsunterricht für ein Ernstnehmen der funktionalen Perspektive von Religion: „Man mag sich darüber streiten, ob diese rein funktionale Perspektive und die aus ihr abgeleiteten Chancen bzw. Gefahren für die Religion – in unserem Fall vor allem für die christliche – nicht zu stark mit dem Maßstab der Soziologie messen. Für die erhoffte und erwartete Effizienz des Religionsunterrichtes dürfte es aber von größter Wichtigkeit sein, daß die Verantwortlichen in den Kirchen den Aspekt der Funktionalität für die Akzeptanz von Religion nicht zu gering einschätzen und ihn bei der Gestaltung des künftigen Religionsunterrichtes gebührend berücksichtigen." (Scholl, Norbert, RU 2000. Welche Zukunft hat der Religionsunterricht?, Zürich 1993, 48.)

"gemacht" sind, die also aus einem methodologischen Atheismus heraus argumentiert, schärft den kritischen Blick für die gesellschaftliche und biographische Bedingtheit des religiösen Bewußtseins.

Wie Menschen ihre Welt errichten und erhalten und was Religion damit zu tun hat (P. Berger)

Bei seiner (wissens-)soziologischen Analyse der Religion geht P. Berger von der Grundannahme aus: „Jede menschliche Gesellschaft baut eine Welt. Religion spielt dabei eine besondere Rolle."[10] Aufgrund seiner „biographischen Verfaßtheit" betritt der Mensch nicht instinktgesichert wie die anderen Lebewesen die Welt, sondern muß sich seine Welt erst errichten. Dies geschieht in einem „dialektischen Prozeß"[11], der aus drei Schritten besteht: Externalisierung, Objektivierung, Internalisierung. In „externalisierendem Handeln"[12] schafft der Mensch gemeinsam mit anderen die immaterielle und die materielle Welt: Sprache, Werte, Institutionen; Werkzeuge, Techniken u.a.m., um für feste Strukturen des menschlichen Lebens, die ihm biographisch fehlen, zu sorgen.[13]

Diese vom Menschen geschaffenen Produkte, deren Gesamtheit die „Kultur" ausmacht, tritt ihm in der Folge als Faktizität, als die objektive Wirklichkeit gegenüber, wobei der Mensch „vergißt", daß diese „objektive" Wirklichkeit von ihm selbst gemacht ist. Die vom Menschen hervorgebrachte Welt wird für ihn etwas „da draußen".[14] Sie besteht aus Objekten, die ihrem Erzeuger gegenüber ein Eigenwesen, eine Eigendynamik gewinnen. Diese Welt internalisieren die Menschen wiederum.[15]

Jede Gesellschaft ist bemüht, in Sozialisationsprozessen die objektivierten Sinnzusammenhänge von einer Generation an die nächste weiterzugeben. Eine totale Sozialisation, in der eine Generation alles weitergibt, was und wie es für sie sinnvoll erscheint, ist nach P.

---

10 Berger, Peter, Zur Dialektik von Religion und Gesellschaft, amerikanische Originalausgabe New York 1967, deutsch Frankfurt/M. ²1988, 3.
11 Berger, Dialektik, 4.
12 Berger, Dialektik, 4.
13 Berger, Dialektik, 6.
14 Berger, Dialektik, 10.
15 Berger, Dialektik, 16.

Berger unmöglich. Es müssen aber wenigstens die wichtigsten Sinnzusammenhänge der Gesellschaft tradiert werden, damit sie auf Dauer Bestand hat.
Innerhalb des Prozesses der Sozialisation, in einer Dialektik von Fremdzuschreibung und Selbstdefinition, entwickelt sich Identität. Diese Identität ist ein sehr fragiles Gebilde, das nur durch das ständige Im-Gespräch-Bleiben mit signifikant anderen[16] aufrechterhalten und (weiter-)entwickelt werden kann. Wenn das Gespräch mit signifikant anderen abbricht, beginnt die Welt zu wanken und verliert ihre bisherige subjektive Plausibilität. Wer sich radikal von der sozialen Welt absondert, verfällt in „Anomie", d.h., er/sie verliert den Sinn für Wirklichkeit und Identität und erleidet einen „Weltverlust".[17] Gesellschaftliche Veränderungen, der Verlust signifikant anderer durch Tod, Scheidung oder räumliche Trennung und andere „absondernde" Geschehnisse können einen Sinnverlust auslösen, denn der Nomos kann nur gemeinsam mit anderen aufrechterhalten werden.
Der Nomos als ordnungs- und sinnstiftende Instanz der Gesellschaft bedarf stets der Rechtfertigung, der Legitimation. Legitimationen sind Antworten auf die Fragen nach dem „Warum" der Ordnung der Gesellschaft. Legitimation dient immer dazu, Wirklichkeit zu wahren und zu bewahren – d.h. Wirklichkeit, wie sie das jeweilige Kollektiv definiert. Diese Fragen treten im Laufe der Sozialisation auf. Sozialisation als Weitergabe des Nomos von einer Generation an die andere provoziert immer wieder die Frage „Warum ist das so?", „Warum muß das so sein?" Es besteht ständiger Legitimationsbedarf. Um die bei der neuen Generation unweigerlich aufkommenden Fragen beantworten zu können, müssen Legitimationsformeln vorhanden sein und immer wieder erinnert werden. Besonders wichtig wird dieser Fundus an Legitimationen bei individuellen und kollektiven Krisen.[18]
Die älteste und wirkungsvollste Form der Legitimierung der zerbrechlichen Wirklichkeit der sozialen Welt geschieht durch die Religion.[19]

---

16 „Subjektive Identität und subjektive Wirklichkeit werden durch dieselbe Dialektik (das Wort beim Worte genommen) zwischen dem Individuum und signifikanten anderen hervorgebracht, die mit seiner Sozialisation betraut sind." (Berger, Dialektik, 17.)
17 Berger, Dialektik, 22.
18 Berger, Dialektik, 30.
19 Berger, Dialektik, 32.

Warum kommt der Religion eine derart herausragende Bedeutung zu? „Die historisch entscheidende Rolle, welche die Religion für Legitimierungsprozesse gespielt hat, beruht auf ihrer einzigartigen Fähigkeit, menschlichen Phänomenen einen ‚Platz' in einem kosmischen Bezugssystem zu geben."[20] „Die von sich aus ungesicherten und vergänglichen Konstruktionen menschlichen Handelns werden so durch ‚Kosmisierung' mit dem Anschein letzter Sicherheit und Dauer versehen."[21]

Religion bildet einen „heiligen Kosmos"[22]. Er drückt sich in allem aus, was dem Menschen heilig ist, was sich also von der Routine seines Alltags abhebt, als mächtig und gefährlich in gleicher Weise erlebt wird. „Wer aus der ‚richtigen' Beziehung zum heiligen Kosmos herausfällt, verbannt sich an den Rand des Abgrunds, der Sinnlosigkeit."[23] Durch die Religion erhalten die gesellschaftlich errichteten Welten einen überzeitlichen Charakter und einen ontologisch gültigen Status.[24]

Die größte Herausforderung für die gesellschaftlich objektivierten Wirklichkeitsbestimmungen stellen Grenzsituationen und insbesondere der Tod dar. Damit ist das Problem der Theodizee aufgeworfen: „Der schriftunkundige Bauer, der beim Tod eines Kindes auf Gottes Willen hinweist, läßt sich ebenso auf Theodizee ein wie der gelehrte Theologe, der eine Abhandlung schreibt, um zu erklären, daß die Leiden der Unschuldigen der Vorstellung von einem allgütigen und allmächtigen Gott nicht widersprechen."[25]

Nach P. Berger enthält jede gesellschaftlich konstruierte Ordnung eine Rechtfertigung Gottes angesichts des von ihm zugelassenen Übels, indem sie den einzelnen und sein Schicksal transzendiert. Einzelne Menschen können sich selbst in ihrem Leiden und Sterben noch in den sinngebenden Nomos der Gesellschaft einfügen und werden fähig, „richtig" zu leiden und zu sterben. „Theodizee in unserem Sinne, d.h. die religiöse Legitimation anomischer Phänomene, wurzelt also in entscheidenden Merkmalen der menschlichen

---

20 Berger, Dialektik, 35.
21 Berger, Dialektik, 35.
22 Berger, Dialektik, 26.
23 Berger, Dialektik, 27.
24 „Die Konstruktionen menschlichen Handelns und ihre Historizität werden nun in ein ‚Licht' gestellt, das kraft seiner Selbstdefinition den Menschen und seine Geschichte transzendiert." (Berger, Dialektik, 33.)
25 Berger, Dialektik, 52.

Vergesellschaftung überhaupt."[26] Da jede Gesellschaft ein gewisses Maß an persönlicher Selbstverleugnung und Verzicht verlangt, besteht eine wichtige Funktion der Sinnwelt darin, dem einzelnen die Versagung zu erleichtern. Nach P. Berger ermöglicht der gesellschaftliche Nomos in Verbindung mit Religion eine besonders intensive Selbstverleugnung bis in die masochistische Haltung hinein. Das sado-masochistische Herr-Knecht-Verhältnis, das in der zwischenmenschlichen Liebesbeziehung ihren Ursprung hat, wird in die Theodizee hineinübertragen.[27] Über Theodizee werden bestehende Leid- und Unrechtsverhältnisse erklärt und legitimiert. Die jeweiligen Sinngebungen unterscheiden sich in den unterschiedlichen Religionen.

Religion spielt nicht nur für die Sinngebung des Leidens eine wichtige Rolle, sondern wirkt auch entfremdend. Entfremdung geschieht dort, wo Menschen den dialektischen Prozeß von Welterrichtung (Externalisierung), Objektivierung und Internalisierung vergessen. Wirklichkeiten der sozialen Welt werden verdinglicht.[28] Indem Religion menschliche Produkte in über- oder außermenschliche Faktizitäten verwandelt, also endgültig legitimiert, produziert sie von außen her Objektivität. Religion behauptet die Existenz von Wesen und Mächten in der Wirklichkeit, die der menschlichen Welt fremd sind.[29]

---

26 Berger, Dialektik, 54.
27 „Wenn wir das packende Schauspiel verfolgen, wie Theologen ihre Formeln zur Erklärung des Leidens der Menschheit ausarbeiten, gelegentlich übrigens erstaunlich leidenschaftslos, sollten wir nicht vergessen, daß vielleicht ein Andächtiger hinter der stillen Maske des Theoretikers wohllüstig im Staub kriecht vor seinem Gott, der ihn in souveräner Majestät bestraft und vernichtet." (Berger, Dialektik, 56.)
28 Berger, Dialektik, 83.
29 „Indem Religion dazu tendiert, dem Menschlichen ein Fremdes gegenüberzustellen, tendiert sie ipso facto dazu, den Menschen auch sich selbst zu entfremden." (Berger, Dialektik, 87.) P. Berger argumentiert aus einem methodologischen Atheismus und läßt offen, „... wie weit bzw. ob diese Projektionen nicht auch noch etwas anderes anpeilen als die menschliche Welt, in der sie empirisch angesiedelt sind." (Berger, Dialektik, 97.) Vgl. Berger, Peter, Auf den Spuren der Engel. Die moderne Gesellschaft und die Wiederentdeckung der Transzendenz, Frankfurt/M. 1970.

Impulse zur Reflexion von Lebenssinn und Religion[30]

Was ist mir im Leben am wichtigsten?
Welche Ziele verfolge ich im Leben und warum?
– Ich erstelle eine Rangliste für die wichtigsten Dinge.
– Ich teile die 24 Stunden eines beliebigen Tages wie einen Kuchen in Stücke auf. Wieviel Zeit verwende ich wozu? (Zeitkuchen)
– Ich liste meine Gewohnheiten auf.
– An welche alltäglichen Rituale bin ich gewöhnt, und was bedeuten sie mir?
Was stimmt überein? Was widerspricht sich?

Woher habe ich meine Lebenseinstellungen?
– Ich erinnere mich an Menschen / Situationen.
– Ich schreibe einen inneren Dialog mit „signifikant anderen".

Was möchte ich unbedingt an die kommende Generation weitergeben?
– Ich denke an Kinder, Jugendliche usw., die mir anvertraut sind.

Manche Menschen leben scheinbar in einer ganz anderen Welt.
– Kenne ich solche?
– Was weiß ich von deren Leben?
– Wie stehe ich dazu?

Wenn es in meinem Leben drunter und drüber geht, was mache ich dann?
– Hat mich etwas in meinem Leben aus der Bahn geworfen?
– Habe ich schon einmal Situationen erlebt, wo ich am Ende meiner Weisheit war, wo ich in einer Sackgasse war, wo sich alles in Frage gestellt hat?

---

30 In einem Seminar mit Studierenden gingen wir auf dem Hintergrund von P. Bergers Buch „Zur Dialektik von Religion und Gesellschaft" der Frage nach, wie Menschen ihre Sinnwelten errichten und erhalten und welche Rolle Religion dabei spielt. Das fachdidaktische Seminar „Religionsrezeption von der Kritik zur Gleichgültigkeit" wurde an der Theologischen Fakultät Linz in Kooperation von Philosophie und Religionspädagogik im Sommersemester 1994 durchgeführt. Geleitet wurde es von den Professoren F. Uhl/M. Scharer und den AssistentInnen S. Hagleitner/A. Söllinger. In diesem Seminar wurde ein Gesprächsleitfaden zu Lebenssinn und Religion entwickelt, den ich als Grundlage für die folgenden Nachfragen verwendet habe.

- *Wenn ja, wie wurde ich damit fertig?*
- *Was könnte mein Leben derzeit total durcheinanderbringen?*

Habe ich Angst vor dem Tod?
- *Wenn ja, warum?*
- *Wenn nein, warum nicht?*

Wie erkläre ich mir Kriege, Hungersnöte, Naturkatastrophen usw.?
Welche Bereiche im Leben halte ich für eigengesetzlich und unbeeinflußbar (Das ist halt so! Da kann man halt nichts machen!)?
Was betrachte ich im Leben als vorherbestimmt, schicksalhaft, nicht veränderbar?
Welche scheinbar unveränderlichen Zustände gehören meiner Meinung nach verändert?

Wenn ich von Unglück getroffen werde, glaube ich, daß das von Gott gewollt ist? Daß das vom Schicksal so bestimmt ist? Glaube ich, daß mein Leiden mir selbst oder anderen helfen/nützen kann? Frage ich mich: Habe ich das verdient? Warum gerade ich?

Wann und mit wem rede ich über konkretes Leid und private Probleme (Todesfall in der Familie, Krankheit, Eheprobleme, Zölibatsprobleme ...)?

Hat das auch irgendwelche religiösen Gründe, daß ich so lebe, denke?
Hilft mir der christliche Glaube, wenn es mir schlechtgeht und wenn ich Probleme habe?
Bin ich mit meiner Religion/Weltanschauung allein?
Hat meine Religiosität das Berufsleben verändert?

Soll sich Kirche an gesellschaftliche Gegebenheiten anpassen, oder soll sie Widerstand leisten?

Wann/wo/wie (Familie, Schule, ...) wurde mir der Glaube weitergegeben? Habe ich dabei etwas als Zwang empfunden?

Die Religionssoziologie ist der Auffassung, daß alle Religionen wie jede Weltanschauung von Menschen erfunden worden sind. Wenn ich dieser Auffassung zustimmen würde, warum und wie könnte ich dann noch an einen Gott glauben?

Beim Nachdenken und bei den Gesprächen über Lebenssinn und Religion geht es nicht um Vollständigkeit. Die Aufmerksamkeit richtet sich darauf, die Anschauungen und Selbstdefinitionen von innen her „aus der Perspektive der Subjekte heraus zu erschließen".[31]

Psychische Wurzeln des Religiösen

Neben der Aufmerksamkeit darauf, wie Menschen innerhalb einer Gesellschaft ihre Sinnwelt errichten und erhalten und welche Funktion Religion für sie hat, gibt es auch eine Perspektive, die sich auf die psychischen Wurzeln des Religiösen konzentriert. Mit W. Esser kann man fragen, wie Gott im Menschen reift[32], aber auch, wie religiöse Sozialisation und Bildung Menschen verändern.[33]
Dabei kommt zutage, was Menschen leben, lieben und vertrauen läßt, aber auch, welche religiösen Verwundungen ihr Leben beschneiden. Letztere haben ihren Ursprung nicht selten in der Kindheit. In einer konfliktorientierten Bildung müssen sie wahrgenommen, akzeptiert und u.U. thematisiert werden können. Deshalb sollten LeiterInnen einen Einblick haben, wie unterschiedlich man die menschliche Entwicklung und die darin integrierte Reifung des Religiösen verstehen kann. Die folgenden tiefen- und kognitionspsychologisch orientierten Verstehensmodelle menschlich-religiöser Entwicklung und Sozialisation sollen LeiterInnen befähigen, konkrete Fragen und Störungen von Kindern, Jugendlichen und Erwachsenen speziell im religiösen Bereich besser zu verstehen und dadurch kommunikationsfähig zu bleiben.

Mit Lebens-/Glaubensgeschichten behutsam und respektvoll umgehen

Wo Lebens-/Glaubensgeschichten von Menschen ins Spiel kommen, sind Behutsamkeit und Respekt vor dem anderen besonders wichtig.

31 Schmid, Hans, „Was dir das leichteste dünkt ...", in: Hilger/Reilly, Abseits, 225.
32 Vgl. Esser, Wolfgang G., Gott reift in uns. Lebensphasen und religiöse Entwicklung, München 1991.
33 Vgl. dazu Ringel, Erwin/Kirchmayr, Alfred, Religionsverlust durch religiöse Erziehung. Tiefenpsychologische Ursachen und Folgerungen, Wien u.a.O. 1985, und die kritische Auseinandersetzung in: Biesinger, Albert/Virt, Günter, Religionsgewinn durch religiöse Erziehung. Antwort an Erwin Ringel und Alfred Kirchmayr, Salzburg 1986.

Nach einer Zeit, in der die Biographien von Menschen in kirchlichen Bildungsprozessen kaum eine Rolle gespielt haben, erleben wir gegenwärtig eine Hochkonjunktur des Biographischen. Dabei besteht die Gefahr, daß biographische Erzählungen, Beispiele und Hinweise als „Material" der Bildung mißbraucht werden. Problematisch wird es auch dort, wo LeiterInnen aufgrund entwicklungs- und religionspsychologischer Einsichten schon von vornherein über Menschen Bescheid zu wissen glauben. Völlig abzulehnen ist es, Kenntnisse über religiöse Entwicklung und Sozialisation dazu zu mißbrauchen, um Menschen nach einer bestimmten Entwicklungslogik zu stimulieren oder gar Lernprogramme daraus zu machen.[34]
Der beste Schutz vor einem illegitimen Umgang mit Lebens-/Glaubensgeschichten ist die Erfahrung der LeiterInnen mit ihrer eigenen Biographie. Nur wer bereit ist, in den Brunnen der eigenen Seele zu steigen, d.h., sich unter Umständen jenen Ängsten auszusetzen, von denen H. Halbfas im folgenden Text schreibt, wird die notwendige Sensibilität im Umgang mit Lebens-/Glaubensgeschichten erreichen; nur sie erlaubt es ihm, über Biographien mit anderen Menschen in Beziehung und Kommunikation zu treten.

„Da ging eines Tages der Knabe zu seinen Brüdern. Er sagte zu ihnen: ‚Gebt acht! Ich will, daß wir zusammen einen merkwürdigen Ort aufsuchen.'
‚Wohin willst du uns denn führen?', fragten die Brüder.
‚Ich will euch dahin führen, wo ihr die Wahrheit über euch selbst erfahren sollt.'
Die Brüder baten ihn: ‚Laß es doch sein, es lohnt sich nicht. Danke, wozu sollen wir schon wieder ausziehen?' Sie wollten nicht gehen.
Der Jüngste aber bestand darauf: ‚Entweder kommt ihr mit, oder ich bringe mich um!' So zwang er sie, mit ihm zu gehen.
Sie gingen lange, und noch am selben Tage kamen sie zu jenem Brunnen. Der Jüngste sagte zum Ältesten: ‚Ich will dich anbinden und in den Brunnen hinunterlassen. Schau dir an, was es dort im Brunnen gibt.'

---

34 Auf das Problem, daß kognitionspsychologische Entwicklungsmodelle zu religionsdidaktischen Handlungskriterien umformuliert werden, weist B.F. Hofmann hin: Hofmann, Bernhard F., Kognitionspsychologische Stufentheorien und religiöses Lernen. Zur (korrelativen) didaktischen Bedeutung der Entwicklungstheorien von J. Piaget, L. Kohlberg u. F. Oser/P. Gmünder, Freiburg u.a.O. 1991.

Der Älteste fing zu weinen an. ‚Warum willst du mich in den Brunnen hinunterlassen?' Er hatte Angst, in den Brunnen zu gehen. Er bat um Gnade. Der Jüngste sagte zu ihm: ‚Bitte nicht um Gnade, wir müssen dorthin!' Er band ihm den Strick um und ließ ihn hinunter. Aber kaum war der Bruder ein paar Klafter tief, fing er zu schreien und zu weinen an, – noch ein bißchen, und die Angst zerreißt ihn. ‚Ich sterbe, ich sterbe!' Er war noch nicht einmal ein Viertel des Brunnens hinunter. Der Knabe zog ihn heraus, denn er sah, was für ein Mensch das war.

Dann kam der zweite. Der Knabe band auch ihn und ließ ihn hinunter. Er war kaum bis zur Hälfte des Brunnens gekommen, da begann er zu schreien vor lauter Angst. ‚Ich sterbe, ich sterbe!' Er zog ihn heraus.

Dann kam die Reihe an den Jüngsten. Er sagte: ‚Hört zu! Wieviel ich auch weinen und schreien werde, zieht mich nicht hoch. Laßt mich hinunter, bis ihr fühlt, daß der Strick leicht geworden ist.' Die Brüder fingen ihn zu bitten an: ‚Du bist unser Jüngster! Warum willst du von uns gehen?' Sie baten, er möge sie doch nicht verlassen, aber er wollte nicht auf sie hören. Da banden sie ihn und ließen ihn hinunter."

Hubertus Halbfas [35]

Der folgende Einblick in gängige Theorien, die die psychischen Wurzeln des Religiösen erklären wollen[36], ist als „Strickleiter" in den Brunnen der eigenen Seele gedacht. Sie kann gleichzeitig helfen, andere Menschen vor allem in ihren religiösen Konflikten besser zu verstehen.

Gott, ein erhöhter Vater? (S. Freud)

Mit der These, daß Gott im Grunde nichts anderes als ein erhöhter Vater sei, ist der Kern der religionskritischen Positition von S. Freud angesprochen. In seiner Zeit und Gesellschaft stand ihm eine autoritätshörige und entfremdende Religion vor Augen. Eines der her-

---

35 Halbfas, Hubertus, Der Sprung in den Brunnen. Eine Gebetsschule, Patmos Verlag, Düsseldorf 12/94, 13.
36 Konzept und Umfang dieses Buches erlauben nur einen knappen und damit verkürzenden Einblick in die theoretischen Ansätze.

ausforderndsten Zeugnisse für diese Position stellen T. Mosers eigentherapeutische Aufzeichnungen dar, aus denen ich einen kurzen Ausschnitt zitiere:

„Aber weißt du, was das Schlimmste ist, das sie mir über dich erzählt haben? Es ist die tückisch ausgestreute Überzeugung, daß du alles hörst und siehst und auch die geheimen Gedanken erkennen kannst. Hier hakte es sehr früh aus mit der Menschenwürde; doch dies ist ein Begriff der Erwachsenenwelt. In der Kinderwelt sieht das dann so aus, daß man sich elend fühlt, weil du einem lauernd und ohne Pausen des Erbarmens zusiehst und zuhörst und mit Gedankenlesen beschäftigt bist. Vorübergehend mag es gelingen, lauter Sachen zu denken oder zu tun, die dich erfreuen, oder die dich zumindest milde stimmen. Ganz wahllos fallen mir ein paar Sachen ein, die dich traurig gemacht haben, und das war ja immer das Schlimmste: dich traurig machen – ja, die ganze Last der Sorge um dein Befinden lag beständig auf mir, du kränkbare, empfindliche Person, die schon depressiv zu werden drohte, wenn ich mir die Zähne nicht geputzt hatte. Also: Hosen zerreißen hat dir nicht gepaßt; im Kindergarten mit den anderen Buben in hohem Bogen an die Wand pinkeln, hat dir nicht gepaßt, obwohl gerade das ohne dich ein eher festliches Gefühl hätte vermitteln können; die Mädchen an den Haaren ziehen hat dich verstimmt; an den Pimmel fassen hat dich vergrämt; die Mutter anschwindeln, was manchmal lebensnotwendig war, hat dir tagelang Kummer gemacht; den Brüdern ein Bein stellen brachte tiefe Sorgenfalten in dein sogenanntes Antlitz.
‚Herr erhebe dein Antlitz über uns ...', so haben wir am Ende jedes Gottesdienstes gefleht, als gäbe es, keine größere Sehnsucht, als immerzu dein ewig-kontrollierendes big-brother-Gesicht über uns an der Decke zu sehen. Du als Krankheit in mir bist eine Normenkrankheit, eine Krankheit der unerfüllbaren Normen, die Krankheit des Angewiesenseins auf deine Gnade, die von beamteten Herabflehern zusätzlich zu meinem Geflehe bei dir erbettelt werden mußte." [37]

---

[37] Moser, Tilmann, Gottesvergiftung, Ulm 1980, 13ff.

Hinter dieser Abrechnung mit einer autoritären, die Freiheit des Menschen beschneidenden, letztendlich in die „Denkschwäche des durchschnittlichen Erwachsenen"[38] führenden Religion steht die klassische psychoanalytische Religionskritik. Für S. Freud ist Religion eine infantile und irrationale Angelegenheit. Menschheitsgeschichtlich weise sie auf die Anfänge in primitiven Kulturen zurück. S. Freud meint, daß sich in jedem Menschen das menschheitsgeschichtliche Erbe, in dem Religion in den kindlichen Entwicklungskonflikten eine illusionäre Beheimatung und einen infantilen Schutzraum gewährleistet, wiederholt. Damit erfüllen sich die „ältesten, stärksten, dringendsten Wünsche der Menschheit". Das „Geheimnis ihrer Stärke" ist „die Stärke dieser Wünsche".[39] Die Menschheit ist in ein Entwicklungsstadium getreten, in dem es um „Erziehung zur Realität"[40] geht und von Anfang an auf die Vermittlung religiöser Illusionen verzichtet werden muß.

Nach S. Freud entsteht Religion in der Phase des ödipalen Konfliktes. Das Kind (der Junge?) beginnt den Vater als Eindringling in seine libidinöse Mutterbeziehung wahrzunehmen. Durch ihn wird es erstmals durch eine über die Zweierbeziehung hinausreichende Wirklichkeit konfrontiert. Es entsteht ein ambivalentes Vaterbild: Auf der einen Seite repräsentiert der Vater die Eingrenzungen der Gesellschaft und damit verbunden die Eingrenzungen der Triebentfaltung. Auf der anderen Seite will sich das Kind mit ihm identifizieren, um den ödipalen Konflikt zu bewältigen und die Ansprüche an die Welt zu erfüllen. Der für das Kind riesenhafte leibliche Vater wird durch die Gottesgestalt überhöht, allmächtig, und in der Weise zu einem strukturierenden Moment des Über-Ich. Die positive Seite dieses menschlich-göttlichen Über-Ich-Vaterideals sieht S. Freud in der Möglichkeit des Heranwachsenden, die ödipalen Wünsche zu sublimieren und damit die Kultur zu bereichern. Heute müsse das starre und unveränderliche Vaterbild der Religion durch wissenschaftliche Rationalität abgelöst werden, um der religiösen Verdrängung und Tabuisierung ein Ende zu bereiten und Autonomie und soziale Handlungsfähigkeit zu erwerben.

So umstritten S. Freuds Religionskritik auch in der nachfolgenden

---

38 Freud, Sigmund, Die Zukunft einer Illusion (1927), in: ders., Studienausgabe. Bd. IX: Fragen der Gesellschaft – Ursprünge der Religion, Frankfurt/M. ²1978, 180.
39 Freud, Zukunft, 164.
40 Freud, Zukunft, 182.

Psychoanalyse geworden ist, so macht sie bis heute auf bleibende Verwundungen von Menschen aus einer männlich-autoritär bestimmten, religiösen Erziehung aufmerksam. Sie zeigt den ambivalenten Charakter von Religion. Der „Über-Ich-Polizist", der mit dem Gott Jesu Christi nichts zu tun hat, sitzt immer noch Menschen in Kopf und Herz. Die Konsequenz, die S. Freud daraus zog, ist dennoch fragwürdig: Zerstört der Ersatz des Gottessymbols durch Rationalität – worin S. Freud das Ziel der psychoanalytisch vorangetriebenen Aufklärung sah – nicht auch den erlösend-befreienden und prophetisch-personalen Zug von Religion, wie er der jüdisch-christlichen Botschaft eigen ist?

Biographisches Nachfragen:
- *An wen von meinen Eltern denke ich beim Wort Religion als erstes?*
- *Welche Szene(n) aus der Kindheit bringe ich spontan mit Religion in Verbindung?*
- *Mit welchem Gefühl denke ich an den Elternteil/an die Szene(n)?*
- *Gibt es Zusammenhänge zwischen den Regeln und Normen, die meinen Eltern bzw. einem Elternteil in der Erziehung besonders wichtig waren, und der Religion? Wenn ja, welche?*
- *Fallen mir Redewendungen ein, die Erziehung und Religion in Zusammenhang gebracht haben? (z.B. wenn du das machst ..., dann ...)?*
- *Was macht mir heute noch ein besonders schlechtes Gewissen? Gibt es einen diesbezüglichen Zusammenhang von Erziehung und Religion?*
- *Welche Rolle spielten Männer in meiner religiösen Sozialisation?*

Vom Grundvertrauen über Krisen zur Identität (Erik H. Erikson)

Während S. Freud den entscheidenden Entwicklungsabschnitt für die Entstehung von Religion und Gewissen in der ödipalen Phase, also zwischen dem 4. und 6. Lebensjahr, sah, werden der nachfolgenden Tiefenpsychologie die pränatale Phase, die Geburt und die früheste Kindheit besonders wichtig. Sie stützt sich vor allem auf die

Forschungen von E. Erikson[41], der ein achtphasiges Entwicklungsmodell des Menschen vorsieht.
In Eriksons frühester Phase geht es um den Grundkonflikt zwischen Urvertrauen und Urmißtrauen. Ur- oder Grundvertrauen werde dann aufgebaut, wenn der Säugling aus der Rundumversorgung durch die früheste Bezugsperson eine solche Sicherheit gewinnt, daß er diese Person zeitweise aus dem Gesichtsfeld entlassen kann, ohne in übermäßige Wut oder Angst zu verfallen. Wichtig ist, daß die Eltern durch alle notwendigen Versagungen hindurch imstande sind, „... in dem Kinde eine tiefe, fast körperliche Überzeugung zu wecken, daß das, was sie tun, sinnvoll ist".[42]
Nach Erikson werden in der Religion die ersten und tiefsten Konflikte im Leben aufgegriffen. Religion macht die undeutlichen Erinnerungen aus der Kindheit zu kollektiven Urbildern übermenschlicher Beschützer. Im definierten Bösen wird das Grundmißtrauen faßbar. Religiöse Rituale stellen periodisch und kollektiv das Vertrauen wieder her. Das jüdisch-christliche Gebet „Der Herr lasse sein Angesicht leuchten über dir und sei dir gnädig. Der Herr wende dir sein Angesicht zu und schenke dir Frieden" drückt nach Erikson genau die Beziehung zwischen mütterlicher Bezugsperson und Kind, die Begegnung von Angesicht zu Angesicht aus. In der Bewältigung der Krise von Grundvertrauen und Grundmißtrauen reift das kindliche Grundvertrauen zu einer Kombination von Glaube und Realismus aus und kann auf einer höheren Entwicklungsstufe reintegriert werden.
Vom Freudschen Ego, das zur Aufrechterhaltung der Identität erforderlich ist, unterscheidet Erikson das „I", das Ich. Es geht dabei um das Gefühl, der Mittelpunkt der Bewußtheit in einem Universum von Erfahrungen zu sein. Letztendlich besitzt das Ich religiöse Qualität. Dem Ich steht das Du der Gottheit gegenüber, „... die diesem Sterblichen diese Glorie verliehen hat und die selbst mit einer ewigen Numinosität begabt ist, die von allen ‚Ichs' bestätigt wird, die diese Gabe dankbar anerkennen."[43]
Folgt man dem Entwicklungsschema von E. Erikson, dann geht es

---

41 Erikson, Erik H., Kindheit und Gesellschaft, Stuttgart 1987, 243 (amerikanische Originalausgabe: New York 1950).
42 Erikson, Kindheit, 243.
43 Schweitzer, Friedrich, Lebensgeschichte und Religion. Religiöse Entwicklung und Erziehung im Kindes- und Jugendalter, München 1987, 89.

		1	2	3	4	5	6	7	8
VIII	Reife								Ich-Integrität gegen Verzweiflung
VII	Erwachsenen-Alter							Zeugende Fähigkeit gegen Stagnation	
VI	Frühes Erwachsenen-Alter						Intimität gegen Isolierung		
V	Pubertät und Adoleszenz					Identität gegen Rollenkonfusion			
IV	Latenz				Leistung gegen Minderwertigkeitsgefühl				
III	Lokomotorisch-genital			Initiative gegen Schuldgefühl					
II	Muskulär-anal		Autonomie gegen Scham und Zweifel						
I	Oral-sensorisch	Urvertrauen gegen Mißtrauen							

nach dem Grundkonflikt „Grundvertrauen gegen Grundmißtrauen" um die Spannung von „Autonomie" gegen „Scham und Zweifel"[44] und in weiterer Folge um „Initiative gegen Schuldgefühl". Die Initiative „fügt zur Autonomie die Qualität des Unternehmens, Planens und ‚Angreifens' einer Aufgabe" hinzu.[45] Eine überzogene Über-Ich-Bildung in dieser Phase kann zu gesteigerten Schuldgefühlen führen. Am meisten wird das Kind in dieser Phase dort enttäuscht, wo Eltern als Vorbild und Richter des Über-Ichs auftreten, sich aber selber diejenigen Sünden erlauben, die sie den Kindern verbieten. In keiner Phase des Lebens ist das Kind bereiter, schnell und begierig zu lernen, „zu wachsen im Sinn geteilter Verpflichtungen und Leistungen".[46]

Biographisches Nachfragen:
– *Wer war meine früheste Bezugsperson? Mit welchen Gefühlen denke ich heute an sie?*
– *Bei wem fühlte ich mich in meiner frühesten Kindheit geborgen / nicht geborgen?*
– *Was läßt mich grundsätzlich vertrauen / mißtrauen?*
– *Was hat Religion mit meinem Grundvertrauen / Grundmißtrauen zu tun?*
– *Welche Rituale (z.B. bei Tisch, beim Schlafengehen) sind mir aus meiner frühen Kindheit in Erinnerung? Welche Menschen spielen dabei eine Rolle? Welche Orte und Umstände waren wichtig? Was bedeuten mir diese Rituale heute?*
– *Ich versuche, mit einigen Sätzen meine Identität zu beschreiben: Wer bin ich im Kern meiner Persönlichkeit heute?*
– *Hat mit dem, wer ich heute bin, Religion etwas zu tun? Wenn ja, was?*
– *Von wem wurde ich in meiner Kindheit am meisten enttäuscht? Wie stehe ich heute dazu?*

---

44 Erikson, Kindheit, 245-249.
45 Erikson, Kindheit, 249.
46 Erikson, Kindheit, 252.

Grenzen finden als Weg in die Freiheit
(M. Mahler/D. Funke)

Nochmals ein anderes Licht in die frühkindliche Entwicklung wirft das Entwicklungsmodell von M. Mahler[47]. Ihrem Entwicklungsschema folgend lebt das Kind bis zum ca. zweiten Lebensmonat in einem „normalen Autismus", der eine natürliche Reizschranke gegenüber der Außenwelt darstellt. Ab dann wird die Symbiose in der Zweieinheit mit der „Mutter"[48], die noch kein abgegrenztes Ich zuläßt, deutlich. Um den fünften Monat beginnt eine Differenzierung, indem sich die Symbiose lockert und das Kind ein erstes Gefühl des Getrenntseins erhält. Dem folgt das Üben der ersten Unabhängigkeit in der Erprobung der neuen Welt, die eine Art narzißtisches Hochgefühl auslösen kann. Das Kind kommt sich wie ein magischer Meister vor, verliebt in die Welt. Eine erste Ich-Identität entsteht vor allem in der Abgrenzung, im Nein-Sagen.

Die Phase des Übens der Unabhängigkeit wird nach M. Mahler von der Phase der Wiederannäherung abgelöst bzw. begleitet. Das Kind geht von der mütterlichen Bezugsperson weg, lernt Nein-Sagen, erprobt die neue Welt, will aber wieder zur „Mutter" zurückkehren können und dort auftanken. Das Üben ist mit der Angst vor dem Getrenntsein verbunden. Das Kind kommt also in einen Widerspruch, der sich darin zeigt, daß es bei der mütterlichen Bezugsperson bleiben und zugleich von ihr weglaufen will. M. Mahler meint, daß sich erste Identitätserlebnisse spiegeln, die schließlich zu einer „Konsolidierung der Individualität" führen, zum Gefühl, ein Mensch mit eigenem Recht zu sein, die Ich-Grenze wahrzunehmen und eigene Bedürfnisse äußern zu können.

D. Funke nimmt M. Mahlers Theorie auf, um die Entstehung von Religion im Kind zu erklären. Seiner Meinung nach liegen im Übergangsbereich von der Symbiose mit der frühesten Bezugsperson zur Getrenntheit der eigenen Individualität und Identität Bedingungen für die Möglichkeit religiösen Glaubens. „Die Art und Weise, wie das Kind die tiefe Kränkung des Verlustes der symbiotischen Welt ver-

---

47 Mahler, Margaret S./Pine, Fred/Bergmann, Anni, Die psychische Geburt des Menschen. Symbiose und Individuation, Frankfurt/M. 1980. (M. Mahler ist eine in Amerika lebende österreichische Psychoanalytikerin; sie ist derzeit Forschungsdirektorin am Masters Children Center in New York.)
48 Mit dem Wort Mutter ist die früheste Bezugsperson gemeint.

arbeitet und Lösungsmöglichkeiten zum Überleben findet, ist jener psychische Prozeß, der seine religiöse Praxis bestimmen wird."[49]
Für den Übergang wählt das Kind einen Umweg über einen dritten Bereich, der eine Brücke zwischen Phantasie und Realität bildet. Stofftiere, Schmusedecken und ähnliche Gegenstände, ohne die das Kind sich nicht geborgen fühlt und nicht schlafen kann, haben nach D. Funke eine Art Brückenfunktion: Sie sind Übergangsobjekte und gehören einem Zwischenraum an, der auch in der späteren Entwicklung nicht verlorengeht, sondern seine Fortsetzung in der Phantasie, Kreativität und Religion des Kindes und des Erwachsenen findet.
Solche frühen Symbole sind nicht nur Objekte wie geliebte Stofftiere. Vor allem das Bild der Mutter und des Vaters bilden sich dem Kind in dieser Zeit ein.
Eine Erzählung kann nachvollziehbar machen, was es mit den tief innerlich eingebildeten Elternsymbolen auf sich hat und welche Bedeutung sie für die Identität des Menschen haben:

„In einer ersten Volksschulklasse fing eines Morgens bald nach Unterrichtsbeginn ein kleiner Junge zu weinen an. Die Nachbarin verständigte den eifrig vortragenden Lehrer und der fragte auch gleich den Kleinen, warum er denn weine. Der wollte zunächst nicht heraus mit der Sprache, rieb sich mit beiden Händchen die Augen und schluchzte nur. Nach einiger Zeit aber, als der Lehrer gütig und geduldig weiter in ihn drang, doch zu sagen, was ihm weh tue, faßte er Mut, sah zu ihm auf und gab die Antwort: ‚Ich hab vergessen, wie meine Mutter ausschaut.' Da lachten die Kinder, die um ihn herum saßen, alle laut. Der Lehrer aber verstand das Kind sofort und sagte gütig zu ihm: ‚Ah, das Gesicht deiner Mutter hast du vergessen! Das ist freilich schlimm. Geh' nur gleich heim und schau, wie deine Mutter aussieht.' Der Junge durfte also wieder nach Hause gehen und seine Mutter anschauen. Zufrieden kam er zurück, griff nach seinem Stift und fuhr fort, Buchstaben zu malen."
Nach Eugen Rucker

Soll es nicht zu Fixierungen in der frühen Kindheit kommen, müssen sowohl die Idealisierung der Mutter/des Vaters als auch des Selbst aufgegeben werden. Sie stellen aber in sich wichtige Phasen für die Ausgestaltung religiöser Erfahrungsräume dar:

---

49 Funke, Dieter, Im Glauben erwachsen werden, München 1986, 48.

- der „mütterliche" Schutz für die Sehnsucht nach einem tragenden Grund des Lebens;
- die „väterliche" Orientierung für das Verlangen nach Norm und Moral.

Eine Fehlentwicklung, die in dieser Phase ihren Ursprung hat, ist nach D. Funke der „Glaube im Symbiose-Komplex". Es geht dabei um eine Störung der Verinnerlichung der Eltern und des Selbstbildes infolge mangelnder emotionaler Rückendeckung in der Phase der Loslösung. Es kann auch zur Flucht in die idealisierte Welt eines illusionären Paradieses kommen. Auch eine rigide Über-Ich-Bildung in dieser Phase kann sich als Fehlform der Entwicklung auswirken.

Biographisches Nachfragen:
- *Wer war/ist meine mütterliche Bezugsperson?*
- *Ich versuche mich an früheste Begegnungen mit diesem Menschen zu erinnern: Was empfinde ich dabei? Gibt es Grenzen zwischen uns? Welche? Wo sind die Grenzen unklar?*
- *Was bewegt mich bei dem Gedanken, ich könnte meine mütterliche Bezugsperson verlieren/vergessen?*
- *An welche Symbole aus der frühen Kindheit kann ich mich noch erinnern? Habe ich welche aufbewahrt? Was haben sie mir bedeutet, und was bedeuten sie heute?*
- *Wer gab mir den entscheidenden Halt in frühen und späteren Ablösesituationen? Welchen Rückhalt hätte ich mir gewünscht?*

Vom väterlichen zum mütterlichen Gott

Die Sichtweise S. Freuds und seiner Schule macht bis heute auf männlich-autoritär geprägte Religiosität, die primär auf Normerfüllung aus ist und zum Rigorismus neigt, aufmerksam. Auch die Sichtweise E. Eriksons, die Religion mit der positiven Lösung des frühesten Grundkonfliktes des Menschen zwischen Grundvertrauen und Grundmißtrauen in Verbindung bringt, hat religionspädagogische Konsequenzen. Sie unterstreicht, wie wichtig die frühesten Beziehungen des Menschen für Lebenssinn und Religion sein können. Im Zusammenhang mit M. Mahlers/D. Funkes Theorie von der Ablösung des Kindes aus der Symbiose und der Bedeutung von „Übergangsobjekten" kann man die sinnstiftende Bedeutung menschlicher Riten und Gebärden tiefeingewurzelter Bilder und „heiliger" Gegenstände besser begreifen. Insgesamt scheint mir die Interessenverlagerung von der männlich-väterlichen und autoritär geprägten Über-Ich-Religiosität zur bergend umgreifenden, vertrauensvoll haltenden Religion ein Perspektivenwechsel mit entscheidenden religionspädagogischen Folgen zu sein. Er wird von theologischer Seite durch das kritische Bewußtsein feministischer Theologie unterstützt, die gleichberechtigt neben die männlichen Gottessymbole die weiblichen stellt. Der weiblichen wie der männlichen Gottessymbolik gegenüber gilt aber der kritische Vorbehalt, daß geschlechtsspezifisches wie überhaupt jegliches Reden von Gott in analogen Bildern geschieht, die das Geheimnis Gottes nur inadäquat ausdrücken können.

Zwischen Anerkennung und Selbstbehauptung beziehungsfähig werden/bleiben (J. Benjamin)

Für das religionspädagogische Anliegen, das den beziehungsfähigen, solidarischen Menschen im Auge hat, scheinen mir jene tiefenpsychologischen Forschungen von besonderer Bedeutung, die die Intersubjektivität, also die Gegenseitigkeit von Mutter, Kind und anderen Bezugspersonen, vom Beginn des Lebens an beachten.
J. Benjamin bricht mit der Vorstellung, daß die Entwicklung des Selbst durch die Ablösung aus der Symbiose zu erklären sei. Aus ihrer Sicht stehen Mutter und Kind von Anfang an in Interaktion. Bereits im Mutterleib reagiert nicht nur das Kind auf die Mutter, sondern das Verhältnis ist auch umgekehrt. Die Beziehung zwischen Mutter und Kind kann nach J. Benjamin als wechselseitiges Erkennen und Anerkennen begriffen werden. Das Kind ist vom Beginn des Lebens an nicht nur in Einheit mit der mütterlichen Bezugsperson, sondern auch ihr Gegenüber. Zum Anerkennen des anderen „gehört stets die paradoxe Mischung von Anderssein und Zusammensein: Du gehörst zu mir – und doch bist Du nicht (mehr) Teil von mir. Zur Freude, die Dein Dasein mir bereitet, gehört beides: meine Verbindung mit Dir und Deine unabhängige Existenz. Ich erkenne an, daß Du real bist."[50]

---

50 Benjamin, Jessica, Die Fesseln der Liebe. Psychoanalyse, Feminismus und das Problem der Macht, amerikanische Originalausgabe New York 1988, Frankfurt/M. 1993, 18.

Wer von der Gegenseitigkeit, also der Intersubjektivität der frühen Beziehungen des Menschen, ausgeht, sieht die u.a. von M. Mahler behauptete Herauslösung aus dem Einssein mit der Mutter in neuem Licht. Es geht dann nicht mehr darum, aus Beziehungen herauszuwachsen, ihre Wechselseitigkeit ist von Anfang an gegeben. Wichtig ist, immer aktiver und selbständiger in Beziehungen zu werden[51].
Die intersubjektive Theorie lenkt ihre Aufmerksamkeit von der intrapsychischen Welt der Bilder und Symbole, Wünsche und Ängste, mit denen das andere Subjekt einverleibt wird, auf die realen Beziehungen, in denen Menschen von Anfang an stehen.
Der folgende Text drückt konsequente Intersubjektivität zwischen Eltern und Kindern aus; seine Metaphern unterstellen aber auch eine Abkoppelung der Kinder von der gesellschaftlich konstruierten Sinnenwelt, wie sie die Religionssoziologie vertritt.

„Und eine Frau, die einen Säugling an der Brust hielt, sagte:
Sprich uns von den Kindern:
Und er sagte:
Eure Kinder sind nicht eure Kinder.
Sie sind die Söhne und Töchter der Sehnsucht des Lebens nach sich selber.
Sie kommen durch euch, aber nicht von euch,
Und obwohl sie mit euch sind, gehören sie euch doch nicht.
Ihr dürft ihnen eure Liebe geben, aber nicht eure Gedanken,
Denn sie haben ihre eigenen Gedanken.
Ihr dürft ihren Körpern ein Haus geben, aber nicht ihren Seelen,
Denn ihre Seelen wohnen im Haus von morgen, das ihr nicht besuchen könnt, nicht einmal in euren Träumen.
Ihr dürft euch bemühen, wie sie zu sein, aber versucht nicht, sie euch ähnlich zu machen.
Denn das Leben läuft nicht rückwärts, noch verweilt es im Gestern.
Ihr seid die Bogen, von denen eure Kinder als lebende Pfeile ausgeschickt werden.

51 „Wenn wir also die Idee akzeptieren, daß der Säugling sein Leben nicht als Teil einer undifferenzierten Einheit beginnt, geht es nicht mehr einzig darum, wie wir uns aus diesem Einssein herauslösen, sondern auch darum, wie wir Bindungen mit anderen Menschen eingehen und diese anerkennen. Es geht nicht mehr nur darum, auf welche Weise wir uns von der primären anderen befreien, sondern auf welche Weise wir uns aktiv in die Beziehung zu dieser anderen einbringen und uns darin zu erkennen geben." (Benjamin, Fesseln, 21f.)

Der Schütze sieht das Ziel auf dem Pfad der Unendlichkeit, und Er spannt euch mit Seiner Macht, damit seine Pfeile schnell und weit fliegen.
Laßt euren Bogen von der Hand des Schützen auf Freude gerichtet sein;
Denn so wie Er den Pfeil liebt, der fliegt, so liebt Er auch den Bogen, der fest ist."

Khalil Gibran [52]

Biographisches Nachfragen:
- *Was bewegt mich beim Lesen des Textes von Khalil Gibran, wenn ich an die eigene Kindheit denke?*
- *Worin meine ich Objekt meiner mütterlichen Bezugsperson gewesen zu sein?*
- *Worin war ich von Anfang an als Subjekt anerkannt (z.B. Geschlecht, Aussehen, Begabung)?*
- *Was von meinem Anderssein hat mir/meinen Bezugspersonen die größte Freude/die größten Schwierigkeiten bereitet?*
- *Wo/wie und mit wem ist es mir gelungen/nicht gelungen, trotz meiner Andersheit in Beziehung zu bleiben?*
- *Wie erlebe ich meine Beziehungsfähigkeit heute?*
- *Was haben meine Religiosität und meine Beziehungsfähigkeit miteinander zu tun/nicht zu tun?*

Womit man bei Kindern rechnen kann

Die bisherige religionspsychologische Aufmerksamkeit auf die Kindheit hatte einen doppelten Sinn: Einerseits ermöglichte sie ein tieferes Verständnis der religiösen Wurzeln und möglichen Verwundungen bei sich und bei anderen Erwachsenen, andererseits machte sie mit Kindern in einer Weise gesprächsfähig, die ihre subjektive Religion anerkennt. Um mit der Eigenständigkeit von Kindern richtig umgehen zu können, ist eine Grundkenntnis über die Entwicklung ihres religiösen Bewußtseins und ihrer Glaubensentwicklung hilfreich.
Am allgemeinsten kann man das religiöse Bewußtsein von Kindern als „Naivität ersten Grades"[53] beschreiben. Die Realwelt des Kindes

---

52 Gibran, Khalil, Der Prophet, Olten [22]1987, 16f.
53 Den Begriff hat P. Ricoeur geprägt. Vgl. Ricoeur, Paul, Die Interpretation. Ein Versuch über Freud, Frankfurt/M. 1974, 506.

ist gleichzeitig seine Symbolwelt, und die Symbole sind unmittelbar zugänglich. Das Kind lebt in einer präsentativen Symbolwelt, es kann mit den Symbolen noch nicht diskursiv umgehen, d.h. sie nicht als solche erkennen und interpretieren. Es bleibt offen, wie früh heute – vor allem durch den Einfluß der Medien – die erste Unmittelbarkeit gestört oder zerstört wird, bevor sie Kinder ab ca. 9/10 Jahren in ihrer Entwicklung von selber zurücklassen.

Kinder denken und empfinden animistisch und magisch: animistisch, weil sie viele Dinge (Bäume, Blumen ...) als beseelt erachten, magisch, wenn sie durch bestimmte Rituale zu Ergebnissen kommen, die sie sonst nicht erreichen könnten. Beispiele dafür können sein: ein Kissen öfters drehen, damit man einschlafen kann, Gebete in bestimmten Körperhaltungen und an richtigen Orten sprechen, damit sie erfüllt werden. Ähnliche Funktionen haben Symbolgestalten wie der Schutzengel, der Nikolaus, das Christkind oder andere imaginäre Begleiter. Auch Bittgebete werden von den Kindern oft magisch verstanden.

Ein weiterer Grundzug im religiösen Bewußtsein des Kindes ist der sogenannte Artifizialismus. Alle Dinge und die Natur sind von einem Größeren und Mächtigeren, als das Kind selbst es ist, fabriziert. Zuerst sind das Mutter und Vater, schon bald aber wird der Artifizialismus auf Gott übertragen (z.B. „Gott hat die großen Häuser gemacht, weil die Menschen keine so langen Leitern haben").

Die archaischen Weltbildvorstellungen der Kinder haben Parallelen zu menschheitsgeschichtlich frühen Kosmologien mit einer „Oben-Unten-Polarität". Selbst Kinder, die bereits wußten, daß die Erde rund sei, antworteten auf die Frage, wohin man komme, wenn man immer tiefer grabe: „Es hört nie auf. Und wenn sie die Erde als Kreis zeichneten und gebeten wurden, nun auch ein Haus einzutragen, wurde dieses in der Regel auf der unteren Hemisphäre, mit dem Dach zur Mitte hin eingezeichnet."[54]

An diese archaischen Weltbildstrukturen, die auch den biblischen Schöpfungstexten nahestehen und die nur nach und nach von naturwissenschaftlichen Vorstellungen aufgebrochen werden, assimilieren sich biblische Jenseitsvorstellungen. Diese Assimilation kann im Jugendalter zu großen Problemen im religiösen Verständnis führen. Die einen durchschauen z.B. das Wort „Himmel" als Symbol, andere

---

54 Bucher, Anton, „Wenn wir immer tiefer graben ... kommt vielleicht die Hölle." Plädoyer für die erste Naivität, in: KatBl 114 (1989), 656.

lassen mit der Übernahme der naturwissenschaftlichen Weltsicht die religiöse Vorstellung grundsätzlich hinter sich.

Im Verhalten Gott gegenüber kommt das Kind nach der frühen Totalabhängigkeit, in der Gott (zuerst die Eltern) die Ursache von allem ist – also einer „Deus-ex-machina"-Stufe, in das Verhandeln mit Gott. Ich gebe dir (Wohlverhalten, Gebet usw.), damit du mir (eine gute Schularbeit usw.) gibst. „Do-ut-des"-Stufe nennt F. Oser dieses Verhalten[55].

Der Amerikaner J. Fowler, der die Entwicklung des Glaubens untersucht hat, spricht beim Kleinkind von einem magisch-numinosen Glauben, der von einem eindimensional-wörtlichen Glauben abgelöst wird[56].

Was und wie Kinder fragen

Ein altes Sprichwort sagt: Ein Kind kann mehr fragen, als tausend Weise beantworten können. Dieser Spruch wurde mir bei einer Tagung mit KindergärtnerInnen ausdrücklich bewußt. Wir sammelten Fragen und Anliegen von Kindern und ordneten sie bestimmten Lebensaltern zu. Eine Auswahl sei hier wiedergegeben:

Bis zum Kindergarten:
- *Warum kann ich den lieben Gott nicht sehen?*
- *Kann man mit Gott reden?*
- *Wo wohnt denn der liebe Gott?*
- *Wie schaut Gott aus?*
- *Wie paßt Gott in die Hostie rein?*
- *Warum hängt Jesus da am Kreuz oben?*
- *Warum müssen wir sterben?*
- *Wo kommen die Verstorbenen hin?*
- *Wie geht das eigentlich weiter, wenn ich tot bin?*
- *Wo ist der Himmel?*
- *Wie schaut's denn im Himmel aus?*
- *Warum gibt es mich?*

---

55 Oser, Fritz, Wieviel Religion braucht der Mensch? Erziehung und Entwicklung zur religiösen Autonomie, Gütersloh 1988, 45f.
56 Fowler, James W., Glaubensentwicklung. Perspektiven für Seelsorge und kirchliche Bildungsarbeit, München 1979, 76-110.

- *Warum gehen wir am Sonntag in die Kirche?*
- *Wieso hat Noah so viele Tiere auf seine Arche mitgenommen?*
- *Warum liegt Jesus in einer Futterkrippe?*

Kindergarten:
- *Warum läßt der liebe Gott den Krieg zu?*
- *Wie kann ich Gott und er mich hören?*
- *Wie schaut Gott aus?*
- *Wo wohnt der liebe Gott?*
- *Hat Gott auch eine Mutter?*
- *Warum ist Jesus sichtbar bei uns und spielt bei den Stellen aus der Bibel mit uns mit?*
- *Gibt es das Christkind wirklich?*
- *Wie kann Jesus Kranke heilen? Warum macht er es heute nicht mehr?*
- *Wieso müssen wir sterben?*
- *Meine Katze ist gestorben, kommt sie in den Katzenhimmel?*
- *Warum ist meine Oma gestorben, ich hab' sie ja so liebgehabt.*
- *Wie ist das, wenn man tot ist?*
- *Was ist, wenn ich im Himmel bin?*
- *Was ist der Himmel?*
- *Wo / Was ist die Hölle?*
- *Wie kommt man von der Erde in den Himmel? (Flugzeug, Flügel, ...?)*
- *Tut sterben weh?*
- *Was ist denn das, die Seele?*
- *Saddam Hussein kommt in die Hölle, stimmt das?*

6 bis 9 Jahre:
- *Wie geht das, daß Gott überall ist?*
- *Wie kann Gott alles sehen?*
- *Wie weiß ich, daß Gott mich wirklich versteht – mich hören kann?*
- *Gibt es Gott wirklich?*
- *Ist Jesus Gott? Ist Gott Jesus?*
- *Sind die Geschichten von Jesus wirklich wahr?*
- *Warum ist Jesus nicht vor der Kreuzigung davongelaufen?*
- *Wie hat Jesus wieder lebendig werden können? Wie hat er von den Toten auferstehen können?*
- *Wie kann Jesus in so vielen Kirchen wohnen?*
- *Ist Jesus wirklich in dem kleinen Brot drinnen?*

- *Wie konnte es Gott zulassen, daß sein Sohn gekreuzigt wird?*
- *Wenn mich Gott sowieso mag, warum soll ich dann ein guter Mensch sein?*
- *Wieso läßt Gott Leid (Krieg, Krankheit) zu?*
- *Warum läßt Gott keinen Frieden auf der Welt zu?*
- *Warum glauben die Iraker was anderes als wir?*
- *Was ist nach dem Tod?*
- *Warum läßt der liebe Gott Oma sterben, wenn er so lieb ist?*
- *Mutti, wieso bin ich eigentlich hier?*
- *Wo sind wir, bevor wir geboren werden?*
- *Warum läßt Gott zu, daß sich die Eltern scheiden lassen?*
- *Warum darf der Herr Pfarrer nicht heiraten?*
- *Warum muß ich dem Priester meine Sünden sagen?*
- *Warum muß man denn jeden Sonntag in die Kirche gehen, und warum darf man dort nicht laut und lustig sein?*
- *Warum sind die einen Menschen gut und die anderen schlecht?*
- *Stimmt es, daß Gott die Welt (in sechs Tagen) gemacht hat?*
- *Haben die ersten zwei Menschen Adam und Eva geheißen?*
- *Warum war Gott so böse / brutal zu den Ägyptern (der muß doch auch lieb zu denen sein, sind doch auch seine „Kinder"), warum hilft er immer den Israeliten so, daß andere draufzahlen? – Das ist nicht fair!*
- *Sind nur tote Menschen heilig?*

9 bis 12 Jahre:
- *Wieso wird alles Gute, das uns passiert, Gott zugeordnet und das Negative / Schlechte dem Teufel?*
- *Warum läßt Gott, der Allmächtige, Krieg zu?*
- *Was heißt: Gott ist allmächtig (in bezug auf Leid, Krieg ...)*
- *Warum hilft mir Gott nicht immer?*
- *Wieso beendet Gott nicht dieses Krebsleiden?*
- *Warum müssen gute Menschen, die niemandem weh tun, nichts angestellt haben, ... so viel leiden? (Krebs, Aids ...)*
- *Ist das alles wahr, was in der Bibel steht?*
- *Was geschieht mit jenen, die nichts von Gott wissen?*
- *Gibt es böse Geister?*
- *Hat Gott wirklich gewollt, daß ich lebe?*
- *Was bedeutet die Dreifaltigkeit Gottes?*
- *Wann / Wie ist das Jüngste Gericht?*

- *Pfingsten – Heiliger Geist. Wie kann ich ihn spüren, erleben, erfahren?*
- *Was geschieht wirklich mit mir, meiner Seele, wenn ich sterbe – lebe ich wirklich weiter?*
- *Zu wem soll ich beten: zu Jesus, Gott oder dem Hl. Geist?*
- *Warum soll man in die Kirche gehen?*
- *Wozu soll Glauben gut sein?*

Ab 12 Jahre:
- *Was ist der Sinn des Lebens?*
- *Was bin ich – d.h., wo komme ich her, wozu bin ich da, wo gehe ich hin?*
- *Warum läßt Gott so viel Katastrophen und Unheil (Krieg) zu?*
- *Wer ist verantwortlich für so viel Leid auf dieser Erde? Alles kommt von Gott – und Gott ist doch die Liebe?!*
- *Hat Gott das Böse besiegt? (Golf-Krieg, Leid, Dritte Welt ...)*
- *Warum läßt Gott es zu, daß manche liebe oder gutmütige Leute immer draufzahlen und „böse" bzw. „ungute" (Leute) immer gewinnen?*
- *Warum ist es wichtig, daß Maria eine Jungfrau war?*
- *Stimmt das wirklich alles, was in der Bibel steht?*

Jugendliche verstehen lernen

Die tiefenpsychologischen und kognitionspsychologisch orientierten Biographieforschungen, die notwendigerweise auf das Individuum begrenzt bleiben, sind, insbesondere für das Jugendalter, um (religions-)soziologische Perspektiven zu erweitern, welche stärker interaktionelle und gesellschaftliche Zusammenhänge beleuchten. In dieser Hinsicht ist zu bedenken, daß der Prozeß der Verschulung der Kinder- und Jugendzeit, der seit den sechziger Jahren rapide zugenommen hat, spezifische Probleme nach sich zieht.[57] Nach K. Gabriel ist das Jugendalter keine Übergangsphase mehr, die ihren Sinn darin hat, sich auf ein Morgen vorzubereiten, sondern eine Lebens-

---

57 Vgl. Gabriel, Karl, Die Schülerinnen und Schüler von heute. Was kennzeichnet sie? In welcher Welt leben sie?, in: KatBl 116 (1991), 755-763; Halbfas, Hubertus, Wer sind unsere Schülerinnen und Schüler? Wie religiös sind sie?, in: KatBl 116 (1991), 744-753.

phase mit einem ausgeprägten Gegenwartsbezug. Dabei verschieben sich die „Kontrollmächte" der Jugend von der Arbeit in das Bildungssystem und von den traditionellen Sozialmilieus und den Kirchen in die medial vermittelte Konsumindustrie und in das Dienstleistungsangebot. Erziehung vermittelt den Jugendlichen immer weniger eine durch Tradition und vorgegebenen Sinn abgesicherte Lebensorientierung. Selbstbestimmung und Lebensautonomie sind an deren Stelle getreten. „Die neue Freiheit gegenüber der Tradition hat die Kehrseite des Verlustes von Sicherheit und Stabilität im alltäglichen Leben. Angesichts der hohen Anforderungen eines selbstbestimmten Lebens und begrenzter Ressourcen und Kompetenzen der Jugendlichen wird die Freiheit leicht zum Mythos, verbunden mit hohen Risiken des Scheiterns."[58]

Zunehmende Selbstbestimmung und Autonomie prägen nach K. Gabriel auch das Verhältnis der Jüngeren zu den Älteren; es sei informeller und egalitärer geworden. Nicht nur die Älteren beeinflussen die Jüngeren, sondern auch ein umgekehrter Beeinflussungs- und Tradierungsprozeß findet statt. Gleichzeitig verzögern und verschlechtern sich die Chancen ökonomischer Unabhängigkeit von Jugendlichen. Damit werde die psychische und kulturelle Verselbständigung der Jugendlichen zum Teil unwirklich und widersprüchlich. Dies zeige sich u.a. in Erotik und Sexualität. Sie gehören als feste Bestandteile in den Erfahrungsraum Jugendlicher. „Der exklusive Zusammenhang von Sexualität und Erwachsenenstatus bzw. Sexualität und Ehe hat sich aufgelöst."[59]

Jugendliche können heute nicht mehr in Klassen/Schichten und Sozialmilieus differenziert werden. Jugendstile und Jugendszenen sind für die Identitätsfindung und Gruppenzugehörigkeit wichtig. In ihrem Kern kennzeichneten den Strukturwandel widersprüchliche und in sich konfliktreiche Phänomene: „... eine die Jugend aus herkömmlichen Bindungen freisetzende Individualisierung, eine diese begleitende Einebnung bisheriger Unterschiede innerhalb der Jugend (Homogenisierung) und neue Formen einer kulturellen Differenzierung der Jugend (Jugendkulturen)."[60]

---

58 Gabriel, Schülerinnen, 758.
59 Gabriel, Schülerinnen, 759f.
60 Gabriel, Schülerinnen, 760.

Wie Jugendliche Religiosität und Kirchlichkeit spiegeln

Parallel zu den von K. Gabriel benannten Jugendstilen bzw. Jugendkulturen verweist J. Zinnecker auf drei unterschiedliche Zugänge zur Religion, die gegenwärtig bei den Jugendlichen zu unterscheiden sind.[61] Er beruft sich dabei vor allem auf die neueste deutsche Shell-Studie „Jugend '92" und kommt zu folgender Unterscheidung:

Familienzentrierte kirchliche Jugend

Ihr Anteil hat sich von 1954 (10%) bis 1991 (4%) mehr als halbiert. Für diese Gruppe von Jugendlichen wäre kennzeichnend, daß sie gesellschaftlich integriert sei und familienorientiert handle. Für familienorientierte Jugendliche stellen Fragen nach dem Sinn des Lebens, der Bezug zu Mitmenschen und die Verwurzelung im Glauben wichtige Themen dar. Sie zeichnen sich durch hohe Religiosität, die sowohl als Gesinnung als auch als Tradition vorkommen kann, aus. Charakteristisch für diese kleine Gruppe von Jugendlichen, die sich vor allem in Vereinen und Verbänden sammeln, ist ihre biographische Verspätung. Bestimmte Schritte der körperlichen und emotionalen Entwicklung vollziehen sie nach J. Zinnecker später als andere Jugendliche. Im Schutzraum von Jugendgruppen und Verbänden können sie sich unauffälliger und langsamer ablösen als andere Jugendliche.

Historisch gesehen sei das familienzentrierte Jugendmilieu ein Rest aus einer einstmals dominanten Form des Jungseins, das durch die Familie, die Nachbarschaft und die lokale kirchliche Gemeinde bestimmt war.[62]

Eine spezielle Untersuchung unter Mitgliedern kirchlicher Jugendgruppen im Bistum Limburg zeigt, daß vor allem SchülerInnen aus weiterführenden Schulen, in erster Linie aus Gymnasien, das Angebot kirchlicher Jugendgruppen nützen. Jugendliche aus Arbeiterfamilien sind unterrepräsentiert. Überwiegend handelt es sich um 15-17jährige, bei den 20jährigen Mitgliedern von Jugendgruppen finden sich fast nur mehr junge Männer. J. Zinnecker beschreibt den

---

61 Zinnecker, Jürgen, Jugend, Kirche und Religion. Aktuelle empirische Ergebnisse und Entwicklungstendenzen, in: Hilger/Reilly, Abseits, 112-146.
62 Vgl. Zinnecker, Jugend, 129.

Unterschied von Kirchenjugendlichen zu Gleichaltrigen durch folgende Merkmale:
Kirchenjugend:
- Sie sind überdurchschnittlich an Erwachsenen orientiert.
- Sie sind familienbezogener und häuslicher als andere Jugendliche.
- Sie haben Sympathie für Umweltschutzgedanken und für einen natürlichen Lebensstil.
- Sie sind politisch interessiert, dabei eher wertkonservativ und nicht militant.
- Sie lehnen aggressive Ausländerfeindlichkeit und autoritäre Sprüche ab, stehen nationalen Gruppen aber eher nah als fern.
- An riskanten Erfahrungen und Erlebnissen der Jugendszene haben sie kein Interesse, schätzen aber die geselligen Seiten des Jugendlebens.
- Sexuelle Erfahrungen spielen später eine Rolle als bei vergleichsweise gleichaltrigen Jugendlichen.
- Nach eigener Einschätzung haben sie bessere Umgangsformen, gehen früher in den Tanzkurs usw.
- Das Gruppenleben in der katholischen Jugend wird vor allem als Freizeitgestaltung gesehen. Es dient aber auch dem Kontakt mit der Kirchengemeinde. Nur für wenige hat die Gruppe spirituelle und religiöse Bedeutung.
- Grundsätzlich sind diese Jugendlichen optimistisch und neigen zu einer ausgesprochen rationalen und bewußten Lebensführung.

Religion in jugendlichen Subkulturen

Mit dem erweiterten Begriff einer „informell" gewordenen Religion, die sich nicht nur an traditioneller Glaubenspraxis und Kirchennähe mißt, beschreibt J. Zinnecker auch subkulturelle und gegenkulturelle Zugänge zur Religion. Der subkulturelle Bezug zur Religion ist vor allem vom Motiv geprägt, die ausschließliche Weltbezogenheit des modernen westlichen Alltagslebens zu durchstoßen. Der Zwang des Alltags, die Langeweile, die Sinnlosigkeit des eigenen Daseins werden als Belastung erfahren. „Als Gegengift gegen diesen Zustand, der zugleich pars pro toto für den Zustand der gesamten Welt der Erwachsenen genommen wird, dienen subkulturelle Fluchten, allein oder im Gruppenverband. Ziel ist die Überschreitung der regelhaften

Immanenz des Alltagshandelns. Das geschieht mit den Mitteln der kommerziellen Vergnügungsindustrie, der körperbezogenen Mode, der Medien und Verkehrstechnik, der eigenen Phantasieproduktion, der Offenheit der Straße, aber auch der Religion. Die eigene Flucht aus dem Alltag wird zugleich als Provokation inszeniert."[63]
Die jugendlichen Subkulturen sind nach J. Zinnecker durch Okkultes und schwarze Gegenreligion gekennzeichnet. Sie thematisieren das Böse und den ausgeblendeten Tod. Gruppenstile wie Motorradrocker, Heavy metal, Grufties und Satanisten sind solchen Szenen zuzuzählen.[64] Voraussetzung für ihr Entstehen ist offensichtlich die weitgetriebene Säkularisierung des Alltagslebens in der Moderne, aber auch die Freigabe der offiziellen Religion in ihrer Sinn- und Symbolwelt für private und informelle Zwecke. Besonders ausgeprägt ist die Todessymbolik jugendlicher Subkulturen in ihrer männlichen Variante als Motorradrocker und in ihrer weiblichen Variante der Friedhofsmystik der Grufties, der Kerzensymbolik nächtlicher Treffs und von Motiven aus der Romantik.

Religion und Religiosität in der gegenkulturellen Jugendszene

Während die subkulturelle Religiosität vor allem unter Jugendlichen des Unterschichtsmilieus dominiert, rekrutiert sich die Gegenkultur aus bildungsprivilegierten Jugendkreisen. J. Zinnecker spricht von „Milieus verfeinerter Subjektivität ..., in denen der Kultus des (narzißtischen) Subjekts gepflegt wird, oftmals mit Nähe zu künstlerisch literarischer Ausdrucksweise".[65] Hier entspringt das Bedürfnis nach Religiosität höheren Ansprüchen, sich intensiver auf sich selbst einzulassen. Das durchschnittliche Alltags-Ich soll u.a. mit Hilfe der Religion durchbrochen werden. Nicht selten gibt es dafür Entlehnungen aus anderen Kulturen und Religionen. Dominierend ist die Grundrichtung des „New Age".

---

63 Zinnecker, Jugend, 136.
64 Einen lesenswerten Überblick der Musikszene Jugendlicher enthält: Kögler, Ilse, Die Sehnsucht nach mehr. Rockmusik, Jugend und Religion, Graz u.a.O. 1994.
65 Zinnecker, Jugend, 139.

Religion und Kirchlichkeit zwischen den Generationen

Sowohl religionspsychologische als auch religionssoziologische empirische Erhebungen unter Kindern und Jugendlichen leiden unter der Vernachlässigung des generationenübergreifenden Zusammenhanges. Gerade dieser aber ist für alle Interaktionen zwischen Kindern, Jugendlichen und Erwachsenen in familiaren Lebensformen, Schulen und Gemeinden von besonderem Interesse. Neueste Fallstudien, die sich allerdings ausschließlich auf kirchlich geprägte Milieus beschränken, weisen den kommunikativen Zusammenhang zwischen mehreren Generationen in einer Familie auf. So untersuchen I. Hbehnken und J. Zinnecker je ein männliches Mitglied über drei Generationen: Großvater, Vater und Sohn.[66] Die Untersuchung zeigt, daß die allgemein angenommenen Modernisierungsszenarien keineswegs für alle gesellschaftlichen Gruppen und vor allem nicht für bestimmte lokale Kontexte angenommen werden können. „Was für junge Erwachsene in den zentralen Ballungsgebieten heute (schon) gelten mag, muß für Kindheiten in den regionalen Provinzen längst nicht Wirklichkeit sein. Wahrscheinlich gibt es die ‚vereinzelten Einzelnen', als Kinder, nicht einmal in den metropolitanen Zentren in nennenswerter Konzentration."[67]
Die Individualisierungs- und Enttraditionalisierungsthese, die modernen Kinder- und Jugendforschungen selbstverständlich zugrunde liegt, müsse revidiert werden. Damit könne das Netz von Kleingruppen und Subkulturen in den Blick kommen, die in sozialen Formationen Strategien des Umgangs mit dem gesellschaftlichen Wandel erprobten und tradierten.

Schwebende Religiosität und unbestimmte Christlichkeit

Eine meines Erachtens noch gravierendere Anfrage an die Aussagekraft neuerer Kinder- und Jugendforschungen im Hinblick auf Religiosität stellt K.E. Nipkow. Er behauptet, daß diesen Forschungen die grundsätzliche These von einer sich ständig reduzierenden Reli-

---

66 Hbehnken, Imbke/Zinnecker, Jürgen, Kirchlich-religiöse Sozialisation in der Familie. Fallstudien zum Wandel von Kindheit und Kirchengemeinde in den letzten drei Generationen, in: Hilger/Reilly, Abseits, 147-169.
67 Hbehnken/Zinnecker, Sozialisation, 167.

giosität in der Moderne zugrunde liegt. Damit kommt der Aspekt einer sich wandelnden Religiosität, vor allem dort, wo empirisch Religion kaum vermutet wird, zu wenig zum Tragen. Gerade diese Perspektive ist aber für Schule und Gemeinde von hoher Bedeutung, denn gerade dort könne die Vielfalt menschlich-religiöser Ausdrucksformen wirksam werden. Unbestimmte Christlichkeit bzw. schwebende Religiosität können – wenn überhaupt – nur mit verfeinerten qualifikativen Methoden, wie Fallstudien, Einzel- und Gruppeninterviews und die Auswertung schriftlicher und künstlerischer Äußerungen, erhoben werden. Die religiöse Landschaft ist weder einheitlich, noch darf sie unter der Absicht der kirchlichen Vereinheitlichung betrachtet werden. Gleichzeitig steht für E. Nipkow fest: „Die innerkirchliche und innerchristliche, sowie darüber hinaus die religiöse Pluralisierung ist ein unumkehrbarer geschichtlicher Vorgang, den man nur um den Preis religiöser Denkhemmung und rigider Verhaltenssteuerung sach- und freiheitswidrig zu überwinden versuchen könnte."[68]

Womit man bei Jugendlichen (dennoch) rechnen kann

Bei Jugendlichen verschränken sich Glaubenszweifel und Gottsuche. Nach K.E. Nipkow können auch heute noch folgende elementare Fragen ins Spiel kommen:
– „Ob Gott einen persönlich liebt und den Menschen hilft;
– Ob er auch widersinnigem Leid noch Sinn verleihen kann;
– Ob er alles erschaffen hat und was am Ende sein wird;
– Ob er überhaupt existiert und die Rede von ihm nicht ein leeres Wort ist."[69]

Für die menschlich-religiöse Begleitung Jugendlicher in Gemeindekatechese, Jugendarbeit und Religionsunterricht gilt, daß die Antworten in dieser Entwicklungsphase weder verfügt noch erzwungen werden können. Wichtig ist der „lange Atem", der warten kann und nicht vorzeitig abschließt. Der „Unterricht des Lebens" im konkreten Handeln überzeugt meist mehr als viele Worte.

---

68 Nipkow, Karl Ernst, Religion in Kindheit und Jugendalter, Forschungsperspektiven und -ergebnisse unter religionspädagogischen Interessen, in: Hilger/Reilly, Abseits, 204.
69 Nipkow, Karl Ernst, Erwachsenwerden ohne Gott? Gotteserfahrung im Lebenslauf, München 1987, 43-92 (nur die Überschriften sind zitiert).

Biographisches und kommunikatives Nachfragen:
- *Welche Unterschiede sehe ich zwischen meiner Jugend und der Situation Jugendlicher heute? Was davon kann ich verstehen, was nicht?*
- *Mit welchen Jugendstilen und -kulturen habe ich Erfahrung, welche sind mir fremd?*
- *Worin stimmen die vorausgehenden religionssoziologischen Analysen mit meinen Erfahrungen in der Begegnung mit Jugendlichen überein / nicht überein? Wodurch gehören sie ergänzt?*
- *Was ist mir in der persönlichen Begegnung mit Jugendlichen besonders wichtig? Worüber freue ich mich? Was macht mich unsicher? Was macht mir angst?*

Die religiöse Mündigkeit Erwachsener

Im herkömmlichen Sinn sind Erwachsene Frauen und Männer, die relativ stabiles Selbstvertrauen, Identität und Autonomie erreicht haben und die zu einem geordneten, selbständigen Leben in der Gesellschaft fähig, die also mündig sind. Das gilt auch für Religiosität und Glauben. Der „mündige" Erwachsene ist schließlich das Bildungsziel vieler Lernprozesse in der Erwachsenenbildung.
Mündigkeit kommt vom althochdeutschen Wort „Munt", mit dem im Mittelalter die rechtliche und soziale Stellung des germanischen Hausherrn gegenüber Frau, Kindern und Gesinde bezeichnet wurde. Wer unter der Munt des Vaters lebte, genoß seine Fürsorge, seine Haftung und seinen Schutz, war aber auch seiner Herrschaft unterworfen. Heute ist mit Mündigkeit genau das Gegenteil gemeint, nämlich frei von der Herrschaft der Väter und auch außerhalb ihres Schutzes als selbstbestimmtes und eigenverantwortliches Subjekt zu leben und zu handeln.[70]
Die Mündigkeit des erwachsenen Menschen gründet in der Aufklärung und ist nach Immanuel Kant „der Ausgang des Menschen aus seiner selbstverschuldeten Un-mündigkeit. Un-mündigkeit ist das

---

70 Vgl. Schmitt, Karl Heinz, Vom Teilnehmer zum Subjekt. Mündigkeit und Lebensweltorientierung im Lernen Erwachsener, in: KatBl 117 (1992), 4.

Unvermögen, sich seines Verstandes ohne Leitung eines anderen zu bedienen."[71]

Auf dem Hintergrund eines solchen Mündigkeitsverständnisses ist es nicht verwunderlich, daß Mündigkeit und Religion, vor allem in der Form des kirchlich verfaßten Christentums, in einem spannungsreichen Verhältnis gesehen werden. Manche fragen sich, ob dem Christentum, speziell den Kirchen, Erziehungs- und Bildungsprozesse zuzutrauen sind, die zur Identität und modernen Mündigkeit des Menschen führen. Sie befürchten, daß die „Munt der Väter" auch weiterhin das versteckte Bildungsziel sein könnte. Abgesehen davon, daß das moderne Mündigkeitspathos gegenüber Kirche und Religion den kulturpolitischen Kontext entscheidend verkürzt, ergibt es ein falsches Bild, wenn man den unmündigen Kinderglauben dem mündigen Erwachsenenglauben gegenüberstellt. Auch der Gottesglaube Erwachsener ist in den Wandel der Lebensphasen einbezogen. Die Zwanzigerjahre sind noch häufig von einem Schwanken zwischen Unabhängigkeit und Abhängigkeit geprägt. Lange Studien- und Ausbildungszeiten fördern diesen Zustand. Es folgt meist eine Phase großer Orientierungsbedürftigkeit, die um die Dreißig herum in den Zweifel über die getroffenen Partner- und Berufsentscheidungen führen kann. Es kommt oft die Elternrolle als neue Herausforderung hinzu, auf die in unserer Gesellschaft kaum vorbereitet wird. Wie soll ich mit unserem Kind umgehen? Was werde ich ihm antworten? Das sind Fragen, die auch die religiöse Auseinandersetzung neu herausfordern können. Insgesamt trägt das Erwachsenenalter im Hinblick auf die religiöse Entwicklung die Chance in sich, nach dem Verlust des ursprünglichen kindlichen Vertrauens, das der „Entmythologisierung" der kindlichen Bilderwelt zum Opfer gefallen ist, eine „zweite Naivität" zu gewinnen. „Die einst kritisch analysierten und leergewordenen religiösen Symbole werden wieder ganz und vielsagend. Sie sprechen in ihrer Wahrheit durch den historisch-kritisch fragenden Verstand hindurch wieder an. Es gelingt außerdem eine neue, positive Einschätzung der Glaubenskraft und Glaubensform des Kindes, das in diesen Bildern lebt. Es gelingt, sich selbst als Kind und den Gott der eigenen Kindheit wiederzufin-

---

71 Was ist Aufklärung? Beiträge aus der Berlinischen Monatsschrift. In Zusammenarbeit mit M. Albrecht ausgewählt, eingeleitet und mit Anmerkungen versehen von N. Hinske, Darmstadt ³1981, 452, zit. aus: Schmitt, Teilnehmer, 5.

den."[72] Es geht um einen „kindlichen Glauben inmitten und zugleich jenseits kritischer Reflexivität."[73]
Die Religiosität Erwachsener nimmt heute immer individuellere Züge an. Für die agogische Praxis sind daher allgemeine religionssoziologische Untersuchungen wenig brauchbar. Viel wichtiger ist es, die Aufmerksamkeit auf konkrete Menschen und ihre Biographien zu lenken. Als Anstoß dazu diente das „biographische Nachfragen" in den vorangehenden Abschnitten.

Einzelne Menschen in den Blick nehmen

Ein Zugang zur Lebenswelt einzelner von innen her braucht vor allem Zeit. Nicht die Fülle empirischer Daten, die lediglich einen Blick aus der Vogelperspektive ermöglichen, führt zu einem tieferen Verständnis anderer Menschen, sondern die verlangsamende Aufmerksamkeit, die wie eine Zeitlupenaufnahme im einzelnen etwas Bedeutsames für das Ganze zugänglich macht. Trotz möglicher Überforderungen durch die große Anzahl von Menschen in Lerngruppen lohnt es sich, einzelne in den Blick zu nehmen. Wie sie sich sprachlich äußern, wie sie sich kleiden, was sie lesen bzw. an Medien konsumieren, was ihnen bedeutsam ist, all das sind Zeugnisse einer Lebenswelt, die es aufmerksam wahrzunehmen und zu entdecken gilt.
Sehr wichtig ist die Beschäftigung mit Menschen, die einem besonders auffallen, anziehen oder stören. Hier spielen in der Regel Übertragungen aus früheren Gruppen und Lebenssituationen eine Rolle. Als LeiterIn muß ich damit rechnen, daß ich auch Anteile, die ich an mir selber nicht wahrhaben will und daher abspalte, auf andere projiziere.

Mich (schwierigen) einzelnen zuwenden – Brief und Wechselbrief

In der Gestaltpädagogik, die eine hohe Sensibilität für die einzelnen im Hier und Jetzt entwickelt, sind Empathie, körpersprachlicher

---

72 Nipkow, Erwachsenwerden, 101.
73 Nipkow, Erwachsenwerden, 101.

Ausdruck, Identifizierung mit dem/der anderen wichtige Momente der Aufmerksamkeit. Dort wurden Methoden entwickelt, wie eine größere Einfühlsamkeit in die Situation anderer Gruppenmitglieder möglich wird.

Eine davon besteht darin, jemandem in der Gruppe, der/die mich besonders beschäftigt, einen Brief zu schreiben, der selbstverständlich nicht abgeschickt wird. Ich kann darin ungeschützt meinen Gefühlen dieser Person gegenüber Ausdruck geben und ihr all das sagen, was ich in der Gruppe verschweigen muß. Im Anschluß daran versuche ich, mich in die betreffende Person einzufühlen und mich mit ihr zu identifizieren. Aus dieser Identifikation heraus lese ich den von mir geschriebenen Brief und beantworte ihn. Solche Briefe kann ich mehrmals hin- und herschreiben. In der Regel verändert sich dadurch mein Bild vom anderen, und ich komme mit ihm/ihr in inneren Kontakt.

In einer Supervisionsgruppe oder ähnlichem kann ich im Rollenwechsel dasselbe erreichen. Ich setze mich auf einen Stuhl und stelle mir gegenüber einen leeren Stuhl auf. Nun stelle ich mir vor, daß auf dem leeren Stuhl die Person sitzt, die mich beschäftigt. Ich sage ihr, was mich bewegt. Dann wechsle ich die Rolle, indem ich mich auf den leeren Stuhl setze. Nun sitze ich mir als der/die andere gegenüber, lasse das ankommen, was ich vorher gesagt habe, und antworte aus meiner jetzigen Rolle. Die Rückmeldungen aus der Gruppe auf mein Rollenspiel können mich auf manche blinde Flecken, Übertragungen und Projektionen aufmerksam machen.

Aufmerksam auf sich und die TeilnehmerInnen

Eine grundlegende Kenntnis menschlich-religiöser Biographie im Hinterkopf und gleichzeitig aufmerksam auf sich und die einzelnen TeilnehmerInnen, kann es hilfreich sein, in der Planung folgenden Fragen nachzugehen:

Leitfragen:
– *Was wird mir aus meinem Leben bewußt, wenn ich an die letzte Gruppensequenz bzw. an das denke, was ich mit der Gruppe vorhabe?*

- Was davon schließt an meine Lebenserfahrung / Lebenspraxis an? Was steht ihr entgegen?
- Worin kann ich innerlich zustimmen, und was widerstrebt mir?
- Was weiß ich davon aus meinem Theologiestudium, aus der Lektüre, aus der Fortbildung usw.?
- Was von diesem Wissen erscheint mir elementar wichtig für das Verständnis, was nebensächlich?
- Was verdränge, verschiebe, verzerre, übertrage, projiziere ich vielleicht?
- Was wird mir aus dem Leben einzelner TeilnehmerInnen bewußt, wenn ich an die letzte(n) Gruppensequenz(en) denke bzw. an das, was ich mit der Gruppe vorhabe?
- Was davon wird vielleicht an ihre Lebenserfahrungen / Lebenspraxis anschließen, was läuft ihr vermutlich zuwider?
- Was können TeilnehmerInnen vermutlich innerlich akzeptieren, was widerstrebt ihnen?
- Was wissen TeilnehmerInnen aus den Medien, aus der Lektüre, aus anderen Bildungsvorgängen und aus unserem bisherigen Prozeß? Was ist ihnen vermutlich neu?
- Was verdrängen, verschieben, verzerren, übertragen, projizieren sie vielleicht?

- Gibt es „Brücken" zwischen den Milieus und Generationen, zwischen meinem Denken, Fühlen, Handeln und dem der TeilnehmerInnen?
- Worüber könnten wir uns austauschen? Worin werden wir uns am wenigsten verstehen? Warum?
- Was blende ich / blenden andere in diesem spezifischen Kontext der Gruppe vermutlich aus? Warum?
- Welche Anliegen beschäftigen einzelne in der Gruppe / mich?

3. Am „Wir" Anteil nehmen

Das „Wir" einer Gruppe/Klasse bilden alle, die daran beteiligt sind, LeiterInnen ebenso wie die TeilnehmerInnen. Das ist in der Bildungspraxis keineswegs selbstverständlich. Insbesondere LehrerInnen verstehen sich oft nicht als Teil des „Wir". Sie sehen ihre Rolle darin, daß sie als fachliche und pädagogische ExpertInnen den Interaktionen in der Gruppe und der Kommunikation zwischen den SchülerInnen gegenüberstehen, aber nicht mitbetroffen daran teilnehmen. Im Verständnis der Themenzentrierten Interaktion nach R.C. Cohn ist Leitung kein Status, sondern eine Funktion. LeiterInnen partizipieren am Gruppengeschehen; sie sind „teilnehmende" LeiterInnen.

Die Position als „partizipierende" LeiterInnen ist nicht einfach zu bewältigen. Oft ist sie eine Gratwanderung zwischen der notwendigen Klarheit in der Leitung und der einfühlsamen Beteiligung am Prozeß. Deshalb ist es auch günstiger, wenn zwei Personen eine Gruppe leiten oder in einer Klasse unterrichten (wie es leider erst in integrierten Klassen möglich ist). Sie können sich in der Balance von Leitung und Teilnahme wechselseitig stützen. Für die Planung hat die teilnehmende Leitung einen großen Vorteil. Wer am Prozeß teilnimmt und ihm nicht nur gegenübersteht, kann realitätsgerechter die Interaktion und Kommunikation in der Gruppe/Klasse einschätzen.

Es erscheint relativ plausibel, daß LeiterInnen in Gruppen von Erwachsenen, die ein ähnliches Bildungsniveau wie sie aufweisen, partizipieren. Das Postulat der teilnehmenden Leitung markiert für mich eine grundsätzliche Positionsbestimmung der kirchlichen Bildungspraxis. Es geht um die Frage: „Wem weiß ich mich als GemeindereferentIn, ReligionslehrerIn oder ErwachsenenbildnerIn zugehörig?" Wenn die „AdressatInnen" von Lernprozessen Kinder, „Ungebildete", Arme sind, dann kann die Partizipation zur Herausforderung werden.

Kinder als Testfall der Partizipation

Jedes Kind begegnet, „den persönlichen Gott unter dem Arm", dem Kirchengott, schreibt Annemaria Rizzuto in ihrer psychoanalytischen Studie „The birth of a living god"[74]. Dieses eindrucksvolle Bild bezieht sich auf einen äußerst sensiblen Bereich der Kommunikation zwischen Kindern und „Kirchenmenschen". In einer multireligiösen Gesellschaft begegnen Kinder nicht mehr nur kirchlichen Gottesvorstellungen. Ein relativ unreflektierter religiöser Markt produziert

---

74 Rizzuto, Annemaria, The birth of a living god, Chicago 1979.

und vermarktet religiöse Anschauungen, mit denen Kinder z.B. in der Werbung konfrontiert werden.
Die Religion des Kleinkindes äußert sich in den interpretationsoffenen Symbolen von Licht, Wärme, Atem, Bewegung, Mutter und Vater usw. Die Symbole und Metaphern werden mit der Rede von Gott, wie sie in der Umgebung des Kindes gilt, in Verbindung gebracht. Ob oder wie das gelingt, hängt weitgehend von der Ehrfurcht der Erwachsenen vor der eigenständigen Welt der Kinder ab und von der Bereitschaft, daran zu partizipieren. Ermutigend für die Anteilnahme am Leben der Kinder wirkt das Beispiel Jesu (vgl. Mk 10, 13-16).
Jesus nimmt Kinder ernst, nicht weil sie so gut, so brav oder so religiös sind, sondern weil sie Kinder sind. Dieses Ernstnehmen des Kindes in seinem Menschsein und in seiner (naiven) Religiosität ist, wie ich bereits früher erwähnt habe, nicht nur für die Identität und Mündigkeit der Kinder selber, sondern auch für die Erwachsenen eine große Chance.
Erwachsene können in der Begegnung mit Kindern und Jugendlichen in ein Dilemma kommen. Darüber handelt das folgende Lied:

„Papa
Wer macht den Himmel blau Papa
Und manchmal dunkelgrau Papa
Warum kommt aus der Sonne soviel Licht
Und wer hat in der Nacht Papa
Die Sterne angebracht Papa
Warum muß ich jetzt schlafen und du nicht

Und ich bin es nicht gewöhnt
Daß mich wer Vater nennt
War doch gerade noch zuvor
Kaum ein Mann, vielmehr ein Kind

Auf einmal kommt irgendwer
Und will alles von dir
Ob es ihm auch gelingt
Weiß allein, allein dein Instinkt

Und ist man einmal tot Papa
Wohnt man beim lieben Gott Papa
Warum kann ich dort oben niemand seh'n

Hast du mir schon erzählt Papa
Woher der Regen fällt Papa
Du riechst so gut
Wohin mußt du jetzt geh'n

Und auf einmal wird mir heiß
Weil ich viel zuwenig weiß
Fragt ein Kinderaugenpaar
Was ist Lüge was ist wahr

Und ich hab' im Handumdreh'n
Meinem Vater verzieh'n
So wie er mich gelenkt
Tat er nur aus purem Instinkt

Und auf einmal sagt wer
Einfach Vater zu dir
Und wie herrlich es klingt
Weiß allein, allein dein Instinkt"
Rainhard Fendrich [75]

Wie in diesem Lied angedeutet wird, steht der „Naivität" kindlicher Religiosität die selbstverständliche Erwartung an Erwachsene gegenüber, daß sie sich im Leben auskennen. Erwachsene, die sich durch die Fragen nach der Vernunft des Glaubens hindurch zu einer Naivität zweiten Grades bekehren lassen, können an den Kindern neu lernen, wie grundsätzlich man fragen und wie „naiv" man der Wirklichkeit begegnen kann, ohne seine Identität zu verlieren. Das meint wohl auch Jesus, wenn er Kinder als Vorbild dafür hinstellt, daß sie das Reich Gottes unmittelbar annehmen.
Aufgeklärte Erwachsene, insbesondere TheologInnen, die den unmittelbaren Symbolzugang oft schmerzlich hinter sich gelassen haben und um einen rational verantworteten Erwachsenenglauben ringen, fühlen sich durch den Kinderglauben herausgefordert. Es fällt ihnen auch schwer, zu akzeptieren, wie Kinder beten und (religiös) handeln. Wenn Kinder offen sagen oder zeigen, daß sie beten oder bestimmte Riten vollziehen, damit sie von Gott bekommen, was sie wollen („Do-ut-des"-Religiosität), dann fühlen sich Erwachsene

---

[75] Fendrich, Rainhard, Nix is fix (CD), München 1991.

nicht selten herausgefordert, solche falsche Positionen aufklären zu müssen.

Gott kommt früher als die GlaubensbegleiterInnen

Für GemeindereferentInnen, SeelsorgerInnen und ReligionslehrerInnen ist es auch nicht einfach, den ab der Pubertät möglicherweise aufkommenden Deismus bzw. Agnostizismus von Jugendlichen zu ertragen. Es kann schmerzvoll sein, mitansehen zu müssen, wie sich das Leben der Jugendlichen und ihre Weltsicht völlig autonom, als ob es niemand und nichts außer ihnen gäbe, gestalten. Religiösen Erwachsenen tut es oft weh, wenn für Jugendliche scheinbar bedeutungslos wird, ob es Gott gibt oder nicht. Der Durchbruch zur „reifen Religiosität" eines Erwachsenen, in der Gott „a priori" da ist, den Menschen trägt und ihm die Freiheit seiner Lebensgestaltung ermöglicht, wird in Gemeindekatechese/-pädagogik und Schule noch selten anzutreffen sein; auch in Erwachsenengruppen ist das nicht generell vorauszusetzen.

Das menschlich-religiöse Szenarium von Gruppen und Schulklassen ist von großer Ungleichzeitigkeit bestimmt. Die Kommunikation ist also kaum von einem Entwicklungsniveau bestimmt. Außerdem verändert der „Globe", in dem eine bestimmte Interaktion stattfindet, die Einstellungen und Äußerungen derart, daß die Allgemeinheit empirischer Forschungsergebnisse das aktuelle Verstehen und die Kommunikation möglicherweise mehr verstellt als erhellt und fördert.

Ähnlich wie im Leben der Kinder Gott nicht erst dann eine Rolle spielt, wenn die ausdrücklichen religiösen Erziehungs- und Bildungsbemühungen einsetzen, ist ER, wie das L. Boff behauptet, bereits im kulturellen Erbe der unterdrückten Völker da. „Gott kommt früher als der Missionar"[76], früher als alle Glaubensmütter, Glaubensväter und GlaubensbegleiterInnen. Glaubenskommunikation zwischen den Generationen, aber auch zwischen unterschiedlichen Kulturen – vor allem zwischen ärmeren und reicheren Nationen – trägt die Chance in sich, daß mündige und autonome ChristInnen in ihrem Glauben zu einer „zweiten Unmittelbarkeit" vorstoßen. Die Armen Lateinamerikas, Afrikas und Asiens, Analphabeten, wirt-

---

76 Boff, Missionar.

schaftlich Ausgebeutete sind Subjekte des Glaubens und nicht Objekte einer noch so gut gemeinten Entwicklungshilfe oder Missionierung. Sie können in ihrer unmittelbaren Art und Weise, die jüdischchristliche Botschaft zu leben, die kritische Vernunft herausfordern. Gleichzeitig brechen sie das individualistische Identitäts- und Mündigkeitsverständnis, wie es sich in der westlichen Welt häufig eingebürgert hat, auf ein Verständnis von „Identität in universaler Solidarität" hin auf.

Am Leben Jugendlicher Anteil nehmen

Das Postulat der partizipierenden Leitung verändert auch die Kommunikation mit Jugendlichen. Es kann Erwachsene für ihre eigenen Entwicklungschancen sensibel machen, indem sie sich der Auseinandersetzung mit Jugendlichen akzeptierend stellen. Die unterschiedlichen Wertvorstellungen und Lebensentwürfe, die in einer pluralistischen Gesellschaft gelten und die Jugendliche ausprobieren müssen, um ihr eigenes Selbstkonzept zu finden, werden LeiterInnen weder unberührt lassen noch ihre Beziehung grundsätzlich gefährden. Mit einer vertrauensvoll offenen Haltung, die Konflikten weder ausweicht noch sie mit einem Machtwort beendet, die immer wieder zum Gespräch und zur Auseinandersetzung einlädt, provozieren Bezugspersonen eine Unterbrechung von Klischeevorstellungen Heranwachsender gegenüber einer Erwachsenenwelt, die sich in ihren Lebensmustern festgefahren und den christlichen Glauben als religiösen Aufputz des routinierten Alltags funktionalisiert hat. Die vertrauensvoll akzeptierende und beziehungsbereite Offenheit kostet die Erwachsenen mitunter viel Kraft und Zeit. Sie setzt auch den Mut voraus, die Jugendlichen wirklich loszulassen und nicht besitzen zu wollen.

Für eine anteilnehmende Kommunikation engagierter ChristInnen mit Jugendlichen in den (Pfarr-)Gemeinden und Schulen können jene kritischen Fragen hilfreich sein, die R. Englert zu den derzeitigen Bedingungen des Christseins im Hinblick auf Jugendliche anmerkt:

– *„Welche Auswirkungen hat es auf die religiösen Lernchancen eines jungen Menschen, wenn er in eine kapitalistische Wettbewerbsgesellschaft hineinsozialisiert wird?*
– *Wie soll er sein Leben der Gnade Gottes überantworten können,*

> wenn er in dieser Gesellschaft – und in gewisser Weise in jeder
> der uns bislang bekannten Gesellschaften – oftmals nur bestehen
> kann, sofern er gnadenlos bleibt?
> – Wie soll er jene für einen reifen Glauben charakteristische Reflexivität und Souveränität ausbilden können, solange im kirchlichen Bereich vor allem mit Mißtrauen und Reglementierung reagiert wird, wenn jemand die Freiheit eines Christenmenschen wirklich in Anspruch nimmt?
> – Wie soll jemand für die Sache des Evangeliums gewonnen werden, wenn er die Kirche statt als schwesterliche und brüderliche communio der Ortsgemeinde primär als bürokratisch regierte Großorganisation erlebt?"[77]

Christliche Gemeinden, die keine andere Alternative zur konsumorientierten Vermarktung anzubieten haben, als die Anliegen Jugendlicher für ihre Mitgliederwerbung zu mißbrauchen, haben ihre Zeugenschaft eingebüßt. Auf Jugendliche wirkt es auch kaum überzeugend, wenn die Funktionstüchtigkeit des Glaubens an Lebenswenden und sonstigen feierlichen Anlässen bewiesen werden soll. Im Hinblick auf die Heranwachsenden müßten sich Gemeinden aufs neue zu schwesterlich-brüderlichen Gemeinschaften bekehren, die ihre ganze Kraft dafür einsetzen, die gesellschaftlichen Bedingungen, unter denen Jugendliche heute aufwachsen, zu vermenschlichen. Das beginnt bei der geistig-materiellen Stützung der familiaren Lebensgemeinschaften, im Einsatz für die Humanisierung der Schulen und Betriebe und reicht bis zum Engagement für offene Jugendräume, Jugendzentren, Freizeitangebote, von Jugendlichen gestaltete Gottesdienste usw.

Dort, wo Jugendliche auf eine Gemeinschaft solcher engagierter, erwachsener Christen stoßen, beginnen sie vielleicht zu fragen, was diese bewegt, so zu handeln.

Schulklassen als inhomogene Gruppen

Schulklassen sind in der Regel inhomogene Gruppen, die sich meistens noch in Untergruppen gliedern und in denen eine rege Dyna-

---

77 Englert, Rudolf, Plädoyer für „religionspädagogische Pünktlichkeit". Zum Verhältnis von Glaubensgeschichte und Bildungsprozeß, in: KatBl 113 (1988), 162.

mik herrscht. Es ist ein Irrtum autoritärer Didaktik, wenn sie meint, die lebendige Dynamik einer Klasse durch frontales Lehren oder stringent durchorganisiertes Lernen hintanhalten zu können oder zu sollen. Wohl kann die Dynamik einer Gruppe durch ein bestimmtes LehrerInnenverhalten erheblich beeinflußt, niemals aber ausgeschaltet werden.

Worauf ich als LeiterIn im Hinblick auf die Interaktion in der Gruppe/Klasse meine Aufmerksamkeit lenken kann

Als LeiterIn kann ich mir grundsätzlich und im Hinblick auf einzelne Gruppenphasen/Unterrichtseinheiten meinen Kommunikationsstil mit den TeilnehmerInnen (siehe II/2) bewußtmachen:

– *Bin ich eher LeiterIn „vor" den TeilnehmerInnen? Habe ich sie vorwiegend informiert, belehrt, angeleitet? Wie sehr konnten die TeilnehmerInnen eigenverantwortlich und selbstbestimmt lernen?*
– *Bin ich eher LeiterIn „für" die TeilnehmerInnen? Habe ich sie hauptsächlich mit Lernmaterialien, Aufgabenstellungen, Informationen „versorgt"? Inwiefern habe ich die Selbsttätigkeit der TeilnehmerInnen gefördert, zugelassen, behindert?*
– *Bin ich eher LeiterIn „mit" den TeilnehmerInnen? War das Gruppengeschehen / der Unterricht vorwiegend unsere gemeinsame Sache und Verantwortung? Habe ich die TeilnehmerInnen über die Hintergründe meiner Planung informiert? Wie und worin konnten sie einzelne Lernschritte selbst bestimmen bzw. grundsätzlich an der Planung / Umplanung des Prozesses verantwortlich mitwirken? Wie sehr war ich als Mensch greifbar, inwiefern habe ich mich auf meine LeiterInnenrolle zurückgezogen?*

Dazu kommen Fragen, die die konkrete Interaktion/Kommunikation in einzelnen Phasen/Einheiten betreffen:

– *Wie verstehen sich die TeilnehmerInnen untereinander, und wie ist ihre Beziehung zu mir? Welche Störungen traten auf? Welche sind bei diesem speziellen Anliegen zu erwarten?*
– *Welche Anliegen / Konkurrenzanliegen von einzelnen und Unter-*

gruppen könnten auf der Beziehungsebene bestehen und artikuliert werden?
– *Inwiefern ist in der Gruppe ein „Wir" erfahrbar? Gehöre ich als LeiterIn dazu oder nicht?*

4. Aufmerksam auf das „Andere"

In kommunikativen Bildungsprozessen kommt – speziell im kirchlichen Kontext – noch eine andere Dimension ins Spiel. Traditionellerweise könnte man sie als ausdrückliche Religion, im christlichen Sinn als Glaubenszustimmung, bezeichnen. Sie zeigt sich von innen und von außen. Von innen durch die LeiterInnen/TeilnehmerInnen in ihren Interaktionen; von außen in den Gestalten, in denen sich das Religiöse bzw. die Botschaft des Glaubens unter den konkreten kirchlich-gesellschaftlichen Bedingungen ausdrückt. Eine zentrale Bedeutung haben die Bibel und die kirchliche Tradition.

Alles kann zum Anliegen werden

Grundsätzlich kann das ganze Leben, wie es Menschen in Hoffnung und Freude, Trauer und Angst miteinander leben, zum Anliegen von Lernprozessen in Gemeinde, Schule und Erwachsenenbildung werden. Die problematische Trennung in „anthropologische und theologische" Themen behindert viele lebendige Initiativen der Kirchen, weil ständig der inhaltliche Verkündigungswert legitimiert werden muß. Einer integrativen Sicht kirchlicher Bildungsanliegen steht das Beispiel des Jesus von Nazaret vor Augen, der mit allen und über alles kommunizieren konnte. Er nahm speziell die Armen, Kranken, Kinder und Sünder mit ihren spezifisch menschlichen Anliegen in die Kommunikationsgemeinschaft herein und öffnete ihren Horizont auf das Reich Gottes hin.
Spuren göttlicher Wahrheit findet man nicht nur in der Bibel und in der kirchlichen Tradition. Einzelne TeilnehmerInnen und die Gruppen als ganze werden sie als ihre ureigensten Anliegen zur Sprache bringen. Das trifft nicht nur auf die Erwachsenenbildung und Gemeindekatechese/-pädagogik zu, die unabhängiger von vorgegebe-

nen Plänen und Unterrichtsmaterialien sind als die Schule. Auch im Religionsunterricht werden hinter vielen Anliegen der SchülerInnen menschlich-religiöse und spezifisch christliche Fragen stehen. Sie sind genauso Gegenstand des Religionsunterrichtes wie die Anliegen aus den Lehrplänen und Religionsbüchern. Lernprozesse, die weder thematisch noch von den TeilnehmerInnen her ein spezifisches theologisches Interesse erwarten lassen, verlaufen oft tief religiös. Warum? Weil die existentiellen und die religiösen Erfahrungen dort, wo sie nicht in erster Linie diskursiv behandelt, sondern in ihrer symbolischen Vielfalt gelebt werden, zusammenfallen; dort also, wo Leben erzählt, vielfältig ausgedrückt, gespielt und gefeiert wird. Ein Maßstab für die Echtheit dieser kommunikativen Praxis ist, ob Kinder, einfachere Menschen, Menschen aus anderen Kulturen und religiösen Welten in einer solchen Kommunikation Platz haben oder von den LeiterInnen bzw. der jeweiligen Gruppe ausgegrenzt werden.

Der integrierende Aspekt kommunikativen Handelns, der in kirchlichen Bildungsprozessen lange Zeit vernachlässigt wurde, darf aber nicht um den Preis der Irrationalität erkauft werden. Was meine ich damit? Wir sehen in der Geschichte und in der Gegenwart, wie Religion zum heilsamsten, weil sinnvermittelnden, befreienden und humanisierenden Stimulus, aber auch zum gefährlichsten für den Menschen werden kann. Im Namen der Religion werden bis heute Menschen gedemütigt, ausgegrenzt, verraten und getötet. Der religiöse Fundamentalismus ist in vielen Religionsgemeinschaften erschreckend im Vormarsch. Demgegenüber gilt es, alle rationale Kraft aufzubieten und nicht das alleinige Heil aus dem symbolischen Vollzug zu erwarten, so wichtig dieser für die individuelle und kollektive Identität von Menschen auch sein mag. Es ist und bleibt (auch) Aufgabe der Theologie, die ideologischen Gottes- und Menschenbilder aufzuspüren und als solche zu entlarven, also kritisch nachzudenken, was der symbolhafte Ausdruck des Glaubens zu denken aufgibt.

Vom „Anderen" herausgefordert

In allen kirchlichen Bildungsbereichen ist gleichzeitig mit der Aufmerksamkeit auf die je eigenen und allen gemeinsamen menschlich-religiösen Anliegen redlich danach zu fragen, welche Herausforderungen von außen an das Lernen gestellt sind. So richtig es ist, daß Gott im einzelnen reift und christlicher Glaube sich in befreiend-kommunikativem Handeln von Gruppen und Gemeinden realisiert, sosehr steht auch das andere, steht ER, als der ganz Andere, als der, der sich weder in der Biographie erschöpft noch im kommunikativen Handeln aufgeht, allen Bildungsanstrengungen gegenüber. An die letzte Wirklichkeit kommen wir auch in kirchlichen Bildungsprozessen nicht in dem Sinn heran, daß wir sie be-greifen können. Wohl aber können wir uns über unsere Suchprozesse und Annäherungen austauschen. Vielleicht erahnen wir dabei etwas vom tiefsten Geheimnis.

Biblische Texte und kirchliche Traditionen bergen in ihrer Tiefenstruktur elementare Weg- und Glaubenserfahrungen, die im Sinne einer kritischen Korrelation bzw. Interrelation[78] (siehe II. Kapitel) heutige Erfahrungen aufzubrechen und zu neuen Suchbewegungen anzustoßen vermögen. Das „neue Alte" ist oft fremd, es macht angst und läßt sich nicht in eins mit den gegenwärtigen Erfahrungen einzelner und Gruppen setzen.

In gemeindlichen und schulischen Lernprozessen begegnen diese Herausforderungen in der Regel nicht unmittelbar. Sie sind in Gestalten und Metaphern, Gleichnissen und Erzählungen, in Gesten und Riten zugänglich. Darin brachten und bringen Menschen zum Ausdruck, was sie unbedingt angeht. Dieser vielgestaltige symbolische Ausdruck von Menschen damals wie heute ist der „Stoff" von außen, mit dem es sich in Bildungsprozessen auseinanderzusetzen gilt.

Demgegenüber hat sogenanntes „Sachwissen" (etwa wie die Evangelien entstanden sind usw.) immer den Charakter von „Hilfswissen". Letzteres ist nicht an sich bedeutsam, sondern nur dort, wo es hilft, einen Text zu erschließen oder einen Ritus zu verstehen. Wird das

---

78 E. Schillebeeckx spricht beim Verhältnis von Tradition und Erfahrung neuerdings von einer „kritischen Interrelation": „Damit ist eine Konfrontation durch Vergleiche angezielt, zum Beispiel wird miteinander verglichen, wie sich seinerzeit in der Schrift das Verhältnis von Glaube und Erfahrung zeigte, wie in der Patristik – auch dort treffen wir doch auf Glaubensartikulationen und menschliche Erfahrungen –, wie man im Mittelalter das Verhältnis gestaltete usw. Erst aus der kritischen Korrelation verschiedener kultureller Kontexte kann man eine Art Kriterium der Tradition herausdestillieren." (Tradition und Erfahrung: Von der Korrelation zur kritischen Interrelation. Hans-Georg Ziebertz im Gespräch mit Edward Schillebeeckx anläßlich dessen 80. Geburtstag am 12. November, in: KatBl 119 (1994), 756-762, hier: 756.)

Hilfswissen zum hauptsächlichen Lerngegenstand, wie das in der Schule nicht selten der Fall ist, dann verliert das Lernen seinen existentiellen Charakter: Es kann zur „Plauderei" von Nebensächlichkeiten verkommen.
Aufgrund ihrer anthropologisch-theologischen Ausbildung sollten ErwachsenenbildnerInnen, GemeindereferentInnen und ReligionslehrerInnen fähig sein, nicht nur auf persönliche Anliegen der TeilnehmerInnen oder auf solche aus der Gruppe oder aus dem „Globe" aufmerksam zu sein, sondern ebenso auf die Symbolik des „Anderen"; also auf alles, worin jenes unbegreifliche und unfaßbar tiefe, absolut jenseitige Geheimnis allen Lebens, das wir Gott nennen, seinen mehr oder minder adäquaten diesseitigen Ausdruck findet: alles Geschöpfliche, die Kultur der Menschen einschließlich ihrer Religion, die heiligen Texte und Schriften; christlich verstanden Jesus, den Christus, das endgültige Wort Gottes. Eine solche, in Gebet und Meditation vorbereitete, vom Gottesgeist bewirkte und angetriebene Aufmerksamkeit auf die Symbole des „Anderen" macht eine Anteilnahme möglich, die mit den Tiefenstrukturen des Lebens in Berührung bringt. Konkret kann das bedeuten, innezuwerden, welche herausfordernde Botschaft in einer biblischen Perikope „verschriftet" ist, oder wozu ein alter kirchlicher Ritus provoziert. Es kann auch heißen, sich von einem Bild oder einem Text in einem Unterrichtsmodell in Bewegung bringen zu lassen. Dabei spielen Fragen nach der Hierarchie der Glaubenswahrheiten, nach ihrem Inhalts- und Beziehungsaspekt eine wichtige Rolle. Auf die Prozeßplanung hin ist an die (Neu-)Inszenierung symbolischer Ausdrucksmöglichkeiten (vgl. IV. Kapitel) zu denken.

Anliegen, die in Gemeindekatechese/-pädagogik, Religionsunterricht und Erwachsenenbildung leicht vergessen werden

Die folgenden Anliegen stellen nur eine exemplarische Auswahl dar.

Gott am Rande
Vor jeder Behandlung spezifisch christlicher Themen sei auf die nichtartikulierten bzw. nicht artikulierbaren Anliegen aller Mundtotgemachten verwiesen. Viele von ihnen gehören zu sogenannten

gesellschaftlichen Randgruppen oder zu Opfern der Zweidrittelgesellschaft. Eine besondere Bildungsherausforderung besteht dort, wo die Kirche, u.a. durch ihr Normensystem, Menschen an den Rand drängt oder diskriminiert. Die Lebens- und Überlebensprobleme solcher Menschen gehören auch dann zum Christlichen im spezifischen Sinn, wenn darin Glaubensthemen nicht ausdrücklich artikuliert werden. In ihrer Marginalisierung sind Menschen am Rande von Gesellschaft und Kirche nicht nur AdressatInnen der Botschaft des Glaubens, sondern auch ihre authentischen AuslegerInnen. Wenn Gott ein Gott der Armen ist, dann hört seine Stimme, wer am Leben von Marginalisierten Anteil nimmt; wo die Aufmerksamkeit für Gott am Rande schwindet, schreitet die Taubheit für das spezifisch Christliche fort.

Meine Lebenswelt – Ort der Gotteserfahrung: erinnern, erzählen, bedenken

Die Lebensgeschichte jedes Menschen ist zugleich seine Geschichte mit Gott. Durch Erzählen der Lebens- und Leidensgeschichten, der Traum- und Schicksalsgeschichten kann etwas, das mir widerfahren ist, zu meiner Erfahrung werden. Ereignisse in die Lebensgeschichte einzuordnen, sie nicht fremd und unverstanden zu lassen, erfordert Zeit und braucht den Austausch von Mensch zu Mensch.
Auch die biblischen Erzählungen, ja selbst die kirchlichen Glaubenstexte haben ihre Erfahrungsstruktur. Im Erzählen werden ihre existentiellen Tiefenschichten lebendig. Heutige Lebens-/Glaubenserfahrungen und solche von damals erhellen sich wechselseitig, brechen auf und stoßen zu neuem Handeln an.

Als Anliegen bieten sich u.a. an:
– *Szenen aus der vergangenen Woche: Woran erinnere ich mich, wovon möchte ich erzählen?*
– *Was bedeutet es mir / uns, Leben zu erinnern und zu erzählen?*
– *Welche (Glaubens-)Bedeutung haben Alltäglichkeiten für mich?*
– *Welche Spannungen zwischen der traditionellen Glaubenssprache und den alltäglichen Erfahrungen (eigene Sprachlosigkeit / Stammeln oder Verstummen von anderen) nehme ich / nehmen wir wahr?*

Im Ursprung ist Beziehung: Durch den drei-einen Gott zur liebenden Kommunikation befreit
Das Geheimnis des christlichen Gottes ist nicht ein Mysterium der Einsamkeit, sondern des Zusammenseins, des Kennens, Zeugens, Liebens, des Gebens und Empfangens; „... denn Gott ist die Liebe" (1 Joh 4, 8b).
Im Geheimnis der dreieinen Liebe Gottes wird eine Antwort auf die Frage nach dem Wesen des Menschen angedeutet: Der Mensch wird zeitlebens im Du und im Wir.
Welche Gottesbilder haben demgegenüber Menschen verinnerlicht? Welche leiten ihr Leben, Arbeiten, Lieben? Wie und wo wird liebende Kommunikation im Alltag erfahrbar?

Als Anliegen bieten sie u.a. an:
- *Meine/deine Gottesbilder: Woher kommen sie? Wer steht (bis heute) dahinter?*
- *Der beziehungsreiche Gott: Welche biblischen Texte sind mir/uns bedeutsam?*
- *Mein persönliches Glaubensbekenntnis und das Bekenntnis der Kirche.*
- *Liebend kommunizieren – (wie) geht das?*
- *Communio im Kirchensystem – eine herausfordernde Alternative?*

Gott in der Schöpfung – der Mensch als Mitschöpfer: Lieben und arbeiten
Viele menschlich-religiöse Anliegen Erwachsener hängen mit ihrer Biographie zusammen. Auch das Zusammensein und Zusammenleben mit Kindern und Jugendlichen kann bei Erwachsenen neue/alte Anliegen bewußtmachen. Die Kommunikation zwischen den Generationen ist im Hinblick auf weltanschaulich-religiöses Lernen besonders ergiebig.
Über diese biographischen und intergenerativen Zusammenhänge hinausgehend, nennt M. Blasberg-Kuhnke im Anschluß an D. Sölles Schöpfungstheologie[79] „lieben und arbeiten" als spezifische menschlich-christliche Anliegen. „Lieben und Arbeiten als Teilhabe am Schöpfungsprozeß und Wahrnehmen des Schöpfungsauftrages ist Ausdruck des Glaubens an den befreienden Schöpfergott und zu-

---
79 Sölle, lieben.

gleich Ausdruck inniger Verbundenheit der Menschen untereinander und mit allen Lebenden."[80] Nach D. Sölle hat uns Gott „als Arbeiter und Liebende geschaffen".[81] Im Arbeiten und Lieben erleben erwachsene Menschen „Schmerz und Glück, Scheitern und Gelingen. Was uns im Bereich unserer Arbeit und unserer Beziehungen zustößt, bestimmt unser Leben mit Gott und ist deshalb untrennbar mit unserem religiösen Leben verbunden. Wir leben das Mit-Schöpfersein aus in Arbeit und Liebe."[82]

Als Anliegen bieten sich u.a. an:
- *Welche Entfremdungserfahrung in der Arbeit und Liebe (ideologische Gleichsetzung von Arbeit und Erwerbsarbeit, konsumistische Vermarktung menschlichen Lebens) mache ich / machen wir?*
- *Was bedeutet es, daß niemand unentfremdet lieben kann, wenn er / sie entfremdet arbeitet?*
- *Welche Möglichkeiten eröffnen sich für Arbeit und Liebe, wenn der Mensch als Geschöpf Gottes und Mitschöpfer gesehen wird?*
- *Wie drückt sich das Geschöpf-Sein aus? (Annahme und Akzeptanz der Leiblichkeit; der Erfahrung, in Beziehung zu leben; im Glauben daran, daß die Erde Gott gehört und darum allen Menschen.)*
- *Wenn Mitschöpfer-Sein für den Menschen bedeutet: „Die Fesseln der Ungerechtigkeit"*[83] *zu sprengen, welche konkreten Konsequenzen hat das für mich / für uns?*
- *Wie kann schöpfungsgemäßes Arbeiten zum Ausdruck der kreativ-schöpferischen Generativität werden, wo der soziale Bezug als „Mitarbeit" deutlich und „Arbeit als Menschheitsprojekt in der Versöhnung mit der Natur"* [84] *gesehen und damit Frieden mit der Schöpfung und Zukunft für die nachkommende Generation gewährleistet wird?*
- *Was bedeutet es für mich / uns, wenn schöpfungsgemäßes Lieben sich in „Vertrauen, Ekstase, Ganzheit und Solidarität"*[85] *äußert?*

---

80 Blasberg-Kuhnke, Erwachsene glauben, 461.
81 Sölle, lieben, 153.
82 Sölle, lieben, 153.
83 Sölle, lieben, 59.
84 Blasberg-Kuhnke, Erwachsene glauben, 464.
85 Blasberg-Kuhnke, Erwachsene glauben, 465.

„Mein Gott, ein Mensch"[86] – Christologische Brennpunkte: Authentisches Leben angesichts des Todes und durch den Tod hindurch

Im Menschgewordenen zeigt sich Gott als Liebhaber und als prophetischer Anwalt eines authentischen, solidarischen Lebens. Spuren der Wahrheit Gottes, wie sie sich in der Menschwerdung Jesu Christi offenbaren, sind also überall dort zu suchen, wo:
- die umfassende Qualität von Leben und Beziehung erschlossen und eröffnet wird,
- prophetische Kritik als Anwältin eines authentischen, nicht zerstörten Lebens gelebt und gefördert wird,
- zum Ausdruck kommt, daß es ein Leben nur mit und nicht ohne den Tod gibt, weil sich Gott über den Tod hinaus mit den zu Opfern Gemachten solidarisiert, wie das in Tod und Auferweckung Jesu zum Ausdruck kommt.[87]

Als Anliegen bieten sich u.a. an:
- *Menschen, Situationen, Szenen, deren Lebendigkeit mich anzieht.*
- *Lebendigkeit und ihre andere Seite: Was verlockt mich, was macht mich unsicher?*
- *Was mich leben und was mich überleben läßt.*
- *Möglichkeiten / Grenzen, die Schatten des Lebens anzusehen.*
- *Licht und Schatten, Leben und Tod in den Christusbildern der Jahrhunderte.*
- *Die Lebendigkeit Gottes, die selbst die radikale Unerwartetheit des Todes noch unterwandern kann – wieviel Zutrauen habe ich?*
- *Meine Spielräume – meine Visonen: Ich male mich durch meine Schatten durch.*
- *Leben – Tod, Auferweckung feiern.*

---

86 Vgl. den Buchtitel: Schnurr, Otmar, Mein Gott, ein Mensch. Annäherungen an Jesus, München 1987.
87 Diese drei „christologischen Brennpunkte" bestimmten ein gemeinsames dogmatisch-katechetisches Seminar, das wir im Sommersemester 1993 an der Theologischen Fakultät Linz durchführten.

„Der Wind weht, wo er will" (Joh 3, 8): Spuren des Gottesgeistes im individuellen, gesellschaftlichen und kirchlichen Leben

„Gott kommt früher als der Missionar"[88], schreibt L. Boff auf dem Hintergrund der leidvollen Missionierungserfahrungen Lateinamerikas. Auch für uns in Europa gilt, daß Gott schon da ist, bevor Eltern, ErzieherInnen, ReligionslehrerInnen, SeelsorgerInnen u.a. die ausdrückliche Katechese beginnen. Die Sensibilität für eine Kommunikationskultur, die die menschlich religiösen Wurzeln genauso achtet, wie sie die Herausforderungen des Evangeliums ernst nimmt, betrifft wesentlich alle Bildungsvorgänge in Schule und Gemeinde. Die „Inkulturation" des Evangeliums in die alltägliche familiare, schulische und gesellschaftliche Lebenswelt ist keinesfalls nur ein Problem ehemaliger „Missionsländer", sondern stellt sich allen (Neu-)Evangelisierungsansätzen in Europa.

Als Anliegen bieten sich u.a. an:
– *Meine Erfahrungen mit „Wind"/Geist.*
– *Gegenwind, Grenzen, Widerstand, Protest – wie erlebe ich sie, wie gehe ich damit um?*
– *Wind, Hl. Geist, dritte göttliche Person – ob und wie wir von nichts und allem reden.*
– *Das Wehen des Windes, das Wirken des Geistes in meinem Alltag.*
– *Deine/meine Lebens-/Glaubensüberzeugungen, was trennt uns, was verbindet uns, wie können wir miteinander kommunizieren?*
– *Welche Lebens- und Glaubensüberzeugungen nehme ich in bestimmten Gruppen wahr, wie drücke ich sie aus, und wie komme und bleibe ich in Kontakt, ohne mich anzubiedern oder herauszuhalten?*
– *Wie gehe ich mit der Vielfalt der Lebens-/Glaubensüberzeugungen in meinem Alltag um?*

Kirche(n), Gemeinde(n): Lebensräume des Geistes?

Nach unserem Glaubensbekenntnis ist der Geist das Lebensprinzip der Kirche/Gemeinden. Wer auf den Geist verweist, darf nicht persönliche Umkehr und individuelle Frömmigkeit gegen Veränderung in den Lebensstrukturen unserer Gemeinden ausspielen. In der

---

88 Boff, Missionar.

praktischen Gemeindearbeit geht es um Ansätze, die beides verbinden: den Glaubensinhalt und seine Erschließung bis hin zu strukturellen Konsequenzen im Leben von Gemeinden.

Als Anliegen bieten sich u.a. an:
— *Geist / Ungeist in unserem Alltag.*
— *Was wäre in unseren Gemeinden los, wenn wir dem Hl. Geist vertrauten?*
— *Braucht der Hl. Geist Strukturen, um zu wirken? Brauchen wir / ich Strukturen, um den Hl. Geist zu erfahren?*
— *Unsere volkskirchlichen Pfarreien: Räume des Geistes oder Räume des Ungeistes?*
— *Jede gelungene Beziehung ein Geisterlebnis?*
— *Wie sehen Lebensräume des Geistes aus? Was verhindert diese Lebensräume?*
— *Die Philosophie einer Gemeinde im Spektrum der Philosophie anderer Vereine und Unternehmungen am Ort.*
— *Mißverstehen und Verstehen: Wie kann Kommunikation unter Menschen mit der biblischen Tradition im gesellschaftlichen Kontext gelingen?*

Leitfragen:
— *In welcher Gestalt zeigt sich der betreffende Bildungsgehalt: als Gleichnis, als Erzählung, als Bekenntnis, als Gestus oder Ritus, als Gebet, als sakrales oder profanes Kunstwerk, als körpersprachlicher Ausdruck usw.?*
— *Mit Hilfe welcher Hermeneutik (Kunst, Literatur, Exegese, Psychologie, Soziologie, systematische theologische Reflexion usw.) wird der symbolische Ausdruck des Bildungsgehaltes, wie ihn z.B. eine Arbeitshilfe repräsentiert, adäquat zugänglich?*
— *Was ist die Tiefenstruktur, also die allgemein menschliche, religiöse und spezifisch christliche Erfahrung, die in der jeweiligen Text-, Bild-, Körpergestalt zum Ausdruck kommt?*
— *Wie, worin, warum ist mir / den AdressatInnen diese Erfahrung zugänglich / nicht zugänglich? Kann / will ich sie mir / uns zugänglich machen? Wie?*
— *Wie zentral oder peripher ist die betreffende Lebens- / Glaubenswirklichkeit für das Grundverständnis der christlichen Botschaft? Welche anthropologische, theologische Bedeutsamkeit messe ich ihr bei, messen ihr gegenwärtige Theologien bei?*

5. Mein/unser Anliegen

„Was der Fall ist, wenn ...": Wie auf lebenshermeneutische Weise Anliegen kommunikativer Lernprozesse erhoben werden können

Die anteilnehmende Aufmerksamkeit auf die Bedingungen des Lernens, die ich in diesem Kapitel entfaltet habe, ist lebenshermeneutisch orientiert: Die Anliegen kommunikativer Lernprozesse werden nicht aus einem bestimmten theologischen Fachbereich deduziert und vereinfacht an die TeilnehmerInnen weitergegeben, wie das in einem kirchlich-informatorischen Bildungskonzept der Fall ist. Sie reduzieren sich auch nicht auf wirkliche oder vermeintliche TeilnehmerInnenfragen, was die Schwachstelle einer rein problemorientierten religiösen Bildung ist. Auch der kirchlich-gesellschaftliche Kontext allein liefert nicht die Anliegen. Sie entstehen aus einer „vernetzten Aufmerksamkeit" auf die unterschiedlichen Bedingungen, die den Lernprozeß bestimmen. In der Formulierung der Anliegen ist darauf zu achten, daß sich das Miteinander-Gestalten und Tun (Psychomotorik), die Gefühls- und Empfindungsebene (Emotion) und das Einsehen und Merken (Kognition) möglichst die Waage halten. In den Anliegen wird in der Regel die allgemein menschliche, die religiöse und die spezifisch christliche Dimension des Menschen angesprochen.

Bevor die Anliegen von Projekten oder anderen Bildungseinheiten nicht geklärt sind, sollte nicht mit der Prozeßplanung begonnen werden. Wer diese Reihenfolge einzuhalten versucht, schützt sich davor, allzu schnell die Methoden- und Medienfrage in den Vordergrund zu rücken und damit den inneren Zugang zur Planung sowie zu Intuition, Kreativität und Lebendigkeit durch vorzeitige Festlegungen abzuschneiden.

Ein Beispiel aus dem Religionsunterricht
Eine Religionslehrerin sitzt vor ihrer Unterrichtsvorbereitung. Was mach' ich morgen in der 1c, denkt sie. Es soll doch irgendwie um das Gottesbild der Kinder gehen? Ich hab's! Unlängst hat mir ein Kollege erzählt, daß er die Kinder einfach malen ließ, was sie sich unter Gott vorstellen. Das probier' ich auch! Vielleicht finde ich noch einen Text zur Einleitung. Und gegen Ende der Stunde lese ich

mit den SchülerInnen die gelb unterlegte Zusammenfassung im Religionsbuch. Die beiden wichtigsten Sätze lasse ich ihnen unter die Zeichnung ins Heft schreiben. Gott sei Dank, die Stunde ist fertig!

Die meisten Konzepte für die Unterrichtsplanung sind produktorientiert. Ihr wichtigstes Ziel ist es, möglichst schnell zu einem sinnvollen und attraktiven Unterrichtsplan zu kommen. Dieses Interesse ist im Alltagsstreß des Unterrichtens verständlich. Es kann aber in die Irre führen, wenn die Seele bei der Unterrichtsplanung nicht mehr nachkommt und der eigene Unterrichtsplan fremd bleibt.
Eine wichtige Abhilfe gegen ein solches „Ausbrennen" von LehrerInnen ist die existentielle Auseinandersetzung mit den Bedingungen, die den Unterricht bestimmen:
– Als LehrerIn gehöre ich mit meinen Vorerfahrungen, Einstellungen, Wünschen, Störungen usw. ebenso zum Unterricht wie die einzelnen SchülerInnen mit ihrer Lebens-/Glaubensgeschichte. Wenn es also z.B. um die Gottesvorstellungen der SchülerInnen gehen soll, muß ich mich zunächst mit meiner eigenen auseinandersetzen.
– Als Klasse/Gruppe, in der ich unterrichte und mit der ich kommuniziere, sind wir miteinander eine wichtige Bedingung von Unterricht. Die Art und Weise unseres Umgangs miteinander kann zum Anliegen des Unterrichts werden. Auf das Verstehen/Mißverstehen religiöser Texte, Bilder und Handlungen hat unsere Kommunikation erheblichen Einfluß.
– Unterricht wird vom schulischen Kontext (Klassenraum, Sitzordnung, Stundenplan usw.), in dem sich auch etwas vom kirchlichgesellschaftlichen Umfeld widerspiegelt, mitgeprägt. Aus diesem Kontext können Anliegen des Religionsunterrichtes kommen; er wird die Behandlung jedes Anliegens beeinflussen.
– Was in Religion „Sache" ist, also der Lerngegenstand des Religionsunterrichtes, steht nicht nur in den Lehrplänen und Religionsbüchern, noch weniger ist er das Ergebnis eines auf SchülerInnenebene gebrachten theologischen Traktates. Der Lerngegenstand des Religionsunterrichtes kann aus dem Kontext von Schule und Unterricht kommen. Er kann aus dem Beziehungsfeld der Klasse entstehen oder in den biographischen und sozialen Bedingungen einzelner wurzeln. Selbstverständlich kann er auch

über Lehrplan und Religionsbuch symbolisch vermittelt sein. Auch in diesem Fall ist die wechselseitig-kritische Vernetzung mit den oben genannten Bedingungen von Unterricht nötig, damit elementare und existentiell bedeutsame Anliegen des Unterrichtes formuliert werden können, die lebendig inszenierbar sind.

Was also hätte sich im Unterrichtsplan der Religionslehrerin der 1c-Klasse geändert, wenn sie nicht bei der Methoden- und Medienplanung begonnen hätte, sondern aufmerksam und anteilnehmend das Anliegen des Unterrichtes erhoben hätte?
1. *Die Entscheidung, die Gottesvorstellung der SchülerInnen zum Gegenstand des Religionsunterrichtes zu machen, wäre nicht von vornherein festgestanden. Sie hätte in einer wachen inneren Aufmerksamkeit darauf, was einzelnen Kindern und ihr selbst wichtig ist, wie die Beziehungen in der Klasse sind, wo im Stundenplan die nächste Religionsstunde angesetzt ist bzw. was sonst den Religionsunterricht beeinflussen wird und was Lehrplan und Religionsbuch nahelegen, kritisch geprüft, welches Anliegen in der 1c-Klasse wirklich „dran" ist. Vielleicht wäre ihr deutlich geworden, daß einzelne SchülerInnen nach dem Schulwechsel noch Begleitung brauchen oder daß aufgrund von Konflikten in der Klasse „fair streiten und Konflikte lösen" momentan wichtiger ist.* [89]
2. *Gesetzt den Fall, die Analyse hätte ergeben, daß die Auseinandersetzung mit den Gottesvorstellungen wirklich das richtige Anliegen für die nächste Stunde ist, dann hätte sie es etwa in folgender Weise formuliert: „Unsere unterschiedlichen Gottesvorstellungen ausdrücken und austauschen". Schon die Formulierung dieses Anliegens hätte ihr deutlich gemacht, daß sie mit dem Anliegen mitgemeint ist.*
3. *Hätte sie sich intensiver darauf eingelassen, ob und wie sie ihre eigene Gottesvorstellung ausdrücken kann und will, dann wäre ihr vielleicht ihre Hemmung zu malen bewußt geworden. Sie hätte damit einerseits ein inneres Verständnis für Kinder, die nicht malen wollen, gewonnen und hätte andererseits das Methoden- und Medienrepertoire für den Unterricht erweitert. Die persönliche Gottesvorstellung kann man nicht nur malen,*

---

89 Vgl. dazu die jeweiligen Abschnitte im Religionsbuch: Scharer, Matthias u.a., Miteinander unterwegs. Glaubensbuch AHS 1, Salzburg u.a.O. 1993, 12-15.42-45.

man kann dazu einen Text schreiben, etwas mit Ton o.a. gestalten, aus unterschiedlichen „Gottesbildern" (aus dem Religionsbuch) eines auswählen, die eigene Vorstellung in Gesten ausdrücken oder ein Lied bzw. Musikstück komponieren.
4. *Damit wäre der Lehrerin bereits in der Planung klargeworden, daß bei einem so persönlichen Anliegen wie der eigenen Gottesvorstellung die Verantwortung dafür, ob und wie das jemand ausdrücken will, zumindest in einem bestimmten Rahmen bei den SchülerInnen liegen muß.*
5. *Hätte sie den eigenen Ausdruck versucht, wäre ihr weiter bewußt geworden, wie sorgsam sie mit ihrem Bild oder Text umgehen will. Sie hätte gespürt, daß der Ausdruck ihrer Gottesvorstellung nicht vor eine ganze Klasse gehört, sondern mit ihr persönlich oder vielleicht noch mit einer Nachbarin / einem Nachbarn besprochen werden könnte.*
6. *Hätte sie dann noch versucht, den vorformulierten Satz aus dem Religionsbuch unter ihr Bild zu schreiben, dann wäre ihr klargeworden, wie klischeehaft eine solche allgemeine Formulierung unter einem persönlichen Bild wirkt.*
7. *Vielleicht hätte sie sich auch auf das Risiko eingestellt, in der Zeit, in der die SchülerInnen ihre persönlichen Gottesvorstellungen zum Ausdruck bringen, das auch selber zu tun und nicht „kontrollierend" durch die Klasse zu gehen.*
8. *Auf jeden Fall wäre sie zu der Erkenntnis gekommen, daß sich der „richtige" Ausdruck von Gottesvorstellungen nicht an formalen Kriterien messen kann, sondern daran, wie authentisch er ist.*

Wie komme ich zu den Anliegen?
Ein zusammenfassender Überblick

Subjektive Ebene:
Welche (biographisch geprägten) individuellen Lebens-/Glaubenserfahrungen bringen LeiterInnen/einzelne TeilnehmerInnen in der Gruppe mit und (symbolisch) zum Ausdruck (u.a. darin, wie sie sich kleiden, welche Medien sie konsumieren, was ihnen „heilig" ist, was sie ärgert und stört)? Worin besteht ihre persönliche Not? Welche Sprach-/Ausdrucksbarrieren und Lernwiderstände sind bei einzelnen möglich?

Intersubjektive Ebene:
Welche intersubjektiv vermittelten Lebens-/Glaubenserfahrungen kommen in der Interaktion/Kommunikation der TeilnehmerInnen untereinander und zwischen LeiterInnen und TeilnehmerInnen in der Gruppe symbolisch zum Ausdruck (u.a. als Riten und Gesten des Begrüßens und Verabschiedens, des Streitens und Versöhnens, als „ungeschriebene" Gesetze in der Gruppe, als Kommunikationsmuster usw.)? Welche Begegnungsängste und -barrieren werden deutlich? Welche Interaktionsformen und Kommunikationsstile sind gewohnt/ungewohnt?

Rahmenbedingungen: An welchem Konzept orientieren sich Gemeindearbeit, Religionsunterricht bzw. Erwachsenenbildung? Wie kommt es im konkreten Handeln zum Ausdruck? Wo liegen die Grenzen des Ansatzes im konkreten Kontext der Bildungseinrichtung? Welche Lebens-/Glaubenserfahrungen bringt der pfarrliche/schulische (Architektur, Klassenraumgestaltung usw.) und kirchlich-gesellschaftliche Kontext symbolisch zum Ausdruck?

Anliegen einer oder mehrerer Bildungseinheiten oder von Projekten ergeben sich aus einem „vernetzten" Aufmerksamkeit und in einem freien und kritischen Wechselspiel zwischen den verschiedenen Ebenen.

Symbolisch-inhaltliche Ebene:
Welche Lebens-/Glaubenserfahrungen kommen in den biblischen, religiösen und profanen Texten, in sakralen und profanen Kunstwerken, in unterschiedlichen Ausdrucksmöglichkeiten und Arbeitsschritten, wie sie u.a. in Plänen, Behelfen u.a. Medien „deponiert" sind, symbolisch zum Ausdruck?

IV. SPIELRÄUME DER BEGEGNUNG ERMÖGLICHEN

Alles wirkliche Leben ist Begegnung
Martin Buber [1]

Im letzten Kapitel dieses Buches gehe ich der Frage nach, wie offene, kommunikative Lernprozesse praktisch laufen können. Es geht also um die Prozeßplanung, Leitung und Durchführung. Aus den bisherigen Überlegungen ergibt sich, daß nicht eine bestimmte Technik des Planens und Leitens im Vordergrund steht, sondern eine anteilnehmende Haltung, die Spielräume der Begegnung ermöglicht. Aus dieser Haltung heraus sind auch die methodisch-didaktischen Konsequenzen verständlich.

1. Begegnungsorientiert und verantwortungsstiftend planen und leiten

Um die spezifische Haltung des Planens und Leitens von Prozessen in Gruppen/Klassen nochmals zu verdeutlichen, bedarf es einiger grundsätzlicher Überlegungen.

Was heißt Begegnung?

Aus Erfahrung wissen wir: Es gibt alltägliche, flüchtige Kontakte und Begegnungen, die uns als ganze Menschen betreffen. Das können Begegnungen mit Menschen, aber auch mit Kunst, Literatur, letztlich mit jedem menschlichen Ausdruck sein. M. Buber unterscheidet, wenn es um Begegnung geht, die „Grundworte" „Ich – Du"

---

1 Buber, Martin, Ich und Du, Heidelberg [11]1983, 18.

und „Ich – Es": „Wer Du spricht, hat kein Etwas zum Gegenstand. Denn wo Etwas ist, ist anderes Etwas, jedes Es grenzt an andere Es, Es ist nur dadurch, daß es an andere grenzt. Wo aber Du gesprochen wird, ist kein Etwas. Du grenzt nicht. Wer Du spricht, hat kein Etwas, hat nichts. Aber er steht in der Beziehung."[2]

Vergegnungen

Was für M. Buber Begegnung bedeutet, wird in einem Beispiel aus seinem Leben deutlich, das ihm das Gegenteil lehrte. Seine Eltern hatten sich getrennt, als er drei Jahre alt war. Bei seinen Großeltern, die ihn aufgenommen hatten, wurde über dieses Ereignis nie gesprochen. Eines Tages geschah folgendes:

„Das Haus, in dem meine Großeltern wohnten, hatte einen großen quadratischen Innenhof, umgeben von einem bis ans Dach reichenden Hofaltan, auf dem man in jedem Stockwerk den Bau umschreiten konnte. Hier stand ich einmal, in meinem vierten Lebensjahr, mit einem um mehrere Jahre älteren Mädchen, der Tochter eines Nachbarn, deren Aufsicht mich die Großmutter anvertraut hatte. Wir lehnten beide am Geländer. Ich kann mich nicht erinnern, daß ich zu meiner überlegenen Gefährtin von meiner Mutter gesprochen hatte. Aber ich höre noch, wie das große Mädchen zu mir sagt: ‚Nein, sie kommt niemals zurück.' Ich weiß, daß ich stumm blieb, aber auch, daß ich an der Wahrheit des gesprochenen Wortes keinen Zweifel hegte. Es blieb in mir haften, es verhaftete sich von Jahr zu Jahr immer mehr in meinem Herzen, aber schon nach etwa zehn Jahren hatte ich begonnen, es als etwas zu spüren, was nicht bloß mich, sondern den Menschen anging. Später einmal hatte ich mir das Wort ‚Vergegnung' zurechtgemacht, womit etwa das Verfehlen einer wirklichen Begegnung zwischen Menschen bezeichnet war. Als ich nach weiteren zwanzig Jahren meine Mutter wiedersah, die aus der Ferne mich, meine Frau und meine Kinder besuchen gekommen war, konnte ich in ihre noch immer zum Erstaunen schönen Augen nicht blikken, ohne irgendwoher das Wort ‚Vergegnung', als ein zu mir gesprochenes Wort, zu vernehmen. Ich vermute, daß alles, was ich

---

2   Buber, Ich und Du, 10f.

im Lauf meines Lebens von der echten Begegnung erfuhr, in jener
Stunde auf dem Altan seinen ersten Ursprung hat."[3]

Martin Buber

M. Buber versteht Begegnung als symmetrische, dialogische Beziehung. Sie ist mit E. Fromm gesprochen dem „Sein" und nicht dem „Haben" zugeordnet.[4] Mit diesem Verständnis ist eine kommunikative Qualität angesprochen, die grundsätzlich gilt. Sie wird in der gegenwärtigen gesellschaftlichen Situation vor allem dort angefragt, wo der autonom-isolierte Mensch dem anderen, dem Fremden gegenübersteht. Der österreichische Schriftsteller P. Turrini stellt dieses Problem westlicher Gesellschaften in folgender Weise dar:

„Die Hersteller von allem, was abschließt und wegschließt, machen die allergrößten Geschäfte. Da sitzt er nun, der gestöpselte Mitteleuropäer, allein in seiner Wohnung, geschützt von Schlössern und Alarmanlagen, und lebt das Drama der neuesten Art, in dem es keine Auf- und Abtritte mehr gibt, kein Lieben und kein Hassen mehr, kein Reden und Gegenreden, sondern Bilder von solchen Vorgängen, jede gewünschte Menge von Bildern, und die Stille am Ende des Programms. Die aktuellste Ausgabe des Menschen ist das autonome Monster, Selbstdarsteller in einem Einpersonenstück voller Sehnsucht nach dem Anderen und voller Angst vor dem Anderen und voller Abwehr gegenüber allem, was den eigenen Vorstellungen nicht entspricht.
Am wenigsten entspricht das offensichtlich Andere, das Fremde, die Fremden, die Ausländer. Sie sind das Auffangbecken aller Verdächtigungen. An ihnen handelt jeder Drecksack seinen eigenen Dreck ab. In Deutschland ist man vom Menschenverdächtigen zum Menschenanzünden übergegangen, und in Österreich wird der nämliche Vorgang vorbereitet, wird das Feuer geschürt, angefacht von den Wortbläsern des Fremdenhasses."

Peter Turrini[5]

---

3 Buber, Martin, Begegnung. Autobiographische Fragmente, Heidelberg ³1978.
4 Vgl. Fromm, Erich, Haben oder Sein. Die seelischen Grundlagen einer neuen Gesellschaft, Stuttgart 1976.
5 Turrini, Peter, Die Verdächtigen. Essay, in: Profil 37, 25. Jg., 12. Sept. 1994, 88-91, hier: 88.

Verantwortlich für den anderen?

P. Turrinis Analyse bringt die Abwehr des anderen, des Fremden und damit auch der Fremden ins Spiel. Angesichts dieser Abwehr muß die dialogische Haltung auf eine diakonische ausgeweitet werden. Im diakonisch-kommunikativen Bildungshandeln geht es um eine praktische Option für den anderen, die dem nahekommt, was der französisch-litauische Philosoph E. Lévinas in seiner Philosophie des anderen ins Bewußtsein gerufen hat.[6] Darin werden Grundzüge eines biblischen Welt- und Menschenverständnisses entfaltet, die über die christlich-abendländische Zentriertheit auf das Individuum hinausgehen.

Für E. Lévinas ist das „Antlitz" des Menschen die zentrale Metapher für den anderen. In der radikalen Hinwendung zum Antlitz des anderen ist letztendlich Transzendenzerfahrung möglich. Die Begegnung mit dem anderen bleibt nicht auf die Ich-Du-Beziehung beschränkt. Wenn der andere des anderen in den Blick kommt, wird die eigene Freiheit in Frage gestellt; Fragen der Gerechtigkeit und Barmherzigkeit brechen auf. E. Lévinas faßt den Kerngedanken seiner Philosophie des anderen in folgender Weise zusammen: „Dia-Konie vor jedem Dia-log. Ich analysiere die zwischen-menschliche Beziehung so, als wäre in der Nähe zum *Anderen* – jenseits des Bildes, das ich mir vom anderen Menschen mache – sein Antlitz, der Ausdruck des *Anderen* (und in diesem Sinn ist mehr oder weniger der ganze menschliche Körper Antlitz), das, was mir *befiehlt*, ihm zu dienen."[7]

E. Lévinas unterstreicht also, über die Reziprozität und Symmetrie in der Begegnung, wie sie M. Buber vertritt, hinausgehend, die Ungleichheit, die Disymmetrie. Die Ungleichheit besteht aber nicht in klassischen Abhängigkeitsverhältnissen wie dem der Kinder von den Eltern, dem der SchülerInnen von den LehrerInnen, dem der Armen von den Reichen usw., es verhält sich geradezu umgekehrt:

---

6 Vgl. u.a. Lévinas, Emmanuel, Totalität und Unendlichkeit. Versuch über die Exteriorität, München 1987; ders., Jenseits des Seins oder anders als Sein geschieht, Hamburg 1992; ders., Die Spur des Anderen. Untersuchungen zur Phänomenologie und Sozialphilosophie, München 1983; ders., Humanismus des anderen Menschen, Hamburg 1989; ders., Die Zeit und der Andere, Hamburg 1989.

7 Lévinas, Emmanuel, Ethik und Unendliches. Gespräche mit Philippe Nemo, Graz-Wien 1986, 74. Entgegen der üblichen Schreibweise wird bei E. Lévinas „der andere" groß geschrieben.

Das Ich wird vom Du in den Dienst genommen. „In diesem Sinn bin ich verantwortlich für den *Anderen*, ohne Gegenseitigkeit zu erwarten, und wenn es mich das Leben kosten würde ... Gerade in dem Maße, in dem die Beziehung zwischen dem Anderen und mir nicht gegenseitig ist, bin ich dem *Anderen* gegenüber unterworfen."[8]

Geplantes Lehren und Lernen – ein Hindernis für Begegnung und Verantwortlichkeit?

Geplante Lern- und Bildungsprozesse in Gemeinde, Schule und Erwachsenenbildung scheinen auf den ersten Blick relativ ungeeignet dafür zu sein, Erfahrungen von Begegnung und Verantwortlichkeit für den anderen im vorher beschriebenen Sinn zu ermöglichen. Die entscheidenden Dinge, in denen Menschen begegnungs- und verantwortungsfähig werden oder nicht, spielen sich im Alltag ohne Plan von außen ab. Dafür ist maßgebend, wie Menschen aufeinander zugehen, miteinander sprechen, lieben und vertrauen, streiten und sich versöhnen, gerecht und barmherzig sind. Es geht also um die Praxis eines beziehungsfähigen Lebens, das Sinn gibt und gerade darin seine weltanschaulich-religiöse Bedeutsamkeit hat.
In der institutionellen Vermittlung von Schule, Gemeinde und Erwachsenenbildungseinrichtungen begegnen die Menschen einander und den vielfältigen menschlich-religiösen Ausdrucksgestalten zunächst nicht spontan, unmittelbar und selbstverantwortlich, wie das in ihrem privaten Leben und in der Öffentlichkeit in der Regel der Fall ist. Selbst die eindimensionale Medienwelt, die Wechselseitigkeit mehr behindert als fördert, bietet noch immer Riten und Gebärden, Erzählungen, Gleichnisse und Metaphern, bedeutsame Gegenstände und Handlungen, auf die sich Menschen identifizierend einlassen oder die sie ausblenden oder ablehnen können.
In geplanten Bildungsprozessen ist das anders. Dort begegnen die Menschen einander zielorientiert; Symbole menschlich-religiöser Erfahrung stehen in der Regel nicht als alltägliche, vielsinnige, offene Identifikationsangebote bereit. Bilder, Texte und Arbeitsanregungen in Kursunterlagen und Schulbüchern, die Ausstattung von Pfarrsälen und Klassenräumen, die Art und Weise wie Gruppen/Klassen zusammenkommen usw. sind zweckorientiert. Selbst

---

8 Lévinas, Ethik, 75.

wenn sie Symbolqualität besitzen, ist ihre Vielsinnigkeit durch Zielbestimmungen eingeschränkt. Das Symbolische ist wie eingefroren und gerät nur unter bestimmten Bedingungen in unmittelbare Kommunikation. Speziell die Schule wird als erfahrungsarmer und sinnentleerter Lernort qualifiziert, in dem durch Ausgrenzungen aus der Arbeits- und Erwachsenenwelt die Lerngegenstände immer einsinniger, abstrakter und fremder werden und sich der unmittelbaren, sinnerschließenden Kommunikation entziehen.[9] Schon vor mehr als zehn Jahren schrieb ein Betroffener: „Ich kenne viele Schüler, die beschlossen haben, in der Schule nicht zu leben. Sie ziehen ihre ganze Vitalität aus der Schule heraus. Das, was sie dort sparen an Vitalität, verausgaben sie dann außerhalb der Schule."[10] Demgegenüber ist für H. v. Hentig Schule nur als Lebens- und Erfahrungsraum sinnvoll.[11]

Lernen durch Neuinszenierung

Speziell in der Schule, aber auch in Gemeindearbeit und Erwachsenenbildung geht es also um offene, gestaltbare Begegnungsräume, in denen die Kommunikation nicht von vornherein verzweckt ist und die „eingefrorenen" Symbole aus Kursunterlagen und Schulbüchern neu „inszeniert", also lebendig werden können. In einer Öffentlichkeit, die auf immer wieder neue Inszenierungen und auf Faszination setzt, stehen klassische Bildungsvorgänge in einer herausfordernden Konkurrenz.
Nach W. Jank/H. Mayer gleichen viele schulische „Inszenierungen" einer „Museumsbesichtigung".[12] Bibel- und Glaubenstexte, Gebote und Sakramente werden den neugierig Zuschauenden oder schon lange ermüdeten AdressatInnen abstrakt vor Augen geführt. Dabei wird kaum ein Funke überspringen und Menschen zum Handeln bewegen. Die kirchlich-inhaltszentrierte Glaubensvermittlung (vgl. II/1) tendiert zum musealen Inszenierungstyp.
Andere Inszenierungen gleichen nach W. Jank/H. Mayer „einer indu-

---

9 Vgl. u.a. Hornstein, Schule.
10 Zinnecker, Jürgen (Hg.), „Schule Tag für Tag. Schülertexte", München 1982, 49.
11 von Hentig, Schule neu, 179f.
12 Vgl. Jank, Werner/Mayer, Hilbert, Didaktische Modelle, Frankfurt/M. 1991, 83.

striellen Massenproduktion". Auf curricularen „Lern-Fließbändern"[13], sprich Lernprogrammen, werden Lerninhalte mundgerecht serviert. Solche Inszenierungen sind zwar einfach und lehrersicher zu handhaben (vgl. II/2), bieten aber kaum eine Chance für die TeilnehmerInnen, existentiell einzusteigen.
Die Alternative zu musealen und curricularen Inszenierungen sind begegnungs- und symbolorientierte Lernprozesse, in denen alle für sich und füreinander Verantwortung übernehmen. TeilnehmerInnen und LeiterInnen arbeiten miteinander wie in einer „Lern-Werkstatt", wo sie „produzieren, experimentieren, vergleichen, organisieren, ... in Sprach-, Bilder- und Symbolwerkstätten" hantieren.[14] Eine lebendige Inszenierung kann wie eine „Expedition ins Ungewisse" sein: „das Unbekannte, das Ungebärdige, das Sperrige ist besonders interessant. Versuch und Irrtum, Verfremdung von Liebgewordenem, Spurensicherung und Selbsttätigkeit sind unverzichtbar. Lernirrwege werden begrüßt – Lernumwege führen zum Erfolg!"[15]
Schließlich können Lernprozesse wie ein Drama inszeniert werden, indem sich TeilnehmerInnen und LeiterInnen mit biblischen Rollen identifizieren, ihre Lebens- und Glaubensgeschichte anspielen oder einfach einander begegnen, miteinander arbeiten, beten oder feiern.

2. Präzise Planung – flexible Durchführung

Offenes, kommunikatives Lehren und Lernen wird oft mit ungenauer Planung verwechselt. Genau das Gegenteil aber ist der Fall. Je gewissenhafter Lernprozesse geplant sind und je besser LeiterInnen ihren Plan integriert haben, um so freier sind sie für eine offene Gestaltung, die spontanen Begegnungen Raum läßt und Übernahme von Verantwortlichkeit ermöglicht. Wer unsicher an vage geplanten Lernschritten hängt, wird sich auf diese fixieren und die kommunikativen Chancen eines lebendigen Prozesses eher versäumen als wahrnehmen.
Je nach Lernort, Zielgruppe und Prozeßverlauf sind unterschiedli-

13 Vgl. Jank/Mayer, Didaktische Modelle, 83.
14 Jank/Mayer, Didaktische Modelle, 83.
15 Jank/Mayer, Didaktische Modelle, 83.

che Phasen der Planung zu berücksichtigen. Dabei spielt der institutionelle Rahmen der jeweiligen Lerngruppe eine große Rolle:
– Kommen die TeilnehmerInnen, wie das meist in der Erwachsenenbildung und zum Teil auch in der Gemeindekatechese/-pädagogik der Fall ist, freiwillig, oder besteht ein offizieller oder inoffizieller Teilnahmezwang, wie das im Religionsunterricht der Fall ist?
– Gibt es einen bereits bestehenden TeilnehmerInnenkreis, oder muß sich die Gruppe erst finden?

Planungsschritte, wenn der Lernprozeß bereits angelaufen ist

Es ist ein großer Unterschied, ob Lern- und Bildungsprozesse, wie es etwa bei Projekten der Fall ist, von Grund auf neu geplant werden oder ob die Planung bereits Angelaufenes fortsetzt. Für den ersten Fall kommt die aufmerksame und anteilnehmende Erhebung der Bildungsvoraussetzungen in Betracht, wie ich sie im III. Kapitel beschrieben habe. Sie läuft auf eine grundsätzliche Erhebung möglicher Anliegen für das Bildungsprojekt hinaus. Anders ist es, wenn der Lernprozeß bereits im Gange ist. In diesem Fall bietet sich folgende verkürzte Form an:

Analyse des bisherigen Prozesses
– *Wie ist das Anliegen / Thema zum Zug gekommen / nicht gekommen? War es so formuliert und wurde es so eingeführt, daß es die Motivation der TeilnehmerInnen traf? War das Anliegen also richtig und persönlich bedeutsam versprachlicht? Wie sensibel wurden „thematische Störungen" wahrgenommen?*
– *Wie „ausbalanciert" (im Hinblick auf Thema Ich-Wir-Globe) war die Strukturierung des Gruppenprozesses?*
– *Inwieweit entsprachen die vorgeschlagenen Arbeitsweisen (Einzelarbeit / Partnerarbeit / Gruppenarbeit / Plenum / Fishbowl / Podium usw.) und Methoden dem Thema, der Situation einzelner in der Gruppe und der Gruppe insgesamt?*
– *Wie konnten sich einzelne TeilnehmerInnen und die ganze Gruppe auf das vorgeschlagene Thema und die Struktur einlassen?*

– Welche Arbeitsweisen oder Methoden wurden offen oder verdeckt (z.B. durch Desinteresse) abgelehnt?
– Wieviel innere Beteiligung am Gruppenprozeß konnte auf seiten einzelner TeilnehmerInnen beobachtet werden?
– Für welche TeilnehmerInnen wurde das Thema / Symbol persönlich bedeutsam? Wer lehnte es ab, wem war es gleichgültig? Worin lag der thematische Widerstand bei einzelnen? Welche Kommunikationsprobleme zeigten sich bei einzelnen in der Gruppe (z.B. über Körpersprache)? Welche wurden angesprochen, welche nicht?
– Was konnte bezüglich der Beziehungen innerhalb der Großgruppe oder innerhalb und zwischen Kleingruppen bzw. einzelnen TeilnehmerInnen beobachtet werden? Wie war die TeilnehmerInnen-LeiterIn-Beziehung in den verschiedenen Gruppenphasen?
– Wie war der Globe in der jeweiligen Einheit beschaffen, wie und wo machte er sich anregend / störend bemerkbar?

Die „Momentaufnahme"
Nach der Analyse des bisherigen Gruppengeschehens stelle ich mit den Planenden wie in einer „Momentaufnahme" den momentanen „Stand" des Gruppengeschehens fest. Blitzlichtartig leuchten nochmals die jeweiligen Gruppenkonstanten auf:
– Das „ES", als Anliegen der Gruppe, formuliert oder dargestellt als persönlich bedeutsames Thema oder als sprachliches oder nichtsprachliches Symbol.
– Die „ICHS", die TeilnehmerInnen und LeiterInnen als einzelne und in ihren Beziehungen untereinander und zum Thema unter den konkreten Globebedingungen.
– Das „WIR", die Gruppe in ihrem vielfältigen Beziehungsgefüge, in ihrer dynamischen Interaktion.
– Der „Globe", die konkreten, in der Regel momentan nicht veränderbaren zeitlichen, räumlichen, wirtschaftlichen, gesellschaftlichen, ökologischen usw. Bedingungen, unter denen die Gruppe arbeitet und lebt.

Den weiteren Prozeß planen
In der Weiterplanung geht es darum, die Anliegen aus der Gruppe oder aus einem bestimmten Sachgebiet (ES), das durch Lehrpläne, Aufgaben in Institutionen usw. repräsentiert sein kann, zu den

Einstellungen, Wünschen, Interessen und Bedürfnissen der einzelnen, mit allem, was ihre Persönlichkeit umfaßt (ICH) (einschließlich der LeiterInnen), und zur Gesamtheit der Gruppe mit ihren Beziehungen, Interaktionen und gruppendynamischen Prozessen (WIR) in ein wechselseitiges und wechselseitig-kritisches Verhältnis zu bringen; dies geschieht nicht im luftleeren Raum, sondern unter den realen Bedingungen (GLOBE), unter denen die Gruppe lebt und arbeitet. Kriterium für das „richtige" Verhältnis ist die „dynamische Balance", die schon in der Planung, noch mehr im aktuellen Gruppengeschehen und in der inneren Selbstleitung Einseitigkeiten im Gruppenprozeß entdecken und bearbeiten hilft.

Eine wahre Kunst stellt das Formulieren von TZI-Themen dar, auf das ich im folgenden näher eingehen und das ich auch in seiner praktisch-theologischen Bedeutsamkeit erläutern werde.
Die Strukturierung der Gruppenprozesse sollte aus dem Anliegen bzw. dem formulierten Thema heraus und nicht umgekehrt erfolgen. Besonders kritisch bin ich gegenüber einer vorzeitigen Methodenwahl, bei der Arbeitsweisen und Methoden schon vor dem Thema geplant werden. Die Methodenpriorität in der Planung verleitet zur Beliebigkeit in der Themenwahl, nach dem Motto: „Die Hauptsache, es tut sich etwas!" Falsche Arbeitsweisen und unreflektierte Methodenwahl können die Arbeitsfähigkeit der Gesamtgruppe und das mögliche Wachstum einzelner zu mehr Autonomie und Interdependenz erheblich belasten.
Thema und Struktur von Gruppenprozessen stellen ein wohlüberlegtes und begründbares Angebot für die Gruppe dar, für das die LeiterInnen werben, dessen Annahme aber immer der freien Zustimmung der TeilnehmerInnen vorbehalten ist. Gerade dort, wo Themen und Strukturen von der Gruppe modifiziert oder – in seltenen Fällen – auch abgelehnt werden, können die Eigenverantwortlichkeit einzelner und die Arbeitsfähigkeit der Gruppe wachsen.

Mit TeilnehmerInnen planen

In den letzten Jahren habe ich umfangreiche Erfahrung mit Planungsprozessen gesammelt, bei denen ich eine begrenzte Anzahl von TeilnehmerInnen in die Planung, TZI-Geübte auch in die Leitung einbezogen habe. Die ersten diesbezüglichen Versuche machte ich mit StudentInnengruppen, bei denen das Planen und Leiten von Gruppen zum ausdrücklichen Kursanliegen gehört. Am besten hat sich die teilnehmerInnenbegrenzte Mitplanung (maximal drei TeilnehmerInnen) über einen Planungszeitraum von vier Einheiten (Abend- und Mittagsplanung) bewährt. Nach zweimaliger Mitplanung kann die Planungsgruppe wieder wachsen. Manchmal entscheide ich, gemeinsam mit der Co-Leitung, erst nach der Anfangsphase einer Gruppe über die Mitleitung durch KursteilnehmerInnen und lege meine/unsere Entscheidung auch der Gruppe gegenüber offen.

3. Vom Anliegen zum (formulierten) Thema

Auf das Formulieren des richtigen Themas wird in der Themenzentrierten Interaktion besonders geachtet. Der Begriff „Thema" wird in der Didaktik unterschiedlich verwendet. Im Rahmen von Schule und Unterricht versteht man darunter in der Regel die Kurzfassung der Bildungsinhalte, die in einer bestimmten Lerneinheit vermittelt werden sollen. Im Anschluß an R.C. Cohns Themenbegriff verstehe ich unter einem Thema eine kreative sprachliche Formulierung des Anliegens der Lerngruppe, die zur existentiellen Auseinandersetzung anstößt und einen Spielraum für vielfältige Begegnungen und Inszenierungen eröffnet.

Von der Kunst, Themen zu formulieren

Themen formulieren ist eine Kunst und geschieht am besten in einem kreativen Sprachspiel, das wiederum die subjektive (Ich-)Ebene, die mögliche Interaktion in der Gruppe (Wir-Ebene), das vorher geklärte Anliegen mit seinem Sachanteil (Es-Ebene) und das jeweilige Umfeld (Globe) in Beziehung setzt. Im Lernprozeß zentriert das Thema die Aufmerksamkeit von TeilnehmerInnen und LeiterInnen wie ein verbaler Fokus.[16] Gleichzeitig schafft es einen Raum, in dem

---

16 Vgl. Farau/Cohn, Gelebte Geschichte, 365.

der vielfältige symbolische Ausdruck dessen, worum es im jeweiligen Lernprozeß geht, neu inszeniert werden kann.
Was mit dem Thema als Focus der Aufmerksamkeit und als Raum für die Inszenierung des Gruppen-/Unterrichtsanliegens gemeint ist, wird greifbarer, wenn wir uns vor Augen halten, was R.C. Cohn zur Themenformulierung schreibt:

„*Ein adäquat formuliertes Thema*
- *ist kurz und klar formuliert, so daß es dem Gedächtnis stets präsent bleibt;*
- *ist nicht abgedroschen und langweilt deshalb auch nicht;*
- *ist in bezug auf Sprache und Wissensanforderungen auf die Teilnehmer zugeschnitten;*
- *ist so gefaßt, daß es niemanden ausschließt und niemandes Gefühle verletzt;*
- *ist nicht so eng (konkret) gefaßt, um nicht Raum zu lassen für freie Einfälle, Gedanken und Bilder, und*
- *nicht so weit (abstrakt) gefaßt, daß es ‚alles' zulassen und nichts fokussieren würde;*
- *hat auch gefühlsmäßigen Aufforderungscharakter (Gruppenjargon, witzige oder lyrische Formulierung, Anklingen an aktuelle Geschehnisse u.ä.);*
- *eröffnet und begünstigt neue Horizonte und Lösungswege;*
- *ist jedoch nicht so einseitig formuliert, als daß es andere Möglichkeiten ausschlösse und dadurch manipulativ wäre;*
- *verstößt nicht gegen die Wertaxiomatik der Menschenrechte und die Wertaxiome der TZI;*
- *begünstigt den Prozeß der Gruppe, insofern es, sowohl logisch als auch psycho-logisch, in die Sequenz der zu bearbeitenden Themen paßt und die dynamische Balance zwischen den verschiedenen Anliegen der Teilnehmer und den Sachnotwendigkeiten in Betracht zieht;*
- *beachtet die verbale Ausdrucksfähigkeit und die Sprachgewohnheiten der Gruppenteilnehmer und bezieht die Möglichkeiten nonverbaler Themendarstellung ein (Bilder, Pantomime, Materialien mit Aufforderungscharakter usw.) ...*
In Kindergruppen und manchen Behindertengruppen sind bildliches Anschauungsmaterial oder Spiele, unter Umständen auch ein Text notwendig, in anderen Gruppen gelegentlich wünschenswert.

In der Regel jedoch sind verbal gut formulierte Themen, die gut vorbereitet sind, den Anliegen der Gruppe optimal entsprechen und jedem Teilnehmer einen eigenen Einstieg erlauben, vorrangiges Mittel der Gruppenarbeit. Themenfindung, Themensetzung, Themenformulierung und Themeneinführung nehmen relativ viel Zeit in Anspruch, wirken sich aber für die Arbeit selbst erstaunlich effektiv aus."[17]

Die theologische Bedeutung von Themen

Die Art und Weise, wie Anliegen als Themen formuliert werden, ist in der kirchlichen Bildungspraxis nicht nur eine didaktische, sondern eine theologische Frage. In ihr kommt der Unterschied zwischen kirchlich-inhaltlicher Glaubensvermittlung, curricularen Lernprogrammen und einem auf offene Kommunikation, Begegnung und Verantwortung ausgerichteten Lernprozeß konkret zum Ausdruck. Auf die künstlichen Fragen von Katechismen und Lernprogrammen gibt es nämlich nur eine definitorische oder vorprogrammierte Antwort, die am besten auswendig zu lernen ist. Ihre Sprache ist einzig auf die Glaubenszustimmung der Lernenden ausgerichtet. Ihnen muß das Glaubenswissen soweit als möglich entfaltet oder mundgerecht serviert werden, damit sie es bejahen. Diesem Denken entsprechend heißt im Glauben überzeugt sein, zu dem Ja zu sagen, was beglaubigte Zeugen oder Autoren von Lernprogrammen als von der Kirche für wahr zu sagen vorlegen. Die inhaltliche Entfaltung des Glaubensgutes geschieht durch kirchliche Autoritäten ohne Mitwirkung derer, die es unmittelbar betrifft. J. Werbick spricht von einer „Ja/Nein"-Kommunikation: „In allen Kommunikationsprozessen im Glauben bzw. auf Glauben hin kann es nur darum gehen, daß

---

17 Farau/Cohn, Gelebte Geschichte, 366f.
Die Axiome von TZI lauten:
1. *Der Mensch ist eine psycho-biologische Einheit und ein Teil des Universums.* Er ist darum gleicherweise *autonom und interdependent.* Die Autonomie des einzelnen ist um so größer, je mehr er sich seiner Interdependenz mit allen und allem bewußt wird.
2. *Ehrfurcht gebührt allem Lebendigen und seinem Wachstum.* Respekt vor dem Wachstum bedingt bewertende Entscheidungen. Das Humane ist wertvoll, Inhumanes ist wertbedrohend.
3. *Freie Entscheidung geschieht innerhalb bedingender innerer und äußerer Grenzen; Erweiterung dieser Grenzen ist möglich.*

bevollmächtigte Ausleger die Fides quae solange auslegen und konkretisieren, bis sie in der Situation des Zuhörers ankommen und ihn vor die Frage stellen, ob er zum verborgenen Glaubensgut ‚ja' oder ‚nein' sagt. So favorisierte die Kirche über lange Zeit hinweg Kommunikationsabläufe, die mehr oder weniger ausschließlich auf die Ja/Nein-Entscheidung abzielen, die die Aktivität des ‚einfachen Gläubigen' auf das ‚Ja'-(oder ‚Nein'-)Sagen reduzieren und die Formulierung dessen, wozu ‚ja' oder ‚nein' zu sagen ist, allein den beamteten Auslegern vorbehielt."[18]

Offene Sprachspiele

Die Alternative zur definitorisch abgeschlossenen Kirchensprache, zu bedeutungsarmen Klischees religiöser Programme und zur kommunikationsbehindernden Frage-Antwort-Gestalt des Katechismus sind Themen, die als offen-kreative Sprachspiele entwickelt werden und die neue Lebensformen zum Ausdruck bringen. In ihnen bietet sich eine „Grammatik nicht-eindimensionalen Lebens an, die erst zu buchstabieren und zu lernen ist".[19]
Der Sinn der Thematisierung von Anliegen nach R.C. Cohn besteht gerade darin, offene Sprachspiele zu üben, die Abwehr nicht ausblenden. Die als Themen formulierten Anliegen zwingen niemanden, sie müssen weder ganz noch teilweise akzeptiert werden. „Ich kann mich zu ihnen selektiv verhalten, kann in ihrer Nähe gerne leben, ohne mich mit ihnen ganz identifizieren zu müssen; sie können allmählich, wenn ich es will, zu Begleitern und zu Spiegeln, in denen ich neue Facetten meiner selbst entdecke, werden."[20]

Schattenthemen und Umplanen im Prozeß

Der Begriff der „Schattenthemen" paßt am besten zu E. Langes Vorschlag einer konfliktorientierten Erwachsenenbildung. Er betrifft auch die Gemeindearbeit und den Religionsunterricht bei älteren SchülerInnen (III. Kapitel).

---

18 Werbick, Glaubenlernen, 220.
19 Kroeger, Themenzentrierte Seelsorge, 214.
20 Kroeger, Themenzentrierte Seelsorge, 214.

Viele menschlich-religiöse Anliegen werden derart verdrängt, daß sie nicht offen thematisiert werden können. In einem solchen Fall kann es sinnvoll sein, die Kehrseite des Themas, also seinen „Schatten" bzw. den Widerstand zu benennen. Wenn das Anliegen der Gruppe/Klasse etwa darin besteht, sich über das persönliche Verhältnis zur Kirche auseinanderzusetzen, wird in bestimmten Milieus und Altersstufen das Thema „Wie erlebe ich Kirche?" kaum auf Interesse stoßen. Wenn es demgegenüber heißt: „Was mich an der Kirche stört und was ich verändern will?", ist die Chance zur Auseinandersetzung, die noch dazu einen konstruktiven Handlungsvorschlag enthält, größer. Grundsätzlich sollte kein Thema nur negativ formuliert sein oder ausschließlich auf eine kritische Analyse ohne Handlungsalternative fixieren.

Da das Thema der Focus der Lernprozesse ist, an dem sich alle orientieren können, besteht die Chance, schnell und präzise zu klären, ob und inwiefern die Gruppe noch bei der Sache ist, oder ob ein anderes Thema inzwischen den Prozeß bestimmt. Methoden wie das „Blitzlicht" – jede/r TeilnehmerIn und der/die LeiterIn sagen mit ein, zwei Sätzen, wo sie gerade stehen – ermöglichen eine Momentaufnahme der Gruppe/Klasse und eine schnelle Zentrierung auf das Thema. Wird ein anderes Thema als das offiziell eingeführte so bedeutsam, daß es auch nach Meinung der LeiterInnen den weiteren Prozeß bestimmen soll, dann muß im Prozeß umgeplant werden. Mit der Gruppe/Klasse beginnt ein Klärungs- bzw. Umplanungsprozeß, der so lange fortgeführt wird, bis das neue Thema feststeht.

Aus einem Seminar mit LehrerInnen
Am Ende des zweiten Tages im LehrerInnen-Kurs mit dem Thema „Mein Unterricht zwischen dickem Fell und dünner Haut" äußerten sich die TeilnehmerInnen in der abschließenden Blitzlichtrunde zufrieden. Die Spannungen zwischen einzelnen TeilnehmerInnen, die in der ersten Nachmittagseinheit aufgetreten waren, schienen abgebaut, weil in der zweiten Nachmittagseinheit ein Spaziergang in frei gewählten Gruppen mit dem Thema: „Was mir von der vorigen Einheit noch nachhängt" vorgeschlagen worden war. Trotz dieser Zufriedenheit der Gruppe war eine gewisse Lähmung im Hinblick auf die Weiterarbeit am nächsten Tag zu spüren. Die meisten TeilnehmerInnen äußerten keinerlei Vorstellungen, wie es weitergehen könnte. Es wäre ihnen alles recht.

In der Planung wurde sowohl von den mitplanenden TeilnehmerInnen als auch von den LeiterInnen die Lähmung der Gruppe und der Wunsch nach dem Versorgtwerden mit „irgendeinem" Thema erkannt. Die Frage war, ob die Planung diesem Gruppenwunsch nachgeben und das Sachthema weiterführen sollte oder ob es besser wäre, die Lähmung anzusprechen und vorzuschlagen, die Planung der weiteren Einheiten in der Großgruppe zu besorgen. Die Planungsgruppe entschied sich für das Sachthema, wollte aber gleichzeitig ihre Analyse des Gruppengeschehens offenlegen. Als dies am nächsten Morgen geschah, brach der Konflikt unter den TeilnehmerInnen, der am Vorabend durch die Spaziergänge in den Kleingruppen harmonisiert worden war, in neuer Schärfe aus. Einige TeilnehmerInnen äußerten sich emotional tief betroffen zu der von ihnen empfundenen Verweigerung anderer GruppenteilnehmerInnen, sich offen zu zeigen und in das Gruppengeschehen einzubringen. In der Gruppe war nun zu klären, an welchem Thema weitergearbeitet werden sollte: am vorgeschlagenen Sachthema oder an dem, was in der Gruppe aufgebrochen war. Alle waren für das Thema „Was hindert mich daran, mich im Plenum zu zeigen? Wie können wir einander in der Großgruppe offen begegnen?". Es stimmten sogar jene zu, denen man anmerkte, wie unangenehm und störend sie den aufgebrochenen Konflikt empfanden. Nun, da er einmal angesprochen war, wollten auch sie ihn bearbeiten.

Für das gesamte Seminar bedeutete die Einheit, in der die Gruppe das vorgeschlagene Thema abgewählt und ihr eigenes Thema durchgesetzt hatte, die entscheidende Wende von der Versorgung durch die Planenden zur Eigenverantwortung in der weiteren Gestaltung des Seminars.

Störungen und Betroffenheiten als Lernchance

Es klingt widersprüchlich: Wie sollen Störungen und Betroffenheiten, die in der Regel emotional hoch besetzt sind und Menschen aus dem Gleichgewicht bringen, zu Lernchancen werden? Aber liegt nicht gerade in der Emotionalität eine Kraft, die beim traditionellen Lernen zuwenig genützt wird? Wenn mich etwas so ablenkt oder innerlich gefangennimmt, daß ich mich am laufenden Bildungsprozeß nur äußerlich beteiligen kann, dann liegt mein Interesse eben in der sogenannten „Störung". Das „störende" Anliegen ist mein eigentliches Thema, mit dem ich beschäftigt bin. Es steht mit dem offiziellen Thema einer bestimmten Bildungseinheit in Konkurrenz. Wenn diese Themenkollision bestehenbleibt, ohne daß sie angesprochen werden darf, wie das insbesondere beim schulischen Lernen üblich ist, dann führt sie zu Desinteresse und Gleichgültigkeit. Wenn aber eine Atmosphäre besteht, in der sie „leben" darf, indem sie bewußt werden bzw. an- und ausgesprochen werden kann, dann liegt die Chance zur konstruktiven Bewältigung offen.

Bisweilen genügt es, die sogenannte Störung anzusprechen, und Menschen können wieder zum Gruppenthema zurückkehren. Es gibt aber auch Situationen, in denen es zu einer offenen Entscheidung zwischen dem offiziellen Thema und den geheimen Themen einzelner in der Gruppe kommen muß. Lähmende Gruppensituationen sind oft in der Ungeklärtheit konkurrierender Themen in der Gruppe begründet, die aufgrund irgendwelcher geheimer Gruppenregeln nicht zum Ausdruck kommen dürfen. Werden sie auf den Tisch gelegt, dann löst das in der Regel einen sehr lebendigen, wenn auch konfliktreichen Auseinandersetzungsprozeß aus. Nicht selten liegt es an der Konfliktfähigkeit von LeiterInnen, die von Gruppen intuitiv wahrgenommen wird, ob und wie Entscheidungen über Konkurrenzthemen offen ausgetragen werden.

Zur Entscheidungsfindung ist es hilfreich, das offizielle Thema als Fokus des Gruppenprozesses nochmals deutlich zu benennen. Je präziser das offizielle Gruppenthema und die konkurrierenden Themen formulierbar sind, um so klarer sind auch die Widerstände und Alternativen benennbar. Wenn die konkurrierenden Themen so stark sind, daß eine Fortsetzung des Gruppenthemas unmöglich erscheint, muß es zu einer Umplanung im Prozeß kommen. Nicht die sture Durchführung eines geplanten Lernprozesses in Minutenpräzision, wie das in der curricularen Didaktik gelehrt wurde, bürgt für didaktische Qualität, sondern die klare Planung bei flexibler Durchführung. Dies schließt gegebenenfalls eine Planungsänderung unter Mitbeteiligung aller in der Gruppe ein.

Planung im fish-bowl

In unvorhersehbaren Gruppensituationen, die eine Umplanung notwendig machen, oder bei einer Weiterplanung des Prozesses durch die ganze Gruppe hat sich die Sozialform des fish-bowl bewährt. Die Gruppe teilt sich in einen kleineren inneren Kreis und in einen größeren Außenkreis. Es ist möglich, daß im Innenkreis ein Stuhl frei bleibt, auf den sich nach einer bestimmten Zeit Mitglieder des Außenkreises setzen können, um begrenzt im Innenkreis mitzuarbeiten.

Die Aufgabe des Innenkreises (fish-bowl) ist es, zu einer neuen Planung (Thema, Struktur) zu kommen. Es bewährt sich, das Ergebnis der Planung (auf einem Plakat) festzuhalten. Die Mitglieder des Außenkreises können nach der vereinbarten Zeit zur Planung Stellung nehmen, Ergänzungen und Modifikationen anbringen.

Das Schema der Prozeßplanung (Zusammenfassung)

Das Anliegen des Lernprozesses unter besonderer Berücksichtigung seiner Sach-/Inhaltsstruktur (Es-Ebene)

Das Anliegen im Hinblick auf die zeitlichen und räumlichen usw. Rahmenbedingungen der Gruppe

Das Thema der Gruppe und die konkrete Struktur (einschließlich der Arbeits-/Sozialformen, der Methoden und Medien)

Das Anliegen der Gruppe im Hinblick auf einzelne TeilnehmerInnen und die LeiterInnen mit ihren vermuteten Einstellungen, Interessen/Desinteressen, Störungen, Verdrängungen usw.

Das Anliegen im Hinblick auf die Gruppe, die Interaktion/Kommunikation der TeilnehmerInnen untereinander und zwischen LeiterInnen und TeilnehmerInnen

4. Den Prozeß strukturieren

Unter Struktur des Lernprozesses verstehe ich die didaktisch sinnvolle Abfolge von Lernschritten, die Angaben enthalten über:
- Arbeits- bzw. Sozialformen,
- Methoden,
- Medien.

Strukturen helfen, wenn sie klar und flexibel gehandhabt werden, einen sinnvollen Gruppenprozeß in Gang zu halten. Sie stärken das Vertrauen und verhindern Stagnation, Mißtrauen und Chaos. D. Stollberg hat ein bewährtes Dreieck entworfen, das Prozeß, Struktur und Vertrauen in einen wechselseitigen Zusammenhang bringt.[21]

Als Faustregel kann also gelten: Die jeweilige Struktur (Sozialformen, Methoden, Medien) ist mit dem gerade im Gang befindlichen Prozeß und dem vorhandenen/nicht vorhandenen Vertrauen auszubalancieren. Gleichzeitig gilt, daß Strukturen Vertrauen in der Gruppe begünstigen oder behindern können. Es liegt auf der Hand, daß in der Orientierungsphase einer Gruppe, in der noch wenig Vertrauen vorhanden ist, anders strukturiert werden muß als in einem fortgeschrittenen Gruppenprozeß oder beim Abschluß einer Gruppe.

Eine geleitete Erinnerung führte Simon zu wichtigen Stationen seines bisherigen Lebens zurück. Er sah Bilder aus der frühen Kindheit, aus der Jugendzeit, von heute. Sie kamen nicht chronologisch, sondern durcheinander. Simon hatte die Gelegenheit, in einem Lebenspanorama einzelne Bilder in Farben und Formen auszudrücken. Auf einem Plakatstreifen, der wie eine Ziehharmonika gefaltet war, malte er Bild für Bild.
Simon war begeistert vom Vertrauen und von der Offenheit, die er beim Austausch über sein Lebenspanorama in der kleinen Gruppe erlebt hatte. Die einfachen Medien (Papier, Wachskreiden, Musik), die Methode (Lebenspanorama malen) und die Sozialformen (zu-

---

21 Stollberg, Dietrich, Lernen, weil es Freude macht. Eine Einführung in die Themenzentrierte Interaktion, München 1982.

nächst für sich und anschließend in der Kleingruppe arbeiten) waren für ihn stimmig. Er war sehr erstaunt, als er dieselbe Struktur in einer anderen Gruppe als Einstieg vorschlug und massiven Widerstand erntete.

Das Beispiel zeigt, daß sich Menschen, die neu in einer Gruppe zusammenkommen, nicht auf einen derart persönlichen Prozeß einlassen wollen, wie es das Lebenspanorama insinuiert. Der Widerstand gegen die vorgeschlagene Struktur ist also geradezu vorprogrammiert.

Viele LeiterInnen übersehen auch, daß durch zu enge Strukturen (z.B. zu häufige Einzel- und Gruppenphasen, bevor die Gesamtgruppe arbeitsfähig ist) das „Wir" der Gruppe zerschlagen werden oder nicht entstehen kann. Häufige Einzel-, Paar- und Gruppenphasen entlasten zwar die LeiterInnen von der konfliktgeladenen und störanfälligen Auseinandersetzung im Gruppenplenum, sie behindern aber auch die Arbeitsfähigkeit der Gesamtgruppe. Insbesondere bei weltanschaulich-religiösen Themen ist hohe Sensibilität für die richtige, nicht zu enge und nicht zu weite Strukturierung vonnöten. Sie erwächst vor allem aus dem jeweiligen Thema.

Wie Lernprozesse ablaufen können

Aus der Perspektive der LeiterInnen halte ich in der Regel folgenden Ablauf von Lernprozessen für sinnvoll (Ausnahmen bestätigen die Regel!)[22]:

1. Ich stelle mich innerlich auf die Leitung ein und treffe unmittelbare Vorbereitungen für den Gruppenprozeß (Thema aufschreiben, Materialien bereitstellen, Raum lüften usw.). Dabei versuche ich eine offene Atmosphäre zu schaffen, indem ich jemanden um etwas bitte oder kurz anspreche, nebenbei etwas von mir mitteile oder etwas Aktuelles erzähle usw.

2. Nach dieser „Anwärmphase", in der auch noch nicht alle im

---

[22] Dabei steht mir das Unterrichtskonzept von J. und M. Grell vor Augen, das ich aber erheblich verändere (Grell, Jochen und Monika, Unterrichtsrezepte, Weinheim 1983).

Raum sein bzw. auf ihren Stühlen sitzen müssen, sorge ich für einen deutlichen Anfang, den alle mitmachen können. Ich führe in das Thema ein und gebe einen klaren Überblick über den geplanten Prozeßverlauf, einschließlich der geplanten Arbeitsformen, Methoden und Medien. Dabei erzähle ich kurz, was mich bzw. die Planungsgruppe bewogen hat, gerade dieses Thema und diesen Prozeßverlauf vorzuschlagen.[23] *Ich nenne auch die Namen der Planenden.*

Ich ermögliche den TeilnehmerInnen individuelle Einstiege in das Thema durch Nachfragen, Ideen, Äußerung von Widerständen usw. Ich lasse sie zum Plan (den ich motivierend vertrete) Stellung nehmen und kläre mit ihnen, woran und wie wir in dieser Einheit arbeiten wollen.

3. *Wenn es sinnvoll und nötig ist, stelle ich den TeilnehmerInnen Bilder, Texte, Arbeitsvorschläge u.a. zur Verfügung. Eventuell zeige ich an einem Beispiel, was und wie wir mit diesem Lernimpuls arbeiten können.*
Bei diesem Schritt ist größte Vorsicht angebracht. Er sollte nicht dazu führen, daß ich zum/zur VersorgerIn der TeilnehmerInnen werde und ihnen die Verantwortung für das selbstbestimmte Lernen abnehme. Die Eigeninitiativen, Ideen, Alternativen und Widerstände der TeilnehmerInnen sind also nicht nur willkommen, sondern notwendig.

4. *LeiterInnen und TeilnehmerInnen arbeiten einzeln, paarweise, in Gruppen oder im Plenum am Thema. Die Arbeits-/Sozialform muß mit der Methode und den Medien korrelieren. Die Bildung von Kleingruppen ist ein gruppendynamischer Prozeß und erfordert genügend Zeit. Sie kann nonverbal (evtl. Hintergrundmusik) oder durch Absprachen erfolgen.*

5. *Wurde einzeln, paarweise oder in Kleingruppen gearbeitet, ist eine ausdrückliche Rückführung in das Plenum notwendig. Ergebnisse aus der Einzel-/Paar- und Gruppenarbeit werden im Plenum weiterbehandelt, indem z.B. das Thema nochmals von einer anderen Seite angesprochen oder erweitert wird bzw. wichtige Ergebnisse festgehalten werden.*

---

23 J. u. M. Grell schlagen vor, im „informierenden Unterrichtseinstieg" den SchülerInnen die Unterrichtsziele bekanntzugeben; statt dessen halte ich eine lebendige Themeneinführung für wesentlich sinnvoller.

6. Ein „Blitzlicht", bei dem jede/r TeilnehmerIn die Möglichkeit hat, kurz zum abgelaufenen Prozeß Stellung zu nehmen oder weitere Erwartungen zu äußern, kann den Lernprozeß (vorläufig) abschließen.

Es ist hilfreich, die Themenformulierung und die geplante Struktur der Lernprozesse schriftlich festzuhalten.

Mein innerer und äußerer Weg zu diesem Kurs

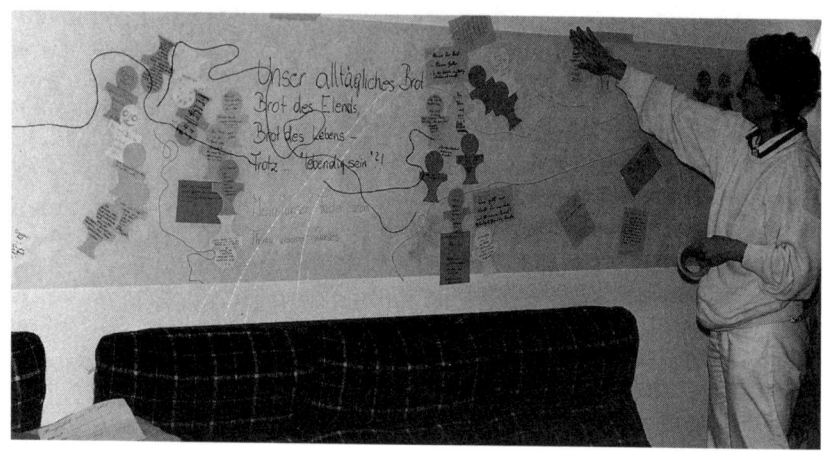

Foto: Matthias Scharer, Linz

Bei kürzeren oder längeren Veranstaltungen, aber auch in der Schule, kann es hilfreich sein, als Einstieg den inneren und äußeren Weg nochmals nachzugehen. Ich kann das in folgender Weise anleiten:

Setzen Sie sich bequem hin, und achten Sie auf Ihren Atem, wie er kommt und geht. Sie können auch für einige Minuten die Augen schließen. Gehen Sie mit Ihren Gedanken jetzt nochmals zurück zu dem Augenblick, wo Sie sich entschieden haben, an dieser Veranstaltung teilzunehmen, sich anzumelden oder einfach herzukommen.
- *Unter welchen Umständen ist das geschehen? Wer war daran beteiligt? Was hat Sie angezogen oder abgestoßen?*
- *Was ist zwischen Ihrem Entschluß, hierher zu kommen, und heute geschehen, wo Sie sich unmittelbar auf den Weg gemacht haben?*

– *Vergegenwärtigen Sie sich nochmals den heutigen Weg zu dieser Veranstaltung: Woher kommen Sie gerade? Wie und womit kommen Sie? Was ist Ihnen im Moment gerade wichtig?*
Nun bitte ich die TeilnehmerInnen, sich zu ihrem inneren und äußeren Weg zu äußern.

Die Anliegen der TeilnehmerInnen und der „Lehrplan" des Kurses

Sowohl bei mehrtägigen Veranstaltungen in der Gemeindepädagogik und Erwachsenenbildung als auch im Religionsunterricht besteht eine Spannung zwischen dem, was durch Kursausschreibungen bzw. Bildungs- und Lehrpläne festgelegt ist, und den Anliegen der TeilnehmerInnen. In den ersten Religionsstunden des Schuljahres bzw. nach einer Orientierungsphase im Kurs (wer bin ich, wo komme ich her, was will ich mit euch) biete ich den TeilnehmerInnen eine Möglichkeit an, ihre Anliegen im Zusammenhang mit dem Lehrplan bzw. Kursthema offen einzubringen. Dabei achte ich auf die Balance zwischen der Fülle von Anliegen und den realisierbaren Möglichkeiten im Rahmen des Kurses bzw. des Religionsunterrichtes in einem Semester oder Schuljahr. Bei größeren Gruppen oder Großgruppen schlage ich vor, daß die TeilnehmerInnen zunächst alle ihre Anliegen auf kleine Zettel schreiben. Dabei können verschiedene Farben für unterschiedliche Arten von Kursanliegen (thematisch, methodisch, organisatorisch) stehen. Die TeilnehmerInnen werden eingeladen, ihre wichtigsten Anliegen, die sie im Kurs/Schuljahr bearbeiten wollen, auszuwählen. Die Auswahl kann auch in Kleingruppen erfolgen. Bei kleinen Plenargruppen kann die Zwischenauswahl wegfallen.
Im Anschluß an diese Einzelarbeit lade ich die TeilnehmerInnen ein, ihre Anliegen in Form eines „Dominos" auf ein vorbereitetes Plakat zu legen bzw. zu kleben. In der Schule ist es möglich, die wichtigsten Inhalte des Lehrplanes bzw. Themen des Schulbuches auf Plakate zu schreiben und im Klassenraum aufzuhängen. Sie ergeben eine Grobstruktur, der die Anliegen der SchülerInnen zugeordnet werden können.
Zur Spielregel des folgenden Dominos gehört, daß gleiche oder ähnliche Anliegen der TeilnehmerInnen aneinandergelegt, unterschiedliche abgetrennt werden. So erhalten Gruppe und LeiterInnen eine nach Schwerpunkten bereits vorstrukturierte Sammlung von Anlie-

gen. Sie kann auch dadurch ergänzt werden, daß die TeilnehmerInnen (z.B. mit bunten Punkten) „Wertungen" bezüglich der Anliegen vornehmen, die auf jeden Fall „drankommen" sollen oder womit die Gruppe beginnen soll. Solche Akzentuierungen können auch im Plenumsgespräch erfolgen.

Den individuellen Ausdruck suchen

Für manche LeiterInnen ist nur das gültig, was vor der ganzen Gruppe/Klasse abgehandelt wird. Dieser Anspruch ist für existentielles Lernen problematisch. Er rechnet entweder mit einem unrealistischen Maß an Diskretion und Vertrauen in der Gruppe/Klassengemeinschaft, oder er wertet die persönliche Bedeutsamkeit der Themen durch die ausschließlich offene Behandlung ab. Für lebensbedeutsames Lernen ist es unverzichtbar, daß TeilnehmerInnen und LeiterInnen immer wieder die Möglichkeit haben, allein für sich bei einem Thema, Text oder Bild zu verweilen bzw. ihren individuellen Ausdruck zu suchen, ohne daß sie fürchten müssen, daß alles in das Plenum der Gruppe oder in die Klasse eingebracht werden muß. Die Diskretion im Umgang mit dem persönlichen Ausdruck ist von entscheidender Bedeutung, um das Vertrauen der TeilnehmerInnen zu sich und zu den anderen zu stärken.

Für den individuellen Ausdruck gibt es viele Möglichkeiten: Jemand kann zu einem Thema, Text oder Bild etwas aufschreiben; letzteres kann in den vielfältigen literarischen Gattungen vom Bericht bis zum Gedicht geschehen. Jemand kann zeichnen oder malen: Farbstifte, Wachsmalkreiden oder Fingerfarben sollten immer zur Verfügung stehen. Jemand kann etwas modellieren, komponieren, tänzerisch oder pantomimisch ausdrücken. Wie sich jemand einem Thema

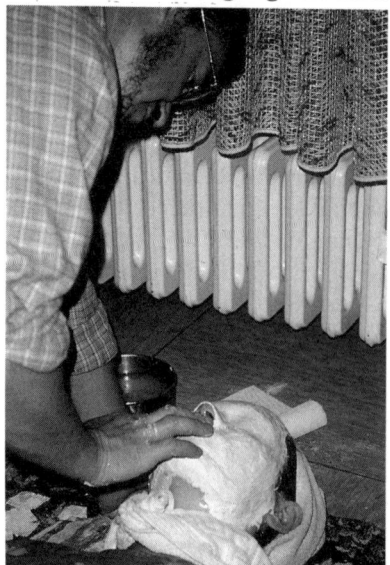

Foto: Matthias Scharer, Linz

nähert und welchen Ausdruck er/sie findet, sollte er/sie soweit als möglich selbst entscheiden können.
LeiterInnen müssen, wenn es um den individuellen Ausdruck geht, häufig gegen die herkömmliche Didaktik kämpfen. Viele TeilnehmerInnen haben gelernt, daß sie zu allem detailliert angeleitet werden. Dies trifft speziell auf die Schule zu. Manche SchülerInnen fragen selbst beim Unterstreichen eines einfachen Textes, mit welcher Farbe sie das tun müssen. Gerade in weiterführenden Schulen bringen Kinder/Jugendliche unterschiedliche Erfahrungen mit einer oft widersprüchlichen Praxis im Hinblick auf direktive Anleitungen mit. Sie brauchen dann einerseits jenes Maß an Sicherheit, das ihnen die individuelle Arbeit ermöglicht, andererseits sollten sie zu zunehmender Eigenverantwortung und Kreativität im Hinblick auf ihren Ausdruck geführt werden. Letzteres ist nicht mit unklaren Anleitungen zu erreichen. Das Gegenteil ist der Fall: Je klarer (nicht je direktiver) die Arbeitsformen und Methoden offengelegt werden, die sinnvolles Lernen ermöglichen, um so besser können sich TeilnehmerInnen entscheiden, in dieser oder jener Form zu arbeiten und ihren individuellen Ausdruck zu suchen.

Mit (biblischen) Texten kommunizieren

Die sogenannte narrative Theologie hat ein neues Bewußtsein dafür geschaffen, daß die authentische Weitergabe vieler biblischer Texte ursprünglich mündlich, also im Erzählen, geschah. Gleichzeitig hat die strukturelle Methode der Bibelauslegung eine Praxis entwickelt, die sich als exegetisch seriöse Aufbereitung der Texte sowohl zum Erzählen als auch zum Spielen sehr gut eignet.
Der Text wird zunächst in Szenen gegliedert, wie wenn man daraus ein Theaterstück machen würde:
– Welche Schauplätze kommen vor?
– Welche Personen treten jeweils auf und spielen in der Szene mit?
– Wie stehen sie zueinander, und was wollen sie voneinander?
– Welche Konflikte treten auf?
– Wie schreitet die Handlung in der Szene fort?
Insbesondere bei jüngeren TeilnehmerInnen kann es hilfreich sein, die einzelnen Szenen durch eine Bildfolge (ähnlich den Comics) auszudrücken. Auf jedem Bild sollen der jeweilige Schauplatz, die verschiedenen Spieler und ihre Interaktion erkennbar sein. Es geht

also darum, wer mit wem, wie, wo und wozu handelt. Solche „Ablaufskizzen" können auch auf Papierrollen gezeichnet oder als Wandfries gestaltet werden.

In vielen biblischen Erzählungen spielen Dinge, die vorkommen, eine bedeutende Rolle. Sie lassen sich gleichfalls als „Ablaufskizze" zeichnen. Eine alte Form davon ist die Darstellung des Leidensweges Jesu an den „Marterwerkzeugen". Solche Dinge vermitteln den Gefühlsgehalt einer Erzählung in einfachen Symbolen.

Mit erwachsenen interessierten TeilnehmerInnen ist es auch möglich, ein Textblatt zu erstellen, auf dem der Bibeltext so geschrieben wird, daß Subjekte, Prädikate usw. jeweils untereinander stehen und damit die Textstruktur erkennbar wird.

An Hand einer gezeichneten oder geschriebenen Textstruktur ist es leicht möglich, den Bibeltext in einer persönlichen Art und Weise zu erzählen.

Spielen biblischer Texte

Die graphische, schriftliche oder verbale Strukturierung eines Textes ist die beste Spielvorbereitung. Biblische Spiele können unterschiedlich gestaltet werden:

Szenen- oder Rollenspiel
Es eignet sich vor allem für Kinder. Sie schlüpfen in Rollen und legen sich in Szenen hinein, in denen auch eigene Persönlichkeitsanteile hervortreten. Bei Wahrung der Grundstruktur des Textes gewinnt jedes Spiel seine eigene unverwechselbare Gestalt.

Hörspiel
Diese Form hat das Image, daß sie von Erwachsenen gestaltet wird und einen interessanten technischen Aufwand erfordert; deshalb eignet sie sich besonders für ältere Kinder und Jugendliche, die sich dem Spielalter entwachsen fühlen. Neben einer genau vorbereiteten Dialogführung (ausgehend von der Textstruktur) sind Geräuschkulissen u.ä. sinnvoll.

Bibliodrama
Das Bibliodrama gehört zu den intensivsten Spielformen. Grundsätzlich sind zwei Richtungen zu unterscheiden: die dem Psychodra-

ma nahestehende, in der längere Textpassagen gespielt und mit der Psychodynamik der Spieler in Verbindung gebracht werden, und jene Richtung, die sich stärker an der Dramaturgie orientiert. In letzterer werden oft nur einzelne Verse oder Halbverse gespielt; dies aber in unterschiedlichen dramaturgischen Formen wie Komödie, Tragödie, absurdes Theater usw.

Die Vorbereitung auf das Bibliodrama geschieht analog der Vorbereitung von Erzählungen. Als Rollen können nicht nur Menschen, sondern auch Gegenstände, Zustände u.a. übernommen werden.

Nach einer kurzen Absprache über das Spielengagement und die Szenenfolge kann mit dem Spiel begonnen werden. Es sollte auf keinen Fall vorher geprobt werden. Möglich sind lediglich mimische oder gestische Einstimmungen auf das Spiel: typische Bewegungen, Körperhaltungen, Ausdruck usw.

Die Gruppe, die ein Bibliodrama spielt, bereitet sich den Raum vor oder gibt Regieanweisungen für dessen Gestaltung. Ein Teil des Raumes wird als Bühne verwendet, auf der gespielt wird, der andere Teil ist Zuschauerraum. Wer auf die Bühne geht, ist am Spiel beteiligt, wer nicht mehr spielen will, verläßt die Bühne. Am Beginn des Spieles stellen sich die Spieler in ihren Rollen vor: Ich bin Johannes, ich spiele den Baum, der verdorrt usw. Das Spiel kann mit dem Bibeltext abgeschlossen werden.

Jedes Bibliodrama sollte zumindest kurz aufgearbeitet werden. Die Spieler können sagen, was sie in ihren Rollen erlebt und empfunden haben. In gewisser Weise haben auch die Zuschauer mitgespielt. Auch sie sollten die Möglichkeit haben, über ihre Empfindungen zu sprechen. Diese Nachgespräche sollten möglichst frei von Qualifikationen bleiben (das hast du gut/schlecht gespielt) und sich am eigenen Erleben und an der Auseinandersetzung mit dem Bibeltext orientieren. Sind die Spiele sehr intensiv gelaufen und haben sich die SpielerInnen tief in ihre Rollen hineingespielt, dann ist eine Phase der „Ent-Rollung" sinnvoll: Die SpielerInnen sagen einander: Ich habe X, und du hast Y gespielt. In Wirklichkeit bin ich N., und du bist N. Der/die andere wiederholt mit derselben Formel: Du hast ... du bist nicht ... du bist ...

Mit Bildern kommunizieren

Den meisten Menschen in der kirchlichen Bildungspraxis ist der Umgang mit Texten vertrauter als der mit Bildern. Dies ist nicht in

allen christlichen Kirchen so. In den Kirchen des Ostens verbürgen Ikonen, die nach genauen Vorschriften gemalt sind, die Wahrheit des Glaubens. Sie haben eine ähnliche Funktion wie die Glaubenssätze in der römisch-katholischen Kirche. Bilder haben aber definierenden Glaubensaussagen gegenüber den großen Vorteil, daß sie leichter im Kommunikationsfluß bleiben als diskursive Sätze. In ihrer kommunikativen Qualität sind sie biblischen Gleichnis- und Erzähltexten verwandt. Die HörerInnen oder BetrachterInnen können selbst ihre Nähe und Distanz zu den Texten und Bildern bestimmen, sie können sich identifizierend auf die Sprachspiele, auf die Farben und Formen einlassen oder sich heraushalten. Sprachliche und gemalte oder gestaltete Bilder laden zur Identifikation ein und bewirken (Glaubens-)Zustimmung und nicht nur (Glaubens-)Wissen.
Mit Bildern kann man auf unterschiedliche Weise ins Gespräch kommen:

Bilder betrachten
Dazu hat G. Lange die bewährten Schritte der Bildbetrachtung in folgender Weise zusammengefaßt:
„1. Spontane Wahrnehmung
Was sehe ich?
Stilles Abtasten und ‚Lesen‘ des Bildes; spontane, unzensierte Äußerungen; im Bild spazierengehen, hier und dort verweilen mit ungelenkter Aufmerksamkeit.
2. Analyse der Formensprache
Wie ist das Bild gebaut?
Systematische Wahrnehmung und Benennung der ‚Syntax‘ des Bildes, seine Formen, seine Farben, Struktur und Rhythmus, einzelne Teile und der Zusammenhang des ganzen sichtbaren Formbestandes. Bewußtmachung der Bildordnung. Volle Außenkonzentration.
3. Innenkonzentration
Was löst das Bild in mir aus?
Gefühle und Assoziationen. Auf welche Gestimmtheit zielt das Bild selbst? An was erinnert es mich? Anziehend oder abstoßend?
4. Analyse des Bildgehaltes
Was hat das Bild zu bedeuten?
Die ‚Semantik‘ des Bildes; sein Bezug zum Text der Bibel oder zu sonstigen Quellen; sein Standort innerhalb der christlichen Ikonographie; seine Innovationen bzw. Verstärkungen der Tradition. Die Glaubensgeschichten und Lebenserfahrungen, individuelle oder

epochale, die sich im Bild niedergeschlagen haben. Rückbindung des geistigen Gehalts an die sinnliche Gestaltung: der spezifische Gehalt, den das Bild dem Thema verleiht.

5. Identifizierung mit dem Bild
Wo siedele ich mich an auf dem Bild?
Sich in das Bild hineinziehen, in die Geschichte verwickeln lassen. In welcher Figur finde ich mich ehestens wieder? Wie behandelt das Bild mich als Betrachter, was erwartet es von mir? Bewirkt es Einverständnis oder Irritation? Oder kann es mich unmerklich verwandeln? Zieht es mich in seinen Bann? Überlasse ich mich ihm oder sträube ich mich? Bin ich ihm gewachsen oder überfordert es mich?"[24]

Mit dem Bild zeichnend, malend ins Gespräch kommen [25]
- Das Bild eine Weile still betrachten und dann selbst ein Bild malen; entweder als Antwort oder als Wiedergabe der eigenen Stimmung;
- das Bild auf ein Blatt Papier legen und weiterzeichnen;
- Transparentpapier auf das Bild legen und Konturen nachzeichnen; anschließend kann ich überlegen, wo ich mit dem Nachzeichnen begonnen habe, was die elementaren Strukturen des Bildes sind;
- einen Ausschnitt des Bildes weiterzeichnen.

Mit dem Bild verbal ins Gespräch kommen
- Assoziationskette: Wörter, die mir zu dem Bild einfallen, aufschreiben und anschließend einen Prosatext, ein Gedicht oder eine Geschichte daraus verfassen;
- einer der im Bild dargestellten Personen einen Brief schreiben;
- die möglichen Gedanken, Erlebnisse, Gefühle einer der auf dem Bild befindlichen Gestalten in Form eines inneren Monologes niederschreiben;
- eine mögliche Dialogszene zwischen den auf dem Bild befindlichen Personen verfassen.

24 Lange, Günter, Kunst zur Bibel. 32 Bildinterpretationen, München 1988, 10.
25 Die folgenden Vorschläge entstammen einem Fachdidaktik-Seminar an der Theologischen Fakultät Linz gemeinsam mit dem Institut für Kunst und Kirchenbau. Die Zusammenfassung wurde von Dr. S. Hagleitner erstellt.

Das Bild körperlich Gestalt werden lassen
- Rollenspiel: Die Ausgangsszene so nachstellen, wie sie auf dem Bild zu sehen ist. Daraufhin beginnen die einzelnen Figuren, sich zu bewegen, zu sprechen und zu handeln;
- das Bild mit einer Gruppe als Skulptur nachbauen, eine Weile darin verharren;
- die Haltung einer Person auf dem Bild einnehmen, eine Weile so verharren und anschließend die Gedanken und Gefühle, die mich in dieser Position bewegten, niederschreiben.

Mit dem Bild musikalisch ins Gespräch kommen
- Die Stimmung des Bildes mit Hilfe eines Musikinstrumentes (gut gegeignet sind auch Orff-Instrumente) wiedergeben;
- einen Satz, der mir zu dem Bild einfällt, singen.

Der Anfang und das Ende

Für den Beginn und den Abschluß von Bildungsprozessen sollte genügend Zeit zur Verfügung stehen. Ein bekanntes Wort von R.C. Cohn heißt: Je weniger Zeit Du hast, um so langsamer geh! Es lohnt sich auch für Kurzseminare, ja selbst für Unterrichtseinheiten, den Anfang und das Ende bewußt zu gestalten. In einer Schulstunde oder bei einem Abendseminar wird die Themeneinführung und der Kontakt der LeiterInnen und TeilnehmerInnen zum Thema den Anfang, eine Blitzlichtrunde, ein Hefteintrag, eine Kurzzusammenfassung o.ä. den Abschluß bilden.
Bei länger dauernden Seminaren ist genügend Raum für den Kontakt untereinander und mit dem Kursthema vonnöten. Ebenso wichtig ist die Zeit für den persönlichen und gemeinschaftlichen Abschluß des Seminars (Was lasse ich hier? Was nehme ich mit? Was ist mein nächster Schritt?) und für den Abschied. Als Faustregel kann gelten: Ein Seminar, das zwei Tage oder länger dauert, braucht ca. einen halben Tag Anfang und einen halben Tag Abschluß.

Weiterführende Literatur in Auswahl

Praktisch-theologische Handlungstheorien und Bildungskonzeptionen allgemein

Arens, Edmund, Christopraxis. Grundzüge theologischer Handlungstheorie, Freiburg u.a.O. 1992.
Baudler, Georg, Korrelationsdidaktik: Leben durch Glauben erschließen, Paderborn u.a.O. 1984.
Biesinger, Albert / Tzscheetzsch, Werner (Hrsg.), Das Geheimnis erspüren – zum Glauben anstiften. Eine Geburtstagsgabe für Günter Biemer, Freiburg u.a.O. 1989.
Boff, Leonardo, Gott kommt früher als der Missionar. Neuevangelisierung für eine Kultur des Lebens und der Freiheit, Düsseldorf 1991.
Englert, Rudolf, Die Korrelationsdidaktik am Ausgang ihrer Epoche. Plädoyer für einen ehrenhaften Abgang, in: *Hilger / Reilly,* Abseits, 97-110.
Feifel, Erich / Kasper, Walter (Hrsg.), Tradierungskrise des Glaubens, München 1987.
Fraas, Hans-Jürgen, Glaube und Identität. Grundlegung einer Didaktik religiöser Lernprozesse, Göttingen 1983.
Freire, Paulo, Pädagogik der Unterdrückten. Bildung als Praxis der Freiheit, Hamburg 1973.
Fuchs, Gotthard, Kulturelle Diakonie, in: Concilium 24 (1988), 324-329.
Fürst, Walter, Praktisch-theologische Urteilskraft. Auf dem Weg zu einer symbolisch-kritischen Methode der Theologie, Zürich u.a.O. 1986.
Gutiérrez, Gustavo, Die historische Macht der Armen, München 1984.
Gutiérrez, Gustavo, Theologie der Befreiung, München 1973.
Habermas, Jürgen, Theorie des kommunikativen Handelns, 2 Bde., Frankfurt a.M. 1983.
Habermas, Jürgen, Vorstudien und Ergänzungen zur Theorie des kommunikativen Handelns, Frankfurt a.M. 1984.
Handbuch religionspädagogischer Grundbegriffe, Bd. 1 und 2, hrsg. von *Bitter, Gottfried / Miller, Gabriele,* München 1986.
Hoeren, Jürgen / Schmitt, Karl Heinz (Hrsg.), Werden unsere Kinder

noch Christen sein? Für eine menschennahe Weitergabe des Glaubens, Freiburg 1990.

Kroeger, Matthias, Themenzentrierte Seelsorge, Stuttgart u.a.O. ⁴1989.

Lange, Ernst, Sprachschule für die Freiheit. Bildung als Problem und Funktion der Kirche, München 1980.

Luhmann, Niklas, Funktion der Religion, Frankfurt 1977.

Mette, Norbert, Religionspädagogik, Düsseldorf 1994.

Mette, Norbert, Voraussetzungen christlicher Elementarerziehung. Vorbereitende Studien zu einer Religionspädagogik des Kleinkindalters, Düsseldorf 1983.

Nacke, Bernhard (Hrsg.), Dimensionen der Glaubensvermittlung in Gemeinde, Erwachsenenbildung, Schule und Familie, München 1987.

Nastainczyk, Wolfgang, Glauben weitergeben – Glauben entfalten. Prozesse – Probleme – Chancen, Salzburg 1986.

Niewiadomski, Józef, Ein Dogmatiker denkt nach. Über Gott und Welt, in: bakeb information 4/92, 9-13.

Nipkow, Karl Ernst, Grundfragen der Religionspädagogik, Bd. 3: Gemeinsam leben und glauben lernen, Gütersloh 1982.

Nipkow, Karl Ernst, Bildung als Lebensbegleitung und Erneuerung. Kirchliche Bildungsverantwortung in Gemeinde, Schule und Gesellschaft, Gütersloh 1990.

Paul, Eugen, Geschichte der christlichen Erziehung, Bd. 1: Antike und Mittelalter, Freiburg u.a.O. 1993.

Paul, Eugen / Stock, Alex, Glauben ermöglichen. Zum gegenwärtigen Stand der Religionspädagogik. Festschrift für Günter Stachel, Mainz 1987.

Scharer, Matthias, Katechese wider den Tod. Lateinamerika als Herausforderung für die Glaubensvermittlung, in: ThPQ 138 (1990), 135-143.

Scheidler, Monika, Christliche Communio und kommunikatives Handeln. Eine Leitperspektive für die Schule, Altenberge 1993.

Schillebeeckx, Edward, Erfahrung und Glaube, in: CGG, Bd. 25, 73-116.

Steinkamp, Hermann, Zum Verhältnis von Praktischer Theologie und Sozialwissenschaften, in: *Mette, Norbert / Steinkamp, Hermann,* Sozialwissenschaften und Praktische Theologie, Düsseldorf 1983, 164-176.

Werbick, Jürgen, Glaubenlernen aus Erfahrung. Grundbegriffe einer Didaktik des Glaubens, München 1989.

Werbick, Jürgen, Prolegomena, in: *Schneider, Theodor* (Hrsg.), Handbuch der Dogmatik, Bd.1, Düsseldorf 1992, 1-50.

Gesellschaft / Kirche / Spezielle Bildungsansätze (Globe)

Beck, Ulrich, Risikogesellschaft. Auf dem Weg in eine andere Moderne, Frankfurt a.M. 1986.

Beck, Ulrich / Beck-Gernsheim, Elisabeth, Das ganz normale Chaos der Liebe, Frankfurt a.M. 1990.

Berger, Peter, Auf den Spuren der Engel. Die moderne Gesellschaft und die Wiederentdeckung der Transzendenz, Frankfurt a.M. 1970.

Berger, Peter, Zur Dialektik von Religion und Gesellschaft, amerikanische Originalausgabe New York 1967, deutsch Frankfurt a.M. ^{2}1988.

Biser, Eugen, Die glaubensgeschichtliche Wende. Eine theologische Positionsbestimmung, Graz u.a.O.1986.

Fromm, Erich, Haben oder Sein. Die seelischen Grundlagen einer neuen Gesellschaft, Stuttgart 1976.

Hinkelammert, Franz J. / Arntz, Norbert, Das Überleben aller Menschen sichern. Ein Zwischenruf anläßlich der Überbevölkerungskonferenz von Kairo, in: Orientierung 58 (1994), 170-175.

Kösel, Edmund, Die Modellierung von Welten. Ein Handbuch zur subjektiven Didaktik, Elztal-Dallau 1993.

Krockauer, Rainer, Kirche als Asylbewegung. Diakonische Kirchenbildung am Ort der Flüchtlinge, Stuttgart u.a.O. 1993.

Perls, Frederick S., Gestalt-Therapie in Aktion, Stuttgart ^{3}1979.

Ringel, Erwin / Kirchmayr, Alfred, Religionsverlust durch religiöse Erziehung. Tiefenpsychologische Ursachen und Folgerungen, Wien u.a.O. 1985.

Scharer, Matthias, Thema – Symbol – Gestalt. Religionsdidaktische Begründung eines korrelativen Religionsbuchkonzeptes auf dem Hintergrund themen- (R.C. Cohn)/symbolzentrierter Interaktion unter Einbezug gestaltpädagogischer Elemente, Graz u.a.O. 1987.

Winkel, Rainer, Antinomische Pädagogik und kommunikative Didaktik, Düsseldorf 1988.

Ziebertz, Hans-Georg im Gespräch mit Schillebeeckx, Edward, anläßlich dessen 80. Geburtstag am 12. November, Tradition und Erfahrung: Von der Korrelation zur kritischen Interrelation, in: KatBl 119 (1994), 756-762.

Zulehner, Paul M., Vom Untertan zum Freiheitskünstler. Eine Kulturdiagnose anhand der Untersuchungen „Religion im Leben der Österreicher 1970 bis 1990 – Europäische Wertestudie – Österreichteil 1990", Freiburg u.a.O. 1991.

Gemeindekatechese/-pädagogik

Adam, Gottfried/Lachmann, Rainer (Hrsg.), Gemeindepädagogisches Kompendium, Göttingen 1987.
Emeis, Dieter/Schmitt, Karl Heinz, Handbuch der Gemeindekatechese, Freiburg u.a.O. 1986.
Steinkamp, Hermann, Solidarität und Parteilichkeit. Für eine neue Praxis in Kirche und Gemeinde, Mainz 1994.
Zerfaß, Rolf/Roos, Klaus, Gemeinde, in: *Bitter, Gottfried/Miller, Gabriele* (Hrsg.), Handbuch religionspädagogischer Grundbegriffe, Bd. 1, München 1986, 132-142.

(Religions-)Unterricht

Halbfas, Hubertus, Das dritte Auge. Religionsdidaktische Anstöße, Düsseldorf 1982.
Heimann, Paul/Otto, Gunther/Schultz, Wolfgang, Die lerntheoretische Didaktik – oder: Didaktisches Handeln im Schulfeld – Modellskizze einer professionellen Tätigkeit, in: Westermanns Pädagogische Beiträge 32 (1980), 80-85.
Heimann, Paul/Otto, Gunther/Schultz, Wolfgang, Unterricht – Analyse und Planung, Hannover 1965.
Hentig von, Hartmut, Die Schule neu denken. Eine Übung in praktischer Vernunft, München u.a.O. 1993.
Hilger, Georg/Reilly, George (Hrsg.), Religionsunterricht im Abseits? Das Spannungsfeld Jugend – Schule – Religion, München 1993.
Hornstein, Walter, Die Schule und die Erfahrung der Wirklichkeit. Pädagogische Reflexionen zu der Frage: Was soll aus der Schule werden?, in: KatBl 118 (1993), 664-668.
Jank, Werner/Mayer, Hilbert, Didaktische Modelle, Frankfurt a.M. 1991.
Kittel, Helmuth, Vom Religionsunterricht zur Evangelischen Unterweisung, Hannover ^{3}1957.
Klafki, Wolfgang, Neue Studien zur Bildungstheorie und Didaktik, Weilheim u.a.O. 1985.

Klafki, Wolfgang, Von der bildungstheoretischen Didaktik zu einem kritisch-konstruktiven Bildungsbegriff – Dialog mit W. Klafki, in: *Born, Wolfgang / Otto, Gunther* (Hrsg.), Didaktische Trends, München 1978, 49-83.
Scharer, Matthias u.a., Miteinander unterwegs. Glaubensbuch AHS 1, Salzburg u.a.O. 1993.
Scharer, Matthias (Hrsg.), Abschied vom Kinderglauben. Handbuch zu „Miteinander unterwegs", Salzburg 1994.
Schnurr, Otmar, Mag sein, daß die Wüste lebt. Unmaßgebliche Erfahrungen eines Religionslehrers, München 1986.
Scholl, Norbert, RU 2000. Welche Zukunft hat der Religionsunterricht?, Zürich 1993.
Zinnecker, Jürgen (Hrsg.), „Schule Tag für Tag. Schülertexte", München 1982.

Theologische, religiöse und kirchliche Erwachsenenbildung

Blasberg-Kuhnke, Martina, Erwachsene glauben. Voraussetzungen und Bedingungen des Glaubens und Glaubenlernens Erwachsener im Horizont globaler Krisen, St. Ottilien 1992.
Englert, Rudolf, Religiöse Erwachsenenbildung: Situation, Probleme, Handlungsorientierung, Köln 1992.
Hungs, Franz Josef, Handbuch der theologischen Erwachsenenbildung, München 1991.
Meueler, Erhard, Erwachsene lernen. Beschreibung – Anstöße – Erfahrungen, Stuttgart ^{4}1992.
Schmitt, Karl Heinz, Vom Teilnehmer zum Subjekt. Mündigkeit und Lebensweltorientierung im Lernen Erwachsener, in: KatBl 117 (1992), 4-13.
Uphoff, Berthold, Kirchliche Erwachsenenbildung. Befreiung und Mündigkeit im Spannungsfeld von Kirche und Welt, Stuttgart u.a.O. 1991.

Themenzentrierte Interaktion (R.C. Cohn)

Aspekte themenzentrierter Interaktion, Mainz.
– Gruppenarbeit: themenzentriert: Entwicklungsgeschichte, Kritik und Methodenreflexion, 1987.
– Erfahrungen lebendigen Lernens: Grundlagen und Arbeitsfelder der TZI, 1990.

- „Beachte die Körpersignale ...": Körpererfahrungen in der Gruppenarbeit, 1991.
- Auf dem Weg zur arbeitsfähigen Gruppe: Kooperationskonzept von Helga Belz Prozeßberichte aus TZI-Gruppen, 1992.
- Störung als Beitrag zum Gruppengeschehen: Zum Verständnis des Störungspotentials der TZI in Gruppen, 1992.
- Großgruppen gestalten mit TZI: ein Weg zur lebendigen Balance zwischen Einzelnen, Aufgabe und Gruppe, 1993.

Cohn, Ruth C., Die Selbsterfahrungsbewegung: Autismus oder Autonomie?, in: Gruppendynamik 5 (1974), 160-171.

Cohn, Ruth C., Es geht ums Anteilnehmen ... Perspektiven der Persönlichkeitsentfaltung in der Gesellschaft der Jahrtausendwende, Freiburg 1989.

Cohn, Ruth C., Über den ganzheitlichen Ansatz der Themenzentrierten Interaktion. Eine Antwort an Dr.med. Peter Petersen, in: Integrative Therapie 5 (1979), 252-258.

Cohn, Ruth C., Von der Psychoanalyse zur Themenzentrierten Interaktion. Von der Behandlung Einzelner zu einer Pädagogik für alle, Stuttgart ^{11}1992.

Cohn, Ruth C./Klein, Irene, Großgruppen gestalten mit themenzentrierter Interaktion. Ein Weg zur lebendigen Balance zwischen Einzelnen, Aufgaben und Gruppen, Mainz 1993.

Cohn, Ruth C./Terfurth, Christina, Lebendiges Lehren und Lernen. TZI macht Schule, Stuttgart 1993.

Farau, Alfred/Cohn Ruth C., Gelebte Geschichte der Psychotherapie. Zwei Perspektiven, Stuttgart 1984.

Funke, Dieter, Themenzentrierte Interaktion als praktisch-theologisches Handlungsmodell, in: Lebendig lernen. Grundfragen der themenzentrierten Interaktion, Euro-Info, Sondernummer 1984, Zwingenberg u.a.O. 1984.

Funke, Dieter, Verkündigung zwischen Tradition und Interaktion. Praktisch-theologische Studien zur Themenzentrierten Interaktion (TZI) nach Ruth C. Cohn, Frankfurt a.M. u.a.O. 1984.

Langmaack, Barbara/Braune-Krickau, Michael, Wie die Gruppe laufen lernt. Anregungen zum Planen und Leiten von Gruppen. Ein praktisches Lehrbuch, Weinheim ^{4}1994.

Löhmer, Cornelia/Standhardt Rüdiger, Themenzentrierte Interaktion (TZI). Die Kunst sich selbst und eine Gruppe zu leiten, Mannheim (PAL-Reihe) ^{2}1994.

Löhmer, Cornelia/Standhardt, Rüdiger (Hrsg.), TZI: pädagogisch-therapeutische Gruppenarbeit nach Ruth C. Cohn, Stuttgart 1992.

Pausch, Johannes Hubert, Die Möglichkeit des gemeinsamen Lebens heute: aufgezeigt an der Regel des hl. Benedikt und der TZI (Ruth C. Cohn), Diplomarbeit, Salzburg 1976.

Scharer, Matthias, Gott entdecken anstatt vermitteln. Theologische Hermeneutik themenzentrierter Interaktion, in: Themenzentrierte Interaktion 7, H 2, 41-51.

Stollberg, Dietrich, Lernen, weil es Freude macht. Eine Einführung in die Themenzentrierte Interaktion, München 1982.

Subjektive Ebene / Biographie

Benjamin, Jessica, Die Fesseln der Liebe. Psychoanalyse, Feminismus und das Problem der Macht, amerikanische Originalausgabe New York 1988, deutsch Frankfurt a.M. 1993.

Biesinger, Albert / Virt, Günter, Religionsgewinn durch religiöse Erziehung. Antwort an Erwin Ringel und Alfred Kirchmayr, Salzburg 1986.

Bucher, Anton, „Wenn wir immer tiefer graben ... kommt vielleicht die Hölle." Plädoyer für die erste Naivität, in: KatBl 114 (1989), 654-662.

Coles, Robert, Wird Gott naß, wenn es regnet? Die religiöse Bilderwelt der Kinder, Hamburg 1992.

Englert, Rudolf, Plädoyer für „religionspädagogische Pünktlichkeit". Zum Verhältnis von Glaubensgeschichte, Lebensgeschichte und Bildungsprozeß, in: KatBl 113 (1988), 159-169.

Erikson, Erik H., Kindheit und Gesellschaft, amerikanische Originalausgabe New York 1950, deutsch Stuttgart 1987.

Esser, Wolfgang G., Gott reift in uns. Lebensphasen und religiöse Entwicklung, München 1991.

Fowler, James W., Glaubensentwicklung. Perspektiven für Seelsorge und kirchliche Bildungsarbeit, München 1979.

Freud, Sigmund, Die Zukunft einer Illusion (1927), in: ders., Studienausgabe. Band IX: Fragen der Gesellschaft – Ursprünge der Religion, Frankfurt a.M. ^{2}1978.

Funke, Dieter, Im Glauben erwachsen werden, München 1986.

Gabriel, Karl, Die Schülerinnen und Schüler von heute. Was kennzeichnet sie? In welcher Welt leben sie?, in: KatBl 116 (1991), 755-763.

Grom, Bernhard, Religionspsychologie, München 1992.

Halbfas, Hubertus, Wer sind unsere Schülerinnen und Schüler? Wie religiös sind sie?, in: KatBl 116 (1991), 744-753.

Hbehnken, Imbke/Zinnecker, Jürgen, Kirchlich-religiöse Sozialisation in der Familie. Fallstudien zum Wandel von Kindheit und Kirchengemeinde in den letzten drei Generationen, in: *Hilger/Reilly,* Abseits, 147-169.

Hofmann, Bernhard F., Kognitionspsychologische Stufentheorien und religiöses Lernen. Zur (korrelativen) didaktischen Bedeutung der Entwicklungstheorien von J. Piaget, L. Kohlberg u. F. Oser/P. Gmünder, Freiburg u.a.O. 1991.

Kegan, Robert, Die Entwicklungsstufen des Selbst. Fortschritte und Krisen im menschlichen Leben, München 1986.

Kögler, Ilse, Die Sehnsucht nach mehr. Rockmusik, Jugend und Religion, Graz u.a.O. 1994.

Mahler, Margaret S./Pine, Fred/Bergmann, Anni, Die psychische Geburt des Menschen. Symbiose und Individuation, Frankfurt a.M. 1980.

Moser, Tilmann, Gottesvergiftung, Ulm 1980.

Nipkow, Karl Ernst, Erwachsenwerden ohne Gott? Gotteserfahrung im Lebenslauf, München 1987.

Nipkow, Karl Ernst, Religion in Kindheit und Jugendalter. Forschungsperspektiven und -ergebnisse unter religionspädagogischen Interessen, in: *Hilger/Reilly,* Abseits, 183-223.

Oser, Fritz, Wieviel Religion braucht der Mensch? Erziehung und Entwicklung zur religiösen Autonomie, Gütersloh 1988.

Oser, Fritz/Gmünder, Paul, Der Mensch – Stufen seiner religiösen Entwicklung. Ein strukturgenetischer Ansatz, Zürich u.a.O. 1984.

Piaget, Jean, Das moralische Urteil beim Kinde, Stuttgart ^{2}1983.

Postman, Neil, Das Verschwinden der Kindheit, Frankfurt a.M. 1983.

Rizzuto, Annemaria, The birth of a living god, Chicago 1979.

Schmid, Hans, Religiosität der Schüler und Religionsunterricht. Empirischer Zugang und religionspädagogische Konsequenzen für die Berufsschule, Bad Heilbrunn/Obb. 1989.

Schuster, Robert (Hrsg.), Was sie glauben. Texte von Jugendlichen, Stuttgart 1984.

Schweitzer, Friedrich, Lebensgeschichte und Religion. Religiöse Entwicklung und Erziehung im Kindes- und Jugendalter, München 1987.

Winnicott, Donald W., Vom Spiel zur Kreativität, Stuttgart ⁵1989.
Zinnecker, Jürgen, Jugend, Kirche und Religion. Aktuelle empirische Ergebnisse und Entwicklungstendenzen, in: *Hilger/Reilly,* Abseits, 112-146.
Zoller, Eva, Die kleinen Philosophen. Vom Umgang mit (schwierigen) Kinderfragen, Zürich – Wiesbaden 1991.

Interaktion / Kommunikation

Buber, Martin, Begegnung. Autobiographische Fragmente, Heidelberg ³1978.
Buber, Martin, Ich und Du, Heidelberg ¹¹1983.
Lévinas, Emmanuel, Die Spur des Anderen. Untersuchungen zur Phänomenologie und Sozialphilosophie, München 1983.
Lévinas, Emmanuel, Ethik und Unendliches. Gespräche mit Philippe Nemo, Graz-Wien 1986.
Lévinas, Emmanuel, Jenseits des Seins oder anders als Sein geschieht, Hamburg 1992.
Lévinas, Emmanuel, Totalität und Unendlichkeit. Versuch über die Exteriorität, München 1987.
Marti, Kurt, Die gesellige Gottheit. Ein Diskurs, Stuttgart ²1993.
Schulz von Thun, Friedemann, Miteinander reden 1. Störungen und Klärungen. Allgemeine Psychologie der Kommunikation, Reinbek 1981.
Schulz von Thun, Friedemann, Miteinander reden 2. Stile, Werte und Persönlichkeitsentwicklung. Differentielle Psychologie der Kommunikation, Reinbek 1989.

Spezielle Anliegen / Themen

Biesinger, Albert, Kinder nicht um Gott betrügen. Anstiftungen für Mütter und Väter, Freiburg u.a.O. 1994.
Glaube zum Leben. Die christliche Botschaft, hrsg. u. bearb. von *Biemer, Günter,* Freiburg 1986.
Hilberath, Bernd Jochen, Der dreieinige Gott und die Gemeinschaft der Menschen. Orientierungen zur christlichen Rede von Gott, Mainz 1990.
Hilberath, Bernd Jochen, Heiliger Geist – heilender Geist, Mainz 1988.
Hilberath, Bernd Jochen, Pneumatologie, Düsseldorf 1994.

Hilberath, Bernd Jochen / Kuschel, Karl-Josef / Verweyen, Hansjürgen, Heute glauben. Zwischen Dogma, Symbol und Geschichte, Düsseldorf 1993.
Werbick, Jürgen, Bilder sind Wege. Eine Gotteslehre, München 1992.
Sölle, Dorothee, lieben und arbeiten. Eine Theologie der Schöpfung, Stuttgart ^{6}1991.

Strukturierung von Lernprozessen: Arbeitsfelder / Methoden / Medien

Grell, Jochen und Monika, Unterrichtsrezepte, Weinheim 1983.
Grom, Bernhard, Methoden für Religionsunterricht, Jugendarbeit und Erwachsenenbildung, Düsseldorf u.a.O. ^{8}1988.
Lange, Günter, Kunst zur Bibel. 32 Bildinterpretationen, München 1988.
Hentig, Hartmut von, Das allmähliche Verschwinden der Wirklichkeit, München 1984.
Kiehn, Antje u.a., Bibliodrama, Stuttgart 1987.
Laeuchli, Samuel, Das Spiel vor dem dunklen Gott. „Mimesis" – ein Beitrag zur Entwicklung des Bibliodramas, Neukirchen 1987.